[illegible]

LES MOBILES
DES DEUX-SÈVRES
Pendant la Guerre de 1870-71

OUVRAGE HONORÉ

DES SOUSCRIPTIONS DU CONSEIL GÉNÉRAL DES DEUX-SÈVRES
ET DU CONSEIL MUNICIPAL DE NIORT

NIORT
IMPRIMERIE TH. MERCIER

LES

MOBILES DES DEUX-SÈVRES

PENDANT

LA GUERRE DE 1870-71

LES
MOBILES DES DEUX-SÈVRES
PENDANT
LA GUERRE DE 1870-71

PAR

Jules BARRELLE
Lieutenant des Mobiles
des Deux-Sèvres

Arthur LE BRET
Professeur de l'Université

OUVRAGE HONORÉ

DES SOUSCRIPTIONS DU CONSEIL GÉNÉRAL DES DEUX-SÈVRES
ET DU CONSEIL MUNICIPAL DE NIORT

NIORT
IMPRIMERIE TH. MERCIER
1, Rue Yver, 1

1904

PRÉFACE

Le 15 novembre 1903, conformément à l'invitation reçue quelques mois auparavant, je faisais la conférence traditionnelle à la distribution des prix qu'organise chaque année la Société mixte de tir du 67e territorial. J'avais accepté cette invitation avec d'autant plus de plaisir que je suis moi-même membre actif d'une des Sociétés de tir du département.

Je choisis comme sujet : Les Mobiles des Deux-Sèvres, désireux de rendre un nouvel hommage à la bravoure de nos compatriotes et de rectifier, quant au rôle joué par la garde mobile de la guerre 1870-71, les idées si souvent faussées par des légendes à rebours.

De la conférence et de l'impression qu'elle répondait aux exigences actuelles ce livre est sorti. Nous avons dans toutes nos écoles trop d'histoires du passé et trop de philosophies de l'avenir pour ne pas sentir et développer le besoin d'un livre qui rattacherait le présent à ses conditions immédiates et contribuerait à fixer l'idéal de notre époque transitoire.

Tout enseignement tend à la conduite ; or notre action n'est pas destinée à s'exercer sous le sceptre de Charlemagne ou la houlette de Tolstoï, mais selon les traditions de la Révolution française renouvelées par la Défense nationale et l'inspiration clairvoyante de Gambetta.

L'effort héroïque de la province pour débloquer Paris revit ici dans le cadre exact et circonscrit du 34e régiment des Mobiles des Deux-Sèvres ; et le rapport de notre histoire locale aux faits généraux s'établit tout naturellement, puisque les quatre bataillons de ce régiment d'élite ont lutté dans presque toutes les rencontres importantes de la seconde période, de La Bourgonce à Beaune-la-Rolande, de Beaune-la-Rolande au Mans et à Héricourt.

Les premiers documents consultés furent les récits rédigés par quelques officiers du 34e, au lendemain des événements ; nous lûmes avec intérêt une autobiographie attrayante limitée à La Bourgonce, un recueil d'impressions collectives, d'instantanés précieux mais discontinus, un réquisitoire véhément contre les généraux, un plaidoyer non moins vif en leur faveur, enfin un ouvrage étendu et général sur les campagnes de la Loire et de la Sarthe auxquelles avait pris part le 4e bataillon.

Les histoires écrites par des professionnels sur l'ensemble de la guerre nous apportèrent un secours plus effectif ; contrairement à nos craintes, elles ne donnaient pas seulement les vues d'ensemble, les stratégies explicatives, mais nombre de menus détails, de circonstances relatives à tel ou tel régiment. De plus, nous y avons trouvé la composition des corps d'armée, points de repère importants pour ressaisir l'action directe du 34e, quand nous manquions de document direct.

Mais le concours le plus précieux nous l'avons eu dans les souvenirs et la correspondance de M. Jules Barrelle, qui a pris part, comme lieutenant de mobiles, à tous les engagements de la campagne, de La Bourgonce à Chaffois. Dans nos conversations multipliées, sous la suggestion de sa parole précise, j'ai refait toutes les étapes, revécu les batailles et les retraites ; puis, quand les souvenirs comblaient une lacune, fixaient un épisode négligé des historiens, j'ai cédé la plume. C'est ainsi que les combats de Châtillon-le-Duc et de Chaffois ont trouvé leur forme définitive. D'autre part, les dossiers consultés aux Archives, empruntés à la famille du colonel Rouget, lui ont permis de constituer un chapitre inédit sur l'organisation de la garde mobile à Niort et de joindre aux autres chapitres des pièces justificatives qui ne sont certainement pas l'apport le moins utile. L'intérêt général de notre ouvrage se renforce donc d'un intérêt local évident, puisque nous avons reconstitué « l'historique » que la plupart des régiments possèdent et qui manquait encore au 34e ; les recherches faites au Ministère de la guerre n'ont en effet rien révélé, ce qui s'explique par la disparition, dans la retraite de l'Est, d'un certain nombre de documents dont nous avons pu retrouver l'équivalent.

Après avoir indiqué la portée de notre œuvre au point de vue documentaire et technique, il convient de dégager sa valeur éducative. Nous justifierons ainsi doublement la sympathie que nous ont témoignée les Pouvoirs publics en facilitant nos recherches, le Conseil général et le Conseil municipal de Niort en nous accordant des subventions.

Notre but n'est pas d'entretenir la vivacité stérile de la haine et d'ajouter à la nervosité traditionnelle de la race : nous avons payé trop cher les excès de confiance pour ne pas exhorter nos concitoyens à peser mûrement les lourds aléas de la guerre.

Mais la réserve n'est pas l'oubli ; et il semble bien que dans l'effacement graduel du souvenir chez les générations nouvelles, le devoir présent est de rappeler une résistance héroïque dont le mystérieux avenir peut exiger le renouvellement.

Le rappel est d'autant plus opportun qu'à suivre docilement le fil de certaines littératures on aboutirait, par une inversion scandaleuse, à blâmer comme ignorants et sauvages ceux qui ont bien combattu, à honorer comme apôtres d'une religion nouvelle les fuyards et les traîtres.

Ce qu'il faut reconnaître, c'est qu'il y a deux sortes de guerres : l'une, odieuse, quand il s'agit d'intérêt dynastique ou financier ; l'autre, juridique et sacrée, quand un peuple tout entier se dresse pour défendre ses foyers et son idéal, le sol profond où dorment les ancêtres, l'hypothèse de toute une race sur l'avenir de l'humanité.

Certes, l'attitude guerrière sera considérée plus tard comme un moment de l'évolution universelle et les peuples, dans la nouvelle Salente, se consacreront aux arts de la paix, avec d'autant plus de sécurité que les conditions économiques et morales convergentes leur en feront une impérieuse et douce nécessité.

Qui oserait dire que nous en soyons là ? Tant qu'il y aura dans le monde des causes de conflit, tant que seront possibles les dépêches d'Ems et les torpilles japonaises, deux devoirs continueront de s'imposer à toute nation soucieuse de vivre et de se défendre : une solide armature militaire, un faisceau de sentiments patriotiques capable de l'utiliser.

Ainsi se précise le sens de l'œuvre que nous avons voulue : à égale distance du chauvinisme agressif qui a trop longtemps rempli les livres de classe, et de l'internationalisme béat qui tend à le remplacer, et vit d'ailleurs en bon accord avec toute une imagerie d'Epinal vouée aux pires férocités, ce qui fait songer aux opéras italiens où la musique se moque effrontément du livret.

Dans la région des idées comme dans celle de l'espace il convient d'observer la mesure, de ne pas être affolé de vitesse ; un accident individuel est bientôt réparé ; une erreur collective d'aiguillage peut briser l'énergie d'un peuple pour longtemps. En 1867, en mai 1870, les intellectuels, les esprits de seconde ligne, avaient déjà décrété la paix et la fraternité universelles.

Il importe de remarquer que les hommes de génie ont un sens plus exact et plus précis des réalités. Kant a dit : « Je crois à l'avènement des Etats-Unis d'Europe ; mais d'ici là il convient que chaque peuple ait la main sur la garde de son épée ; autrement, le jour du règlement de comptes définitif, il n'existerait plus. »

C'est la philosophie maîtresse de tous les esprits éminents, dont la pensée nourrit la nôtre : Edgar Quinet, Michelet, Renouvier, Victor Hugo. Ils n'ont jamais séparé de la religion de la patrie française l'amour de l'humanité; ils n'ont jamais confondu la force qui sert le droit et celle qui l'opprime. Depuis que leurs grandes voix se sont tues, on a prêché l'amour évangélique de tous les hommes et abandonné l'Arménie.

L'avenir sera sans doute lumineux et fraternel ; il le sera d'autant mieux et d'autant plus sûrement, que le peuple mettra au service des idées humanitaires son clair et vigoureux génie, pacifique et casqué comme la Minerve antique.

Les devoirs nouveaux n'ont pas d'effet rétroactif ; ils laissent aux devoirs anciens leur beauté tout entière. Que les mobiles des Deux-Sèvres qui sont morts pour leur pays dorment en paix leur glorieux sommeil ! Ils nous ont légué l'exemple d'une vertu, d'une constance dont, à défaut de la patrie, l'humanité aura toujours besoin.

Arthur LE BRET.

Niort, le 15 mai 1904.

LES MOBILES DES DEUX-SÈVRES

PENDANT

LA GUERRE DE 1870-71

CHAPITRE Ier

PREMIÈRE PÉRIODE DE LA GUERRE — APERÇU RÉTROSPECTIF

(18 juillet — 4 septembre)

Le soir du 13 juillet 1870, MM. de Bismarck, de Moltke et de Roon dinaient ensemble à Berlin. Ils s'entretenaient de la candidature au trône d'Espagne du prince Léopold de Hohenzollern, candidature affirmée au début de juillet, puis retirée dans les termes les plus nets puisque le 12, le roi Guillaume, aux eaux d'Ems, déclarait à notre ambassadeur Benedetti « qu'il consentait à donner son approbation entière et sans réserve au désistement du prince ». La guerre était évitée ; mais cette chance n'entrait pas dans les vues du gouvernement impérial, désireux de restaurer son prestige en Europe, et surtout à l'intérieur. Le duc de Grammont, ministre des affaires étrangères, fait demander au roi de s'engager pour l'avenir, de donner des garanties. Le roi répond courtoisement à notre ambassadeur que la question lui paraît résolue ; « quant aux négociations ultérieures elles seront poursuivies par son gouvernement ». Benedetti écrit : « Il n'y a eu ni insulteur ni insulté. »

Les nouvelles d'Ems, calmantes et pacifiques, arrivent à Berlin, frappent de stupeur les trois convives ; l'occasion unique, si longtemps convoitée, disparaît. Mais Bismarck interroge : « Répondez-vous de la victoire ? » — « Oui, l'instrument est prêt. » Bismarck s'assied à une petite table, rectifie les dépêches, apprend au monde entier que l'ambassadeur de France a été éconduit. Il revient, lit son texte, suppute les conséquences, et les trois convives se remettent à table d'un meilleur appétit. Le texte meurtrier était ainsi conçu : « Sa Majesté a refusé de recevoir à nouveau l'ambassadeur français et lui a fait dire qu'elle n'avait plus rien à lui communiquer. »

L'effet de la dépêche falsifiée fut immédiat et foudroyant. Le ministère français se déclare outragé ; le léger duc de Grammont s'écrie que la Prusse avait souffleté la France ; le non moins léger ministre de l'intérieur, Emile Ollivier, demande au Corps législatif, le 15 juillet, un premier crédit de 50 millions, et annonce l'appel des réserves. Vainement Thiers proteste, montre que la Prusse nous donne raison pour le fond, que la rupture porte sur une question de forme ; on l'envoie « à Coblentz » ; on l'appelle « trompette antipatriotique du désastre ». Vainement Gambetta apporte l'appoint de sa jeune et lucide éloquence, réclame lecture de la dépêche officielle ; la majorité de la Chambre se prononce contre toute communication. Emile Ollivier s'engage à fond, fait voter les subsides ; le 18 juillet, la guerre est officiellement notifiée.

C'est alors un déchaînement factice d'enthousiasme et de « Marseillaises ». Un frisson d'épiderme parcourt Paris et les grandes villes. Au fond, qui veut la guerre ? L'Impératrice et son entourage immédiat, mais l'Empereur lui-même à longtemps hésité ; l'opposition clairvoyante, de gauche ou de droite, est résolument hostile ; cinquante-trois départements, contre dix-huit, sont favorables à la paix, de l'avis des préfets eux-mêmes.

Au moins étions-nous prêts ? Le Ministre de la guerre, le maréchal Le Bœuf, aussi léger, aussi présomptueux que ses collègues de l'Intérieur et des Affaires étrangères, affirme : « Nous sommes prêts, archiprêts ; il ne manque pas un bouton de guêtre. » En réalité, à l'incurie la plus complète succède une frénésie de dépêches contradictoires. Le 4 août, le même jour, la garde impériale reçoit l'ordre de quitter Metz, de rester à Metz, de marcher sur Volmerange, puis sur Courcelles-Chaussy ; en quelques heures on impose les shakos, puis les képis, puis les bonnets de police ; l'ordre de réintégrer les shakos arrive trop tard, les troupes étaient parties. Les réserves mobilisées le 14 juillet s'organisèrent lentement ; comme chaque réserviste doit rejoindre d'abord son dépôt, tel alsacien se rend d'abord à Bayonne, et rejoint son corps en septembre ; les voitures de transport sont à Versailles et à Châteauroux ; dans les gares de l'Est, les hommes, les chevaux, le matériel débarquent au petit bonheur ; les généraux, les états-majors, les intendants courent les uns après les autres ; des corps sont privés de munitions, d'autres en sont alourdis, surchargés (1).

Les lignes générales de la campagne sont aussi chaotiques que les détails ; au plan de mobilisation de Niel qui constituait trois armées, on substitue à la dernière heure, une armée unique, l'armée du Rhin, commandée par l'Empereur, avec trois corps d'armée qui auront respectivement pour chefs, Canrobert, Bazaine et Mac-Mahon. La défense est d'ailleurs aussi peu prévue que l'attaque ; des places sans matériel de guerre et sans provisions de siège ; d'alliances, pas une ; l'Autriche et l'Italie se réservent ; l'Angleterre et la Russie sont plutôt hostiles. Nous sommes seuls et désemparés.

Au total, dans les premiers jours du mois d'août, l'armée du Rhin comprenant à peine 300,000 hommes, mal groupés, mal équipés, mal commandés, allait avoir à combattre trois armées allemandes, soit 400,000 hommes, forts de leur discipline et de leur mission, qui se déployaient avec la précision d'un théorême en marche.

Et toutefois, il y a tant de ressort dans le génie national, tant de ressources imprévues sous le coup de fouet du moment ; notre infanterie, appuyée du chassepot, montra de si belles qualités d'endurance ou d'attaque, que nous aurions sans doute repoussé l'envahisseur, dès la première campagne, si nous avions eu, parmi tant de maréchaux, un seul général.

Wissembourg (4 août)

En arrivant à Metz, le 28 juillet, l'Empereur, frappé de la confusion et du désordre qui dominaient dans tous les services, aurait souhaité temporiser ; sa proclamation reflétait ses tardives inquiétudes : « La guerre sera longue et difficile... » Mais l'opinion publique si maladroitement surexcitée, réclamait l'offensive. Le 30 juillet, les 2e, 3e, 4e corps durent franchir la

(1) *Général Michel à Ministre:* — Belfort, 21 juillet : « Suis arrivé à Belfort ; pas trouvé ma brigade, pas trouvé général de division... que dois-je faire ? Sais pas où sont mes brigades. »

Sarre, à la hauteur de Sarrebrück. Le 2 août, le général Frossard, seul prêt, entre en ligne avec deux divisions, et chasse sans peine de cette petite ville le bataillon d'infanterie et les trois escadrons de uhlans qui l'occupaient. Une dépêche ridicule transformait cette escarmouche en victoire, et secouait tout le pays d'un espoir bientôt déçu.

Le 4 août, l'armée du prince royal de Prusse envahissait l'Alsace et bousculait à Wissembourg les 6,600 hommes d'Abel Douay, jetés en flèche sans réserve et sans soutien. Les troupes en pleine sécurité, font la soupe ; une reconnaissance s'est promenée sur la route voisine sans rien voir. Mais voici qu'à huit heures, des forêts qui enveloppent Wissembourg débouche l'infanterie bavaroise ; des hauteurs qui le dominent tombe une pluie d'obus. Nos soldats sautent sur leurs fusils et ripostent avec vigueur. A la gare, le général Pellé, et ses turcos, dans la ville un bataillon du 74e de ligne, sur le Geisberg la brigade Montmarie rivalisent de courage et arrêtent l'effort de l'ennemi. Mais vers une heure, nos adversaires reçoivent des renforts ; ce qui reste du bataillon du 74e est acculé et pris ; Pellé, craignant d'être enveloppé se réfugie sur le Geisberg, où la lutte continue jusqu'au soir, ardente, forcenée ; contre le vieux château se brise le régiment de grenadiers du roi, dont le drapeau est cinq fois abattu. Le nombre a finalement raison des héros décimés ; Abel Douay est frappé mortellement d'un éclat d'obus ; les défenseurs du château sont cernés ; il faut se rendre. Mais la victoire coûtait cher au vainqueur ; il perdait 1,500 hommes, 91 officiers, et croyait avoir lutté contre toute une armée.

La défaite de Wissembourg, qui éclairait subitement le vide de nos espérances, est comme la préface douloureuse de toute la guerre, le raccourci des qualités et des défauts de notre race : la vivacité des ripostes, le courage tenace des officiers et des soldats ; d'autre part, c'est déjà la surprise, l'éternelle surprise : de la cavalerie qui ne sait pas s'éclairer, de l'infanterie qui n'est jamais en nombre, des ambulances qui laissent nos morts à l'ennemi, des généraux divisionnaires qui ne savent pas se concerter, du général en chef qui, du moins dans cette première période, n'a pas de plan ; surprise enfin de tout un peuple qui expie l'insousiance de vingt années d'empire.

Wœrth ou Freschwiller (6 août)

Le maréchal de Mac-Mahon, dont une division venait ainsi d'être battue et dispersée, résolut de réparer cet échec. Il aurait pu gagner les défilés des Vosges, véritablement imprenables s'ils étaient défendus, si inquiétants pour l'ennemi que, deux mois après, les reconnaissances du colonel Perrin et la petite armée du général Cambriels gênaient fort, malgré la Bourgonce, les mouvements du général de Werder. Mais le maréchal voulait garder la vallée du Rhin et prendre sa revanche ; il fut écrasé et perdit l'Alsace. Il comptait n'engager la bataille que le 7 ; elle s'impose le 6, avant la jonction des 5e et 7e corps, de sorte qu'un seul corps d'armée, le 1er, aidé de la division Conseil-Dumesnil, au total 45,000 hommes et 120 pièces, soutiendra le choc des 126,000 hommes et des 300 pièces finalement agglomérées contre nous par le prince royal.

La position où s'installaient nos troupes n'était pas mal choisie ; pour aborder les hauteurs de Freschwiller et d'Elsasshausen l'ennemi devait passer la Sauer, traverser des prairies, aborder des pentes raides ; malheureusement, de l'autre côté de la Sauer s'étendait un plateau hors de la portée de nos pièces, où les allemands mirent en batterie 250 canons. Wœrth, au pied de Freschwiller, protégé par le plateau, devait leur fournir un excellent point d'accès et d'appui.

Le 6 août, en ligne de bataille, s'étendaient de la gauche à la droite les divisions Ducrot, Raoult, Lartigue ; derrière, les cavaliers de Michel et Bonnemains. Face aux divisions françaises les bavarois de Hartmann, les prussiens de Kirchbach, de Bose, c'est-à-dire trois corps d'armée. La journée commence par une reconnaissance offensive du général Walther ; puis les troupes s'engagent, et jusqu'à midi, à égalité de combattants, nous avons l'avantage. A gauche, Ducrot refoule les bavarois ; au centre, Raoult repousse toutes les attaques de Kirchbach sur les pentes de Freschwiller ; à droite, Lartigue rejette au-delà de la rivière toute l'infanterie du 11e corps prussien. Mais l'avantage était précaire, et Chanzy n'eût pas manqué d'opérer une opportune et fructueuse retraite.

En effet, le plateau dont nous avons parlé se garnissait d'artillerie et le gros des trois corps d'armée avait rejoint les têtes de colonne ; plus de 100,000 allemands, dont la moitié de troupes fraîches, allaient foncer sur 45,000 français qui se dépensaient depuis le matin. Vers midi, c'est contre nous une offensive générale tout d'abord d'un médiocre succès ; à gauche, l'attaque des bavarois est molle et traînante ; au centre, Kirchbach ne prend qu'un mamelon et ne peut déboucher sur le plateau qui s'étend en avant de Freschwiller ; mais à droite, la division Lartigue fléchit sous l'artillerie qui la domine ; elle cède le bois de Niederwald et Morsbronn, et commence d'être débordée. C'est alors qu'il appelle à son secours la brigade Michel, composée du 6e lanciers, des 8e et 9e cuirassiers. Le général Michel, l'épée haute, au cri de « Vive la France ! » entraîne ses cavaliers sur la route de Morsbronn. Mais des talus, des arbres, des souches ralentissent et brisent leur élan ; l'infanterie prussienne, bien abritée, les décime à coup sûr, et dans le village où la brigade s'engouffre, ils sont fusillés à bout portant. Ce qui reste ressort et se heurte à un régiment intact de hussards prussiens qui achève les survivants. La brigade Michel n'est plus qu'un glorieux, qu'un impérissable souvenir (1).

Pendant cette diversion sanglante, Lartigue se ressaisit, dispute une heure durant le Niederwald avec le 3e régiment de zouaves ; la brigade Maire se heurte à Wœrth, ne peut s'en emparer, mais se cramponne vigoureusement aux flancs du Calvaire ; Ducrot et Raoult se massent autour de Freschwiller d'où ils multiplient les retours offensifs. Vains efforts ! La foule des ennemis s'accroît de toutes parts ; 100 pièces de canon bombardent nos positions ; il faut se rabattre sur Reichshoffen. La bataille est perdue. C'est alors que pour protéger la retraite, Mac-Mahon jette en avant la réserve d'artillerie, bientôt culbutée ; puis la réserve de cavalerie, la division Bonnemains, composée de 4 régiments de cuirassiers qui s'élancent et s'immolent d'un élan superbe et désespéré où la légende n'a fait que consigner l'histoire ; puis les turcos de Wissembourg, lancés comme des fous, et ramenés comme des épaves.

Il est cinq heures, Freschwiller est enveloppé de toutes parts ; deux corps d'armée tout frais, wurtembergeois et bavarois, ont

(1) C'est la charge justement célèbre des « cuirassiers de Reichshoffen ». Le terme de Morsbronn, point culminant de la lutte, serait plus exact.

renforcé les prussiens épuisés de combattre. Mac-Mahon fait sonner la retraite que Ducrot protège avec le 3e zouaves. Dans les bois et les vergers de Freschwiller, sur la route de Wœrth, devant le château de Durckeim, des bataillons épars luttèrent jusqu'au soir ; les vainqueurs avaient autant de tués et de blessés que les vaincus, 10,000 environ, mais ils firent 6,000 prisonniers ; 4,000 hommes des nôtres allèrent s'enfermer dans Strasbourg ; le reste de cette héroïque armée d'Afrique, qui tenait la meilleure place au cœur de tous, était réservée pour une pire détresse : la capitulation de Sedan.

Forbach (6 août)

Le même jour, doublement néfaste, où la bataille de Freschwiller livrait l'Alsace, la défaite de Forbach ouvrait la Lorraine. Le général Frossard, après Sarrebruck, avait lui-même choisi son terrain ; il avait sous la main le 2e corps, mais les 3e et 4e corps étaient à Saint-Avold et à Boulay, sous les ordres directs de Bazaine. Le 6 août, Steinmetz débouche avec son avant-garde et commence l'attaque d'abord refoulée ; mais les renforts lui arrivent d'heure en heure ; au lieu d'en finir avec les têtes de colonnes, de battre successivement les brigades qui se succèdent, Frossard se concentre, se ramasse, se laisse envelopper. La résistance des trois divisions Laveaucoupet, Vergé, Bataille est stérile ; nos 30,000 hommes qui se débattent depuis le matin sont maintenant aux prises avec 70,000 hommes ; nous reculons encore une fois en perdant 4,000 hommes ; l'ennemi, laborieusement vainqueur, en perd autant ; mais nous sommes rejetés sur Metz et démoralisés.

Bazaine, tout proche, n'avait pas bougé ; il laissait son divisionnaire Frossard, qu'il aimait peu, « cuire dans son jus », et se souciait déjà de garder intacte une armée destinée à soutenir des rêves de dictature. Frossard avait multiplié vainement les messages, les aides-de-camp ; il se heurtait à l'inflexible immobilité du maréchal qui, non content de s'abstenir, retenait Metman, Montaudon, Castagny, prêts à partir. (1) On a dit que

(1) *Frossard à Bazaine*, 6 août :
1h 25. Je suis fortement engagé. C'est une bataille.
5h 45. Envoyez-moi des troupes le plus vite.
6h 35. Pressez le mouvement des troupes.
7h 25. Nous sommes tournés.

2

les allemands, marchant résolument au canon, devaient à cette hardiesse, imitée des guerres de la Révolution et du premier empire, leurs succès décisifs ; le même entrain de combattre manqua parfois aux généraux divisionnaires ; ici, c'est le chef suprême de l'armée du Rhin, qui inaugure la série de ses visées ténébreuses en coupant court à l'élan de ses généraux de division.

Borny (14 août)

Les deux défaites de Freschwiller et de Forbach ajoutèrent encore au désordre ; aucun plan ne parvenait à s'asseoir ; Mac-Mahon se rabattait d'Alsace à Châlons, sans détruire le tunnel de Saverne (1) ; Bazaine, avec trois corps d'armée et la garde, prenait la route de Metz. Devait-on se reporter sur Châlons et Paris, ou constituer sur le flanc de l'ennemi, un camp retranché ? Entre ces deux conceptions l'Empereur oscille, flotte éperdu. Le 7 août, Canrobert reçoit l'ordre de quitter Châlons pour Metz, puis de rentrer à Châlons, puis de gagner Metz à toute vitesse. Finalement, malgré l'avis de Bazaine, l'armée du Rhin va passer la Moselle et se diriger sur Verdun.

Ces ordres et ces contre-ordres, expression d'un affolement sans limite, sont connus de l'ennemi. Puisque nous cherchons finalement à gagner Verdun, Moltke met Steinmetz à nos trousses, précipite Frédéric-Charles vers Pont-à-Mousson, tandis que le Prince royal marchera sur Nancy où quatre uhlans pénètrent en maîtres. Napoléon, laissant à Bazaine que l'aveugle opinion réclame le commandement en chef, quitte Metz dans un silence glacial, déjà destitué en quelque sorte du pouvoir avec le ministère Ollivier, que remplaçait, le 9 août, le général Cousin-Montauban.

Comme à Wœrth et à Forbach, c'est à l'improviste que s'engage, dans l'après-midi du 14 août (2) la bataille de Borny. L'impétueux général de Goltz, en avance sur Steinmetz, assaille avec sa brigade le corps du général Decaen qui se ramassait

(1) Le tunnel de Saverne est sur la grande ligne ferrée de Paris à Strasbourg ; tout était prêt pour la destruction ; il n'y avait qu'à charger les fourneaux.

(2) Du 6 août au 14, aucun engagement sérieux. L'armée française recule de 40 kilomètres, et s'entasse à l'étroit sous les murs de Metz.

autour de Metz. Decaen fait face avec vigueur, Ladmirault toujours prêt, passe la Moselle, Cissey accourt, et le téméraire de Goltz est battu, détruit, si Bazaine y consent. Mais fidèle à lui-même, à son obscur dessein, le généralissime, au lieu d'ordonner une attaque décisive, commande seulement de garder les positions, laisse à Manteuffel, à Zastrow le temps d'arriver, de poster 90 canons sur les hauteurs de Noisseville.

Nos troupes ont tant de courage et de belle humeur qu'elles se maintiennent quand même au ravin de Lauvallier, à Mey, à Nouilly, sur les hauteurs de Bellecroix ; entre Colombey et Bellecroix, une brigade de Zastrow met une heure à conquérir une allée de peupliers et quelques sapins ; à neuf heures seulement, à la nuit noire, l'ennemi, par un dernier effort imprévu reprend Mey et Nouilly sans pouvoir s'attribuer la victoire puisque nous gardons Bellecroix. Mais le but de Steinmetz est atteint ; la retraite de l'armée française sur Verdun est compromise et Frédéric-Charles accourt à toutes brides.

Gravelotte (16 août)

Le 15 août, l'armée du Rhin tout entière parut s'ébranler dans la direction de Verdun, mais, comme paralysée intérieurement par une volonté contraire, elle s'immobilisa dans un chaos inexprimable. Bien qu'ayant quatre routes à sa disposition, Bazaine en prescrivit une seule, de Metz à Gravelotte, par Longeville et Moulins ; ce n'est qu'au sortir de Gravelotte que l'armée devait marcher sur Verdun en deux colonnes, l'une par Etain, l'autre par Mars-la-Tour. L'encombrement était tel que des divisions entières rejoignirent leurs cantonnements ; Frossard et Canrobert durent bivouaquer à Rezonville ; Le Bœuf n'arrivait à Verneville qu'avec trois divisions. Frédéric-Charles qui, pressé par de Moltke, arrivait de Pont-à-Mousson, ne croyait pas combattre ce jour-là, mais Constantin d'Alvensleben du 3e corps, renouvelant la hardiesse heureuse de Goltz à Borny, engageait la bataille avec ses seules ressources.

A neuf heures du matin, par un beau soleil, deux divisions de cavalerie sont surprises en avant de Vionville, les chevaux à l'abreuvoir, les cavaliers en train de faire la soupe. Une courte panique emporte cuirassiers et dragons. Mais Bataille et Vergé accourent avec leurs fantassins qui démontent l'artillerie allemande. Frossard occupe Vionville ; Canrobert s'intalle à Rezonville ; Lapasset garde le bois des Ognons sur la gauche. Bazaine, craignant toujours d'être coupé de Metz, au lieu de tourner Alvensleben sur la droite, à Vionville, concentre la majorité des troupes sur la gauche aux Ognons et à Saint-Arnould. Toute la garde attend, à Gravelotte, l'ordre de combattre qui ne vient pas, qui ne viendra pas.

Pourtant l'heure est favorable ; Alvensleben s'épuise, un seul effort concerté l'achève ; il le sent si bien que dans un sursaut il jette contre Canrobert la brigade Bredow, uhlans de la Marche et cuirassiers de Magdebourg qui traversent deux lignes de tirailleurs, massacrent nos canonniers, mais sont refoulés par les dragons de Murat, les chasseurs de Valabrègue, pris de flanc par les 7e et 10e cuirassiers, et retournent d'un galop de défaite jusqu'à Flavigny, où se comptant ils ne sont plus que 400 sur 800. Vers deux heures également Ladmirault, sur la droite, appuyé de Le Bœuf, s'empare du bois et du village de Vionville, pousse jusqu'à Mars-la-Tour ; ils vont envelopper l'ennemi, quand Bazaine, toujours soucieux de sa gauche qui garde la route de Metz les arrête, démunit Le Bœuf d'une division, reporte Frossard au sud de Gravelotte.

Le moment est bien choisi ! C'est celui où le prince Frédéric-Charles, accouru de Pont-à-Mousson à francs étriers, lance Voigts-Rhetz contre Ladmirault, Kraatz contre Le Bœuf, tandis qu'Alvensleben si éprouvé contiendra seulement Frossard vers Gravelotte. Cependant toutes nos chances ne sont pas encore perdues. Grenier contient Wedell, Cissey disperse sa brigade, enlève un drapeau, le 13e de ligne, chargé par les dragons, ne recule pas d'une semelle, le 73e mitraille les cuirassiers de Voigts dont la perte est certaine, si Ladmirault porte en avant cet admirable 4e corps. Mais il hésite, il se ralentit, il sait qu'il n'est pas soutenu. Le soir approche, Frédéric-Charles sent l'heure venue des décisions suprêmes ; il appelle à la rescousse toute la cavalerie disponible, et la charge de Rezonville entre dans l'histoire. Deux heures durant, 5,000 cavaliers, dans un galop éperdu, sous un voile de poussière, heurtèrent leurs énergies exaspérées, leur courage équivalent.

D'abord les escadrons massés du prince rouge refoulent les régiments détachés que nous leur opposons : le 2e chasseurs d'Afrique, les 2e et 7e hussards, le 3e dragons, les lanciers du général de France. Mais tous ces régiments, d'abord rompus, se reforment, s'accumulent, et reprennent l'offensive ; appuyés des dragons intacts du général Maubranches, ils se ruent tous en avant dans une fureur de revanche. Les coups de pistolet se répondent, les sabres s'entrechoquent, les corps-à-corps se multiplient, les cris de « Vive la France ! » étouffent les hourrahs d'Oldenbourg ; généraux, officiers et soldats triomphent ou succombent côte à côte, égaux dans l'héroïsme et dans la mort.

A sept heures du soir, nos artilleurs et nos fantassins se montrent aussi résistants que nos cavaliers ; si Ladmirault renonce à occuper Mars-la-Tour, Cissey tient bon dans la ferme de Grisières, Levassor s'avance sur Vionville ; nos grenadiers de la Maison-Blanche et de Saint-Arnould refoulent trois régiments prussiens ; à huit heures, dans une exaspération de vaincre que la nuit n'interrompt pas, les bataillons de Wittich et les escadrons de Schmitt se jettent sur les masses entrevues de nos troupes qui les repoussent et les déciment ; cette perpétuelle ardeur d'offensive que l'ennemi nous dérobe n'aura pas raison de notre résistance ; mais les survivants sont à bout de forces ; 16,000 français et 16,000 allemands couvrent le champ de bataille ; la victoire est indécise.

Ce qui est sûr et précis, c'est qu'encore une fois nos soldats auront dépensé leur courage sans rompre les desseins de l'ennemi et les rêves de Bazaine. Ce dernier, au lieu de garder des positions vigoureusement tenues ou de porter en avant des troupes affamées d'offensive, et qui prises dans leur total, comptaient 120,000 hommes contre 65,000, les ramenait dans le rayon de Metz, sous prétexte de ravitaillement.

Saint-Privat (18 août)

Le soir même de Gravelotte, nos troupes s'installaient, de gauche à droite, Frossard à Lozerieulles, Le Bœuf au bois des Genivaux, aux fermes de La Folie, de Leipzig, Ladmirault sur les hauteurs d'Amanvilliers, Canrobert, à la droite extrême, à Saint-Privat, sans réserve et presque sans artillerie ; nos 120,000 hommes allaient tenir tête aux 180,000 allemands de Frédéric-Charles et Steinmetz, résolus à nous rejeter sur Metz, à nous couper la dernière route, celle de Briey à Verdun.

Vers midi, après une matinée de tâtonnements et d'essais, la véritable bataille s'engage ; droit au centre, sur Ladmirault qui paraît endormi, Frédéric-Charles lance le 11e corps prussien, qui est reçu par un feu terrible de mitrailleuses qui l'ébranle ; la division hessoise accourue n'aboutit pas davantage, la brigade Blumenthal ne peut dépasser la ferme de La Folie ; d'Alvensleben donne de toute son artillerie bientôt démontée ; vers cinq heures une brigade de la garde royale perd inutilement un grand nombre d'officiers ; à sept heures Frédéric-Charles commande sur Amanvilliers un dernier assaut également stérile et brisé ; Ladmirault et le 4e corps sont toujours invincibles.

Sur notre gauche, Frossard et Le Bœuf reçoivent le choc du fougueux Steinmetz, son divisionnaire Zastrow est si rudement ramené qu'il demeurera sur la défensive jusqu'au soir ; l'autre divisionnaire Gœben ne peut dépasser Moscou et le Point-du-Jour ; vers quatre heures, Steinmetz reporte ses meilleures troupes en avant, cinq fois les tirailleurs abordent le Point-du-Jour, cinq fois ils sont repoussés ; le 2e corps accouru de Pont-à-Mousson n'a pas un sort meilleur ; vainement, sous les yeux du roi, des princes, du grand état-major, Osten-Sacken et Fransecky enlèvent leurs brigades au pas de charge, fifres en tête, tambour battant ; les chassepots font rage, les mitrailleuses balaient tous les arrivants ; dans l'obscurité accrue les prussiens s'enfuient d'un pas de déroute ; déjà, le roi Guillaume et Bismarck trop pressés de voir et de vaincre ont dû tourner bride.

Si la gauche et le centre de l'armée française étaient maîtres de leur terrain sans conteste, sur la droite, malgré un courage identique nous étions forcés, tournés, obligés de nous rabattre sur Metz. Canrobert occupait Saint-Privat, mais ayant laissé à Châlons les réserves d'artillerie et de génie, il n'avait pu se fortifier comme Ladmirault et Frossard. Vers cinq heures, en conformité avec l'offensive générale, les brigades Pape et Berger se jetaient sur Saint-Privat et sur Jérusalem ; les soldats de Berger, ayant à franchir un vallon dénudé, sont écrasés ; ceux de la brigade de Pape, ayant à gravir une pente ne peuvent en atteindre le sommet. C'est alors qu'avec l'assentiment de Frédéric-Charles, Auguste de Wurtemberg donne à la garde royale, qu'il commande, l'ordre d'attaquer Saint-Privat. Ces régiments d'élite avancent à 800, 600, 300 pas du village ; ils sont rompus l'un après l'autre, colonels, capitaines, lieutenants jonchent la terre, à chaque décharge les drapeaux changent de mains ; 4,000 soldats et 160 officiers couvrent le sol ; « la garde royale a trouvé là son tombeau ». Mais les munitions s'épuisent ; Canrobert, inquiet dans son triomphe, multiplie les estafettes, appelle au secours (1) ; c'est la dernière heure favorable que le destin nous réserve ; Bazaine énigmatique joue au billard dans son logement de Plappeville ; il calme Jarras, Bourbaki, prêts à partir ; il ordonne à ses officiers d'état-major de préparer les tableaux d'avancement !

Cependant Frédéric-Charles, dans l'impuissance de sa meilleure infanterie, fait appel au canon ; 24 batteries bombardent Saint-Privat qui flambe ; les saxons et les débris de la garde royale se précipitent sur le village, où chaque maison, chaque rue est le théatre d'une lutte effrénée ; le cimetière regorge de combattants qui se prennent corps-à-corps ; Saint-Privat est perdu, puis Jérusalem ; Canrobert qui a tenu trois heures sans mitrailleuses, sans réserve de munitions, recule sur Saulny, ferme et fier encore, ne perdant ni un drapeau, ni un canon ; mais Ladmirault découvert doit abandonner les hauteurs d'Amanvilliers, et tout l'effort de cette journée héroïque était perdu pour la France. On dit que Canrobert, rencontrant sur la route qui le conduisait à Metz deux batteries de réserve que Bazaine envoyait tardivement à son secours, aurait prononcé ce mot définitif : « Ah ! la canaille ! ».

La journée de Saint-Privat nous coûtait 12,000 hommes ; les allemands en perdaient 20,000 ; la garde royale à elle seule comptait 8,000 tués ou blessés. On peut supposer l'effet produit sur le champ de bataille par l'arrivée des 20,000 soldats de la garde impériale, de Bourbaki, tenus toute la journée immobiles et impuissants, ou l'effet encore des 138 canons de la réserve, muets et stériles par ordre supérieur. Tout au contraire, Metz était investi, coupé de toute la France, réservé aux hontes d'une capitulation préméditée peut-être, tandis que notre seule autre armée, celle de Mac-Mahon, allait donner dans le piège et le désastre imprévus de Sedan.

(1) *Canrobert à Bazaine*, 28 août, 5 h. du soir :
« Un feu d'artillerie considérable a presque éteint le nôtre. Les munitions me manquent. »

Beaumont (30 août)

Mac-Mahon, échappé de Freschwiller, avait rejoint péniblement Châlons, dans un désordre et un remous inextricables, sans que personne songeât à détruire le tunnel de Saverne. Félix Douay et Failly avaient également joint Châlons, de sorte que Mac-Mahon se trouvait à la tête encore de 120,000 hommes, il est vrai déconcertés. Un Conseil de guerre, tenu sous la présidence de l'Empereur, décida de reporter cette armée sur Paris, et d'y nommer Trochu gouverneur. Mais l'Impératrice, soutenue par Palikao ne voulait pas du retour de l'Empereur à Paris, après Wœrth et Forbach. D'ailleurs, Palikao nourrissait déjà le plan de reporter le maréchal sur Verdun, d'y faire écraser le prince de Saxe, puis de prendre Frédéric-Charles entre deux feux, entre les deux armées concourantes de Bazaine et de Mac-Mahon ; plan suprême, dernière lueur de salut.

Mais Mac-Mahon hésite ; brave et résolu sous les balles, il était l'homme du combat et non du conseil ; son but personnel était de se reformer sous les murs de Paris ; aussi le 21 août se reportait-il sur Reims, gagnant l'Empereur à son dessein. Le 22, une dépêche de Bazaine, annonçant Saint-Privat et le désir de gagner Montmédy et Châlons ramena Mac-Mahon à l'idée de venir en aide à l'armée du Rhin. Le 23, l'armée se mit en marche, avec un entrain reconquis, mais les mouvements étaient lents, subordonnés à des ravitaillements mal préconçus ; le 23, on était à Béthiniville ; le 24, on se détourne sur Rethel pour s'approvisionner ; le 25, Failly et Lebrun demeurent à Rethel, Ducrot et Douay atteignent seulement Vouziers ; le 26, les reconnaissances allemandes reprennent le contact qu'elles avaient perdu, et de Moltke, renseigné enfin sur nos intentions, suspend la marche sur Paris et fait converger vers le nord tous les fronts.

Le 27, Mac-Mahon sentant le danger, renonçait à joindre Bazaine et commençait de rétrograder, mais Palikao, s'en tenant à son plan primitif de jonction, qui ne valait plus rien, ordonna au maréchal de secourir Bazaine à tout prix. Le mouvement est interrompu ; désormais c'est Montmédy, c'est Metz qu'il faut atteindre. Le 28, sous une pluie torrentielle, l'armée de Châlons fait à peine quelques kilomètres, pendant que de Moltke précipite contre nous les saxons et le prince royal, 200,000 combattants dont le général en chef sent la pression croissante, derrière les uhlans d'avant-garde ; il voudrait activer la marche, passer la Meuse, mais le 29, si Ducrot et Lebrun couchent sur la rive droite, Douay et Failly s'attardent, s'enlisent et Failly seul atteint péniblement Beaumont le soir du 29.

Le 30, l'armée de Châlons est à cheval sur la Meuse ; le corps de Failly qui va soutenir le premier choc des saxons est harassé de marches et d'incertitudes ; quelques régiments sont arrivés du matin et vers midi, pendant que le général déjeune, que les hommes font la soupe, les saxons massés dans les bois environnants font pleuvoir sur le camp français les balles et les obus.

Surpris et bientôt ressaisis comme toujours, quelques régiments ralliés par leurs colonels font face, défendent avec acharnement le mont Brune et les fourrés de Givodeau ; tout le corps d'armée retrouve au feu le courage de la race ; mais les saxons, les bavarois débordent de toutes parts ; 150 pièces ont raison de notre artillerie inférieure ; le 5e cuirassiers s'élance pour donner un peu d'air et d'espace à nos fantassins serrés de toutes parts, il est presque tout entier détruit ; dans le voisinage, vers Raucourt, Douay avait toute une brigade battue par les bavarois de Von der Tann ; Lebrun, prenant de la rive droite les saxons en écharpe évitait au corps de Failly une complète déroute, mais ce dernier perdait 1,800 hommes, 3,000 prisonniers, 42 canons et les troupes, atteintes une fois de plus dans leur confiance et leur ressort, se hâtèrent vers Sedan en désordre, pêle-mêle avec les troupes de Douay et de Lebrun. Le 31 août, à une heure du matin, Mac-Mahon télégraphiait au Ministre « qu'il était forcé de se rejeter sur Sedan ». Tout espoir de salut est perdu désormais.

Sedan (1er septembre)

L'armée française se concentra, le 30 août, au nord de Sedan, sur des hauteurs qui étaient dominées elles-mêmes par un second étage de collines dont les allemands commençaient à s'emparer. Ducrot avait conseillé à Mac-Mahon de s'établir non au centre mais sur la circonférence même que dominait le chemin de Mézières et la vallée de la haute Givonne. Mais Mac-Mahon s'attardait à ravitailler ses troupes, croyait n'avoir que

70,000 allemands à ses trousses et pouvoir gagner Mézières à son heure sans être inquiété.

Pendant qu'il portait Lebrun à Bazeilles, au sud-est, pour garder la route de Montmédy, Ducrot s'établissait à Givonne, au nord, Félix Douay, sur l'aile gauche, du calvaire d'Illy au village de Floing ; Wimpffen avec le 5e corps était en réserve près l'enceinte de Sedan. Déjà nous étions cernés par les allemands ; le 1er corps bavarois filait sur Bazeilles, les saxons sur Moncelle, la garde sur Givonne, le 11e corps prussien tournait la presqu'île d'Iges, Saint-Menges et Fleigneux, le 1er corps s'installait à Donchery, la cavalerie du prince royal apparaissait déjà à Frenois et à Wadelincourt ; le cercle de fer n'avait plus qu'à resserrer son étreinte ; la malheureuse armée française va se débattre avec un courage convulsif, cherchant à percer, à briser sur les points différents le cercle aux mailles serrées, d'un trop bon métal pour céder quelque part.

A quatre heures du matin, dans le brouillard, la bataille commence vers Bazeilles ; les bavarois de Von der Tann comptent s'en emparer par surprise. Mais l'infanterie de marine est là, depuis la veille, solidement établie dans les maisons crenelées, animée par l'âme intrépide de Vassoigne ; le château Dorival, la villa Beurmann, le parc de Monvillers arrêtent l'attaque des bavarois ; la lutte s'élargit, des saxons secourent les bavarois, Lebrun qui veille porte la ligne au secours de l'infanterie de marine ; chaque maison du village devient une forteresse imprenable, les habitants combattent à côté des marsouins ; c'est la guerre sainte ; on tiendra jusqu'au soir, dans l'incendie et la mitraille, sans rien céder.

Au nord de Bazeilles, dans une maison isolée, une poignée de héros arrête un régiment bavarois tout entier. Trois officiers d'infanterie de marine, le commandant Lambert, les capitaines Artus et Aubert, dirigent cette défense intrépide qui écarte la pensée même d'un assaut. Cependant la troupe diminue, les munitions s'épuisent, les murs s'écroulent, les survivants obligés de sortir, sont faits prisonniers. Le soir, le prince royal de Prusse disait aux trois officiers : « Messieurs, on ne désarme pas d'aussi braves soldats que vous. Gardez vos épées ». Mais la route de Montmédy, malgré les efforts de Lebrun à Bazeilles et à Moncelle est prise et barrée.

L'effort de l'armée se reporte sur Donchery, sur la route de

Mézières, vers l'ouest ; c'est la solution de Ducrot, qui remplace Mac-Mahon, blessé d'un éclat d'obus ; les régiments oscillent, flottent de l'est à l'ouest, retrouvent au contact des Wurtembergeois leur ardeur d'abord déconcertée ; puis Wimpffen sort tardivement de sa poche une lettre de service qui, en cas de blessure ou de mort de Mac-Mahon, lui confère le commandement suprême ; il reporte vers l'est, vers Bazeilles, vers la route de Montmédy si maladroitement quittée, les régiments décimés, hagards, qui finalement se brisent devant un ennemi accru du double.

Une dernière issue demeure à l'armée française qui se ronge et s'énerve dans une sorte de cage inexorable ; c'est la route de la Belgique où l'adversaire, depuis le matin, accumule ses troupes et ses canons. N'importe ; comme il faut percer à tout prix, on jettera sur Floing, sur le calvaire d'Illy tout ceux qui ont encore du cœur. Douay ramasse toute l'infanterie disponible et la porte en avant ; une artillerie formidable la crible et la rejette ; Ducrot la reforme, joint Doutrelaine et Liégeard à Dumont, à Maussion, installe quelques batteries qui sont aussitôt démontées. L'heure est venue d'appeler la cavalerie, Ducrot donne le signal. Lanciers, hussards, chasseurs à cheval, chasseurs d'Afrique se précipitent comme un tonnerre ; Margueritte les conduit, une balle lui traverse la joue et l'abat. L'élan redouble pour le venger ; Bauffremont et Galiffet ramènent les régiments vers la mitraille ; Ducrot, groupant autour de lui tous les officiers de son état-major, porte en avant, entraîne à sa suite les bataillons capables encore de résister ; mais une mitraille formidable de Saint-Menges à Fleigneux brise cet entêtement héroïque ; la dernière route de salut reste fermée (1).

Sur les hauteurs de la Marfée, Bismarck, Moltke et Roon, lorgnettes braquées, suivaient cette résistance obstinée, savouraient froidement la joie du triomphe et de l'hallali. Le vieux roi Guillaume plus humain, voyant les efforts désespérés des cavaliers de Margueritte et des fantassins de Ducrot, s'écria : « Oh les braves gens ! ».

(1) Au nord de la presqu'île d'Iges, où devaient camper huit jours dans la boue, sous une pluie torrentielle, nos malheureux soldats prisonniers, sans vivres presque et sans abris, il existait de très bons chemins allant droit à Mézières et à Nouzon. Ces chemins figuraient sur les cartes allemandes, non sur les cartes françaises.

Tout est fini ; nos troupes harassées refluent en désordre vers Sedan ; le drapeau blanc flotte sur la citadelle ; 17,000 français tués ou blessés couvrent le plateau, emplissent les ambulances ; les allemands qui n'ont perdu que 8,500 soldats et 460 officiers entonnent des chants graves au pied des palissades. Le lendemain, 2 septembre, Wimpffen signe la capitulation.

Toute la journée du 1er, l'Empereur, morne et las, avait erré comme une ombre dans les salons presque déserts de la sous-préfecture, conscient du désarroi de son empire et de sa volonté, prédestiné à violer toutes ses promesses, promesses de légalité ou promesses de gloire, du coup d'Etat à Sedan.

En rendant à Guillaume son épée, l'Empereur livrait 124,000 hommes, 6,000 chevaux valides, 419 pièces de campagne, 139 pièces de siège, un matériel considérable, plus encore : il parut livrer la France elle-même, avec sa dernière armée. Mais, prompt à se ressaisir du milieu des pires catastrophes, le pays affranchi d'un régime déshonoré, se ralliait, le 4 septembre, à la République proclamée par Gambetta, et allait bientôt étonner les vainqueurs par l'énergie et la rapidité de son nouvel effort.

ANNEXES DU CHAPITRE Ier

(Extrait des annexes de l'ouvrage du Commandant Romagny sur *La Guerre franco-allemande*)

La reine de Hollande à Napoléon III

« 18 juillet 1866.

» Vous vous faites d'étranges illusions ! Votre prestige a plus diminué dans cette dernière quinzaine que pendant toute la durée du règne. Vous permettez de détruire les faibles, vous laissez grandir outre mesure l'insolence et la brutalité de votre plus proche voisin... Je regrette que vous ne voyiez pas le danger d'une puissante Allemagne et d'une puissante Italie. C'est la dynastie qui est menacée, et c'est elle qui en subira les suites. Je le dis, parce que telle est la vérité, que vous reconnaitrez plus tard... La Vénétie cédée, il fallait secourir l'Autriche, marcher sur le Rhin, imposer vos conditions. Laisser égorger l'Autriche, c'est plus qu'un crime, c'est une faute. Peut-être est-ce ma dernière lettre. Cependant, je croirais manquer à une ancienne et sérieuse amitié si je ne disais une dernière fois toute la vérité. Je ne pense pas qu'elle soit écoutée, mais je veux pouvoir me répéter un jour que j'ai tout fait pour prévenir la ruine de ce qui m'avait inspiré tant de foi et d'affection. »

*
* *

Napoléon III au Ministre de la guerre

« Alexandrie, 29 mai 1859.

» Ce qui me désole dans l'organisation de l'armée, c'est que nous avons toujours l'air, en présence d'autres armées et même de l'armée sarde, d'enfants qui n'ont jamais fait la guerre... Ce n'est pas un reproche que je vous fais ; je l'adresse au système général qui fait qu'en France nous ne sommes jamais prêts pour la guerre. »

*
* *

« Certains hommes appartenant aux régiments de zouaves, placés dans la réserve dans les départements du Nord, ont dû traverser toute la France pour s'embarquer à Marseille, se faire armer et équiper à Oran, Philippeville, et revenir combattre au point même d'où ils étaient partis. Ils avaient fait inutilement 2,000 kilomètres de chemin de fer, deux traversées de deux jours au moins chacune.

» Général VINOY. »

*
* *

« Le 18 juillet 1870, un détachement du 53e partait de Lille pour rejoindre son régiment à Belfort, n'arrivait au dépôt à Gap que le 28, ayant eu cinq étapes à faire à pied ; il n'en repartait qu'un mois après, le 30 août, était arrêté à Lyon parce qu'on ne savait plus où était la portion principale, était dirigé sur Orléans dans les premiers jours d'octobre pour concourir à la formation du 27e de marche, y arrivait le 11 et était forcé de se battre avant d'avoir même retrouvé son nouveau corps. Parti le 18 juillet, il n'entrait en ligne que trois mois après et le 53e, auquel il avait d'abord été destiné, avait déjà disparu dans la tourmente.

» Général DERRÉCAGAIX. »

*
* *

Le général commandant à Marseille télégraphie :

« J'ai ici 9,000 réservistes ; je ne sais qu'en faire ; pour me dégager, je vais les expédier sur l'Algérie au moyen des navires qui sont dans le port. »

On put l'arrêter à temps. Parmi ces 9,000 hommes se trouvaient la plupart des infirmiers destinés à l'armée du Rhin.

« Ces hommes arrivés à leur bivouac de Mulhouse le 6 août après-midi touchèrent leurs vivres à 8 heures du soir seulement et le lendemain 7 août, le bois, à 8 h. 1/2 du matin... Le dimanche 7, à 9 heures, les marmites étaient au feu et les soldats se réjouissaient déjà à l'espoir d'une soupe réconfortante, quand arriva l'ordre de lever les camps et de partir sur le champ.

» UN VOLONTAIRE DE L'ARMÉE DU RHIN. »

*
* *

Le général Decaen à Bazaine

« 9 août, 10 heures du matin.

» Je vous prie en grâce de ne pas me faire faire de mouvements aujourd'hui. Les hommes sont rendus de fatigue ; la soupe n'est pas mangée et il faudrait encore y renoncer ce soir. Ils sont arrivés hier à 11 h. 1/2 du soir avec une pluie battante, manquant de moral (je regrette de le dire). Il leur faut un peu de repos, et de la soupe ce soir... »

*
* *

Le maréchal Canrobert à Bazaine

« 17 août.

« Je demande à votre Excellence de ne pas oublier que je n'ai plus de cartouches, plus de munitions d'artillerie ; qu'en dehors de la viande que je fais acheter sur place, je n'ai pas d'approvisionnement. Je la prie de me faire expédier tout ce qui me manque le plus tôt possible. Nous ferons bien sans cela ; nous ferions mieux, si nous étions bien approvisionnés... »

*
* *

Rapport du général Soleille à Bazaine

« 22 août.

« Toutes les batteries de combat sont complètement réapprovisionnées ; tous les parcs, moins celui du 6e corps, qui n'a jamais rejoint l'armée, sont complets... A la suite des journées des 16 et 18, les troupes ont pu croire un moment que les munitions leur feraient défaut ; pour relever leur moral, je pense qu'il ne serait pas inutile que l'armée sût qu'elle est aujourd'hui complètement réapprovisionnée et prête à marcher... »

*
* *

Au conseil de Grimont, le 26 août, le même général dit :

« ...Il ne faut pas se dissimuler que l'armée du Rhin n'a de munitions que pour une bataille... Risquer un combat pour percer les lignes ennemies et entreprendre une marche pour rallier Paris ou tout autre point, ce serait s'exposer à se trouver désarmé au milieu des armées prussiennes. »

L'armée disposait à ce moment même de 100,466 obus chargés, c'est-à-dire de quoi livrer quatre batailles comme Saint-Privat.

*
* *

Mémoire justificatif de Bazaine

« Ne recevant aucune communication officielle de l'installation du nouveau pouvoir exécutif, j'écrivis au prince Frédéric-Charles pour lui demander franchement la signification et l'importance des évènements qui seraient survenus. . »

Réponse de Frédéric-Charles à M. le Maréchal de l'Empire Bazaine

« 16 septembre.

» Les renseignements que vous désirez avoir sur le développement des évènements en France, je vous les communique volontiers ainsi qu'il suit : ...Du reste, votre Excellence me trouvera prêt et autorisé à lui faire toutes les communications qu'elle désirera. »

*
* *

Déposition du conducteur de la voiture destinée au transport des officiers parlementaires au quartier du Maréchal Bazaine, au Ban-Saint-Martin.

« Je n'ai jamais passé quatre jours sans avoir à conduire des officiers allemands au quartier du Maréchal. J'estime que, pendant mes trente-six jours de service, ce fait s'est produit douze fois au moins. Il m'est arrivé deux fois de conduire au Ban-Saint-Martin deux parlementaires dans la même journée... »

*
* *

Séance du Conseil d'enquête, 12 avril 1872

« ...Le Conseil blâme le Maréchal d'avoir entretenu avec l'ennemi des relations qui n'ont abouti qu'à une capitulation sans exemple dans l'histoire. »

*
* *

Lettre remise au roi Guillaume par le général Reille, envoyé de Sedan

« Monsieur mon frère, n'ayant pu mourir au milieu de mes troupes, il ne me reste qu'à remettre mon épée entre les mains de votre Majesté. Je suis de votre Majesté le bon frère.

» Signé : NAPOLÉON.

» Sedan, 1er septembre 1870. »

*
* *

Réponse du roi Guillaume

« Monsieur mon frère, tout en regrettant les circonstances dans lesquelles nous nous rencontrons, j'accepte l'épée de votre Majesté, et je vous prie de nommer un officier muni de vos pleins pouvoirs pour négocier la capitulation de l'armée qui s'est si bravement battue sous vos ordres. De mon côté, j'ai désigné le général de Moltke à cet effet. Je suis de votre Majesté le bon frère.

» Signé : GUILLAUME.

» Devant Sedan, 1er septembre 1870. »

*
* *

» Officiers et soldats, nous pensions le 1er septembre qu'au bout d'un mois tout serait terminé. Il en a fallu quatre...

» WICKÈDE. »

CHAPITRE II

DEUXIÈME PÉRIODE DE LA GUERRE

Organisation de la Garde nationale mobile

Après les échecs de Wissembourg et de Forbach, nos troupes s'étaient concentrées sous Metz. L'émotion fut grande à Paris et en province. A l'espérance des premiers jours succéda la stupeur. Il importait d'agir en toute hâte. Un décret convoqua les Chambres pour le 9 août. Dans cette séance mémorable, un projet de loi sur le recrutement de l'armée pendant la durée de la guerre fut présenté par le comte de Palikao nommé Ministre de la guerre. Ce projet fut discuté dans la séance du 10 août sur le rapport de M. de Forcade de la Roquette, et adopté à l'unanimité du Corps législatif.

Cependant le Ministre de la guerre hâtait en province l'organisation de la garde mobile déjà sur pied dans les trois premiers corps d'armée (1).

Une circulaire adressée le 12 août par le Ministre de l'intérieur aux préfets leur enjoignait de télégraphier ou d'envoyer immédiatement « ordonnance ou estafette dans chaque commune ». Il était prescrit aux maires d'annoncer la centralisation immédiate des mobiles aux chefs-lieux de département et d'arrondissement.

L'uniforme devait se composer d'une blouse bleue avec ceinture en cuir, galon rouge sur la manche, sac en toile avec bretelle et képi.

Les hommes devaient être habillés en trois ou quatre jours et exercés provisoirement avec les fusils que les pompiers prêteraient.

« Occupez-vous jour et nuit, dit la circulaire, de cette organi-

(1) Le 16 juillet un décret impérial prescrivait de réunir au chef-lieu du département les mobiles des trois premiers corps d'armée.
Le 17 juillet un autre décret appelait la garde nationale mobile à l'activité.

» sation, je vous indiquerai le lieu définitif de rassemblement » où l'on délivrera des armes. »

Prévoyant la nécessité d'organiser à brève échéance la garde nationale mobile, le Conseil des ministres sur la proposition du Ministre de la guerre avait fait signer, le 4 août 1870, par l'Impératrice régente un décret nommant à 73 emplois de chef de bataillon dans la garde nationale mobile.

Furent nommés dans le département des Deux-Sèvres :

1er bataillon (Bressuire), M. Rouget (Léon-Henri).

2e bataillon (Melle), M. Guille-Desbuittes (Jacques-Louis-Alfred).

3e bataillon (Niort), M. de Cugnac (Louis-Jules).

Etaient déjà en fonctions, nommés en conformité des dispositions de l'article 8 de la loi du 1er février 1868 :

MM. Grincourt, capitaine major.
Millet, capitaine trésorier.
Gauthier, capitaine d'habillement.
Billon, lieutenant adjoint au trésorier, officier de détails.

Les gardes mobiles, en exécution du décret du 12 août, furent aussitôt convoqués au chef-lieu d'arrondissement où ils arrivèrent le dimanche 14.

Faisaient partie de la garde nationale mobile, conformément à la loi du 1er février 1868 :

1° Les jeunes gens des classes des années 1867 et suivantes qui n'avaient pas été compris dans le contingent, en raison de leur numéro de tirage ;

2° Ceux des mêmes classes auxquels il avait été fait application des cas d'exemption prévus par les numéros 3, 4, 5, 6 et 7 de l'article 13 de la loi du 21 mars 1832 ;

3° Ceux des mêmes classes qui s'étaient fait remplacer dans l'armée.

Pouvaient également être admis dans la garde nationale mobile, ceux qui, libérés du service militaire ou de la garde mobile, demandaient à en faire partie.

Les substitutions étaient autorisées dans la famille jusqu'au dixième degré inclusivement ; le substitué devait être âgé de 40 ans et remplir les conditions prévues par la loi de 1832.

Suivent cinq autres articles relatifs aux exemptions.

La durée du service dans la garde mobile était de cinq ans. Elle comptait du 1er juillet de l'année du tirage au sort.

Une disposition transitoire était nécessaire pour combler le vide qui existerait dans l'armée, tant que la loi nouvelle n'aurait pas produit son effet.

Aussi la loi disposait-elle dans son article 14, qu'à partir de sa promulgation, feraient partie de la garde nationale mobile, les hommes célibataires ou veufs sans enfants, des classes 1866, 1865, 1864 qui avaient été libérés par les conseils de révision pour les causes d'exemption prévues par les numéros 1 et 2 de l'article 13 de la loi de 1832 et les cas de dispense prévus par l'article 14 de la même loi et par les articles 79 de la loi du 15 mars 1850 et 18 de la loi du 10 avril 1867.

Il résulte donc des articles organiques de la loi sus-visée, qu'au moment de la déclaration de guerre, les classes 1865, 1866, 1867, 1868 et 1869 se trouvaient soumises à l'obligation du service militaire dans la garde nationale mobile, formant une armée de réserve de 350,000 hommes environ.

La garde nationale mobile, dispose l'article 5 de la section 1 de la loi du 1er février 1868, sera constituée à l'effet de concourir, comme auxiliaire de l'armée active, à la défense des places fortes, des côtes et frontières de l'empire et au maintien de l'ordre à l'intérieur.

Le territoire était envahi, les évènements qui se précipitaient avec une rapidité vertigineuse justifiaient l'appel des jeunes gardes mobiles sous les drapeaux.

Le dimanche 14 août, les mobiles des Deux-Sèvres étaient donc réunis dans leurs arrondissements respectifs :

Le 1er bataillon à Bressuire,

Le 2e bataillon à Melle,

Le 3e bataillon à Niort.

L'organisation, au milieu du désarroi causé par les évènements, aussi bien dans l'administration militaire que dans les services civils, fut naturellement très pénible.

Les conseils de révision procédèrent à une première élimination (samedi et dimanche 13 et 14 août) puis vint le renvoi dans leurs foyers des soutiens de famille. Enfin le 15 et le 16 on commença à procéder à la formation des compagnies.

Mais il fallait des cadres. Aux termes du chapitre Ier de la décision impériale approuvant le projet d'organisation de la garde mobile présenté par le maréchal Niel, Ministre de la guerre, (1) les cadres de la garde mobile devaient satisfaire à des conditions particulières qui tenaient à la nature de cette institution. En effet, la garde nationale mobile ne pouvant être soumise à une discipline aussi fortement constituée que celle de l'armée, il parut indispensable que ses chefs, à tous les degrés de la hiérarchie, jouissent d'une considération personnelle qui leur donnât l'autorité morale nécessaire à l'exercice de leur commandement et que dans ces conditions les grades ne fussent confiés qu'à des citoyens occupant une situation honorable dans la circonscription de la troupe dont ils sollicitaient le commandement.

Les officiers de tous grades, les sous-officiers. caporaux et brigadiers pouvaient donc être choisis, tout d'abord parmi les officiers retraités et les militaires libérés, mais aussi parmi les appelés et les volontaires de la garde nationale mobile.

Un petit nombre d'officiers retraités, quelques sous-officiers libérés, avaient bien voulu accepter des grades, mais leur nombre était insuffisant. Quant aux cadres inférieurs, ils manquaient totalement. Pour remédier à cet état de choses dont la gravité était particulièrement inquiétante dans les circonstances actuelles, et, du reste, par application du chapitre Ier de la décision sus-mentionnée, le Ministre de la guerre invita les chefs de corps à proposer pour les grades de lieutenant ou de sous-lieutenant des jeunes gens appelés ou volontaires de la garde mobile, se recommandant, à défaut de connaissances militaires, par leur caractère, leurs aptitudes et leur degré d'instruction.

Ce mode de procéder n'allait pas sans inconvénients et soulevait de vives critiques. On objectait avec raison, sans doute, qu'il était matériellement impossible à des officiers de pareille origine d'enseigner ce qu'ils n'avaient pas appris et ce qu'ils n'auraient jamais le temps d'apprendre et d'aucuns demandaient que tous les grades fussent confiés à d'anciens officiers ou sous-officiers de l'armée.

La critique était aisée, mais la solution préconisée était irréalisable. Les donneurs de conseils et les constructeurs de projets et de systèmes étaient légion, à cette époque tumultueuse ; chacun avait son plan et s'imaginait avoir trouvé la clef du problème. Or les esprits réfléchis, qui se rendaient froidement

(1) Décision impériale du 17 juin 1868.

compte de la situation, savaient bien qu'après nos désastres, il restait, à peine, dans les dépôts, assez d'officiers et de sous-officiers pour encadrer les régiments de marche et que pour la garde mobile, on se heurtait à cette difficulté ou bien de se trouver dépourvu de cadres, ou d'accepter comme pis-aller des cadres d'une qualité inférieure. Enfin, il fallait agir vite et ne pas s'exposer, le cœur léger, à l'aléa d'un recrutement problématique. Dans cette alternative, le commandement n'hésita pas ; il mit sa confiance dans la bonne volonté et le patriotisme des jeunes gens qu'on lui proposait (1).

Le même sentiment qui avait inspiré le choix des officiers subalternes, guida les commandants de compagnie dans la nomination des sous-officiers et des caporaux. Des insignes furent donnés aux gradés et à peine la première semaine s'était-elle écoulée, depuis la convocation de la mobile, que l'organisation sortait du chaos des premiers jours.

Mais ce n'était là qu'une organisation à l'état embryonnaire. Il fallut établir les contrôles, la comptabilité, tout ce que comporte l'administration d'un bataillon et d'un régiment. C'est alors, que sous la direction habile et expérimentée du capitaine Grincourt qui fut l'âme de cette organisation à laquelle il apportait une activité dévorante et un labeur incessant, l'ordre se fit jour dans cette confusion et que chaque compagnie parvint à s'administrer d'une façon régulière et suffisante (2).

Nous sommes au 22 août. Les mobiles ne sont pas encore armés. Le maire, M. Alfred Monnet, fait appel au dévouement des anciens sous-officiers et soldats de l'armée qui pourraient pendant quelques jours aider à l'instruction de la garde mobile.

(1) M. de Kératry, alors préfet de police, avait proposé au corps législatif de changer tous les officiers de la mobile, sauf ceux qui auraient servi dans l'armée active ou vu le feu depuis l'invasion étrangère. Cette proposition fut rejetée par le corps législatif en raison des retards qu'occasionnerait ce remaniement des cadres.

(2) En ce qui concerne la solde, les hommes reçurent depuis le jour de leur arrivée au corps une allocation journalière de 1 fr., les sous-officiers et les caporaux de 1 fr. 25. A la fin du mois d'août, le Ministère eut la velléité de fournir le pain et de réduire l'allocation journalière en argent à 0 fr. 73 pour les hommes. Cette mesure fut très mal accueillie ; les mécontents se mutinèrent et un grand nombre menaça de rendre ses armes si on ne continuait pas l'allocation de 1 fr. qui, afin d'éviter des troubles et des désordres, fut continuée jusqu'au départ des 3 bataillons de guerre.

Nous entrons dans la seconde période d'instruction. Malheureusement les fusils ne sont pas encore disponibles. Il faut encore attendre huit jours ; temps précieux perdu.

Le 28 août, sur la proposition du Ministre de la guerre, un décret de l'Impératrice régente paraissait à l'officiel en vertu duquel il était formé 19 nouveaux régiments provisoires d'infanterie de la garde nationale mobile qui étaient commandés par des lieutenants-colonels.

Le 17e qui portait le no 34 était formé des trois bataillons des Deux-Sèvres. Il devait être commandé par M. Guille-Desbuttes nommé lieutenant-colonel (1).

M. Guille-Desbuttes était un vaillant capitaine qui avait pris part au combat de Gravelotte où il avait été blessé grièvement dans une charge contre les prussiens. Enfermé dans Metz, il ne put accepter les fonctions pour lesquelles il avait été désigné.

Un décret signé le 2 septembre annulait sa nomination et le remplaçait par M. Rouget, précédemment nommé commandant du 1er bataillon.

Cette nomination modifiait encore une fois le commandement et il importait, en conséquence, de pourvoir aux emplois vacants.

Par décret du 9 septembre furent nommés : M. Sabiron, commandant du 1er bataillon en remplacement de M. Rouget, nommé lieutenant-colonel.

M. de Pinceuoir du Bousquet, commandant du 2e bataillon (Melle).

Provisoirement ce bataillon était commandé par M. Grand, capitaine en retraite ; nommé aux fonctions de capitaine d'habillement à Niort, M. Grand vint prendre possession de son poste après la nomination de M. de Pinceuoir. Il avait laissé de très bons souvenirs de son court passage à la tête du bataillon de Melle.

Entre-temps, les 30 et 31 août, des fusils ancien modèle (à tabatière), étaient distribués à nos mobiles. « Ils les ont (dit la » presse locale) reçus avec des cris de joie et ont de suite placé

(1) L'action des lieutenants-colonels commandant ces régiments devait être dans le principe de la nature de celle qu'exercent les généraux de brigade sur les bataillons de chasseurs à pied ; ils n'avaient pas, par conséquent à s'immiscer dans l'administration des bataillons qui ne cessait pas d'être confiée aux chefs de bataillon. Ces prescriptions ne furent pas observées.

» des bouquets à l'extrémité des bayonnettes et ont parcouru la » ville en chantant. »

« Leur départ est fixé à jeudi. Ils feront la route jusqu'à Poi- » tiers, en trois étapes, et là ils prendront le chemin de fer qui » les conduira au lieu de leur destination. »

Le décret du 28 août 1870 avait décidé que la garde nationale mobile des Deux-Sèvres formerait le 34e régiment d'infanterie provisoire.

Ce régiment était composé de trois bataillons à l'effectif de 1,200 hommes chacun, cadres compris, répartis entre sept compagnies. L'une des huit compagnies alors existantes, restait au dépôt et devait recevoir de suite les excédents d'effectif des sept autres compagnies.

Chaque bataillon devait avoir un médecin aide-major.

Furent nommés à ces emplois :

MM. Pillet au 1er bataillon.
Héliot au 2e bataillon.
Moreau au 3e bataillon.

Il y avait également un lieutenant faisant fonction d'adjudant major par bataillon, un officier payeur et un officier de détails pour le régiment. M. Billon nommé officier payeur appelé à d'autres fonctions, fut remplacé par M. Rouillé, lieutenant au 2e bataillon.

A partir du 1er septembre, un Conseil d'administration central fut installé à Niort pour l'administration des bataillons ; ce Conseil fut composé comme suit :

MM. Grincourt, capitaine major, président.
Millet, capitaine, trésorier.
Grand, capitaine d'habillement.

Le dépôt, qui restait provisoirement à Niort et forma plus tard le 4e bataillon, se composait d'environ 900 hommes.

Cette organisation était défectueuse à plus d'un titre ; d'une part, elle ne répartissait pas les risques de la guerre sur l'ensemble de la population et les faisait peser trop lourdement sur les habitants d'une même fraction du territoire, canton ou commune. D'autre part, la camaraderie était trop étroite, les officiers et la troupe se connaissaient trop et la discipline n'était qu'apparente. Les officiers ne possédant pas, en général, la science militaire qui inspire la confiance et impose le respect, n'y suppléaient, le plus souvent, que par une bienveillance exagérée qui allait jusqu'à la faiblesse, créant autour d'eux une sorte de popularité qui pouvait, à l'occasion, avoir ses bons effets mais était hors de saison dans les circonstances présentes.

C'est dans cet état d'esprit que le lieutenant-colonel Rouget trouva le 34e régiment des mobiles des Deux-Sèvres qu'il était appelé à commander.

Engagé volontaire à 18 ans, au 14e de ligne, passé au 3e bataillon de chasseurs à pied lors de l'augmentation de cette arme, M. Rouget avait pris part aux grandes campagnes du second empire. Il s'était distingué par sa bravoure en Crimée, à Malakoff où il est blessé deux fois ; en Italie, à Solférino où il a le bras cassé par une balle. C'était un vaillant soldat dans toute l'acception du terme. Caractère énergique et résolu, son ambition de faire bien, en lutte constante avec les difficultés d'une tâche trop lourde, avait réveillé en lui une brusquerie et une rudesse toutes militaires qui surprenaient des jeunes gens, officiers improvisés, et détonnaient étrangement avec la tendance presque inconsciente au laisser-aller de la plupart de ceux qui devaient le seconder (1).

Maintenant que nos cheveux ont blanchi et que par l'effet du recul, il ne nous est plus permis de considérer les faits avec l'inexpérience de la jeunesse, nous devons reconnaître que le rôle d'un chef de corps, en présence d'évènements qui se dérou-

(1) M. Rouget (Henri-Léon), né à Niort le 28 janvier 1832 était fils de François Rouget, juge au tribunal civil de Niort ; petit-fils de François Rouget. officier municipal de la commune de Niort à l'époque de la Révolution, lequel montra le courage le plus héroïque en défendant contre les Marseillais qui voulaient les massacrer 32 prêtres vendéens détenus au donjon de Niort et en empêchant l'exécution de 40 des plus nobles habitants de la ville. Par son mariage, François Rouget était allié à la famille des Rouget de Gourcez dont l'un d'eux, couseiller du roi, lieutenant criminel au siège de Niort, fut nommé maire de Niort en 1769. Il convient aussi de rappeler que en 1870, M. Léon Rouget suivit le glorieux exemple donné en 1791 par son grand-oncle, M. Charles Rouget-Lafosse. Lorsqu'éclata la Révolution, M. Charles Rouget, bien qu'il en réprouvât les principes, ne put voir l'étranger envahir le sol français sans reprendre les armes ; nommé commandant du 1er bataillon des Deux-Sèvres avec le grade de lieutenant-colonel, il rejoignit l'armée française commandée par Dumouriez qu'il avait intimement connu à Niort et fut tué à Jemmapes à la tête d'une brigade composée des légions de la Meurthe, des Deux-Sèvres et de la Vendée. Cette même légion des Deux-Sèvres, le 5 avril 1793, tira sur Dumouriez au moment où il passa à l'ennemi.

laient avec une précipitation foudroyante, était singulièrement délicat et ardu. Il est indiscutable que la puissance d'action d'un chef de corps réside dans la connaissance des ressources dont il dispose et dans les qualités des agents chargés de les mettre en œuvre. Or, si en temps de paix, il est aisé d'étudier les aptitudes et les caractères et de procéder à une sélection, la tâche est loin d'être aussi facile lorsque l'ennemi est à vos portes.

M. Rouget n'eut donc pas le temps, au début, de se faire une opinion précise ni sur le compte des officiers, ni sur les éléments constitutifs de la troupe qu'il avait la charge de commander. Il fallait courir au plus pressé : organiser, encadrer, habiller, instruire, armer etc. etc., faire ou essayer de faire des soldats en un mois : rêve dont l'exécution paraissait chimérique à beaucoup, difficile à tous.

Cependant l'organisation et l'instruction marchaient à souhait.

Le dimanche 11 septembre la remise du drapeau offert aux mobiles du département par l'administration municipale de la ville de Niort eut lieu sur la place de la Brèche.

Les mobiles reçurent le drapeau aux cris de : « Vive la France ! » et exécutèrent plusieurs manœuvres avec beaucoup d'ensemble.

De son côté A. Ricard, nommé préfet de la défense nationale, adressait aux populations des Deux-Sèvres la proclamation suivante animée du plus ardent patriotisme :

« Citoyens des Deux-Sèvres,

» L'organisation de la défense nationale marche dans notre » département avec un ensemble et une rapidité que votre cou- » rage et votre patriotisme pouvaient seuls enfanter ; nos gardes » mobiles sont ici prêts à partir ; nos gardes nationales s'orga- » nisent, demain elles seront armées.

» Dans Paris, on sent à chaque heure grandir la résolution » des habitants. L'union est faite entre les partis. Toutes les » volontés, toutes les activités sont consacrées à la formation, » à l'armement, à l'exercice de la garde nationale et les mobiles » affluent salués par des acclamations unanimes !

» Courage donc ; imitons ce noble exemple ! organisons le » Comité de défense des Deux-Sèvres ; formons des corps de » volontaires et préparons la ligue de nos départements de » l'ouest pour écraser les envahisseurs !

» Levons-nous, unissons-nous, serrons-nous sans soucis poli-
» tiques autour du Gouvernement de la défense nationale et
» nous serons invincibles ; que chaque citoyen soit soldat !
» Et que ceux là soient à jamais flétris qui sèmeraient la divi-
» sion ou refuseraient un fusil ! Vive la République ! » (Voir
» *Mémorial des Deux-Sèvres* du 13 septembre 1870) (1).

Le mercredi 14, M. le général Orianne commandant la subdivision des Deux-Sèvres, et M. Ricard préfet de la défense nationale passèrent la revue du 3e bataillon sur la place de la Brèche. Les mobiles portaient l'uniforme (vareuse de molleton gros bleu et pantalon de serge avec bande amarante), ils avaient la cartouchière et étaient armés du fusil à tabatière.

Après la revue, le général prononça l'allocution suivante :

« Officiers, sous-officiers et soldats du 34e régiment de la
» garde mobile, vous êtes appelés à la défense de Paris, du
» cœur de la France !
» Pour repousser l'ennemi, vous aurez le courage et l'énergie
» de vos pères. Vous montrerez que dans les Deux-Sèvres il n'y
» a qu'un intérêt dominant, comme dans toute la France : celui
» du salut de la Patrie.
» Les armes que vous avez entre les mains sont très bonnes
» pour la défense des remparts, néanmoins il vous sera remis
» des chassepots à votre arrivée à Paris, et je suis convaincu
» qu'ils seront en de vaillantes mains.
» Quand l'ennemi foule le sol de la patrie, tout Français est
» soldat. Il ne doit y avoir alors qu'un sentiment, celui de
» l'honneur, qu'un cri, celui de : « Vive la France ! »

A cette date se place la nomination de M. Godefroy de Ménilglaise aux fonctions de commandant du 3e bataillon en remplacement de M. de Cugnac ancien chef d'escadron d'artillerie, appelé à prendre part à la défense de Paris.

(1) Le 23 septembre, M. Ricard, candidat aux élections pour la la formation d'une Constituante, résignait ses fonctions de préfet de la défense nationale et était remplacé par M. Mahou. Le 24 septembre un décret du gouvernement ajournait toutes élections municipales et pour l'Assemblée constituante ; M. Ricard fut alors nommé commissaire général de la défense nationale dans les Deux-Sèvres et la Charente-Inférieure, puis au mois d'octobre, commissaire extraordinaire de la défense nationale dans les départements des Deux-Sèvres, de la Vendée et de la Charente-Inférieure, et vice-président du camp d'instruction de La Rochelle.

Le 18 septembre, les bataillons de Melle et de Bressuire se rendirent à Niort par étapes pour y former le régiment.

Le 20, en exécution du décret du 17 septembre, eut lieu l'élection des officiers par la troupe dans les conditions suivantes (1).

Les élections aux emplois de capitaine, de lieutenant et de sous-lieutenant eurent lieu successivement, pour ces trois grades, par compagnie, sous la présidence du chef de bataillon, assisté d'un officier, d'un sous-officier, d'un caporal et d'un soldat désignés par le chef de bataillon.

L'élection avait lieu à la majorité relative. En cas de ballottage l'officier le plus âgé était préféré.

Les officiers ainsi élus furent immédiatement reconnus.

Les premières opérations électorales terminées, il fut procédé immédiatement : 1° A l'élection du chef de bataillon qui fut faite par les officiers réélus dans chaque bataillon, et sous la présidence du capitaine le plus âgé ; 2° Pour les bataillons enrégimentés, à l'élection d'un lieutenant-colonel, laquelle fut faite par les officiers réunis des bataillons composant le régiment.

Dans le bataillon de Niort, un seul officier ne fut pas réélu ; dans ceux de Melle et de Bressuire, trois officiers dans chacun de ces bataillons ne furent pas maintenus dans leur grade.

Le lendemain, tout le corps d'officiers se réunit pour la nomination du lieutenant-colonel et des trois chefs de bataillon.

M. Grand, capitaine, ayant obtenu un plus grand nombre de suffrages que M. Rouget, lieutenant-colonel, fut élu.

Les chefs de bataillon de Niort et de Melle furent conservés ; celui de Bressuire, M. Sabiron, appelé à Niort pour organiser un

(1) La défense nationale s'inspirait des mesures prises et des moyens employés en 1793 : « La Révolution créa une armée nationale dans le sens le plus étendu de cette expression. Les grades furent donnés à l'élection. Tous les jeunes gens non mariés ou veufs sans enfants, depuis l'âge de 18 ans jusqu'à celui de 25 ans devaient composer la première levée, dite la *première réquisition*. Ils devaient se réunir sur le champ, non dans les chefs-lieux de département, mais dans ceux de district car, depuis le fédéralisme, on craignait ces grandes réunions par départements... Les bataillons formés dans les chefs-lieux de district devaient commencer sur le champ les exercices militaires et se tenir prêts à partir au premier jour. La génération de 25 ans à trente était avertie de se préparer et en attendant elle était chargée de faire le service de l'intérieur. Le reste enfin de 30 à 60 était disponible. » (Thiers. *La Révolution française*. — Décret du 24 février 1793.)

5e bataillon, fut remplacé par M. Poupard, capitaine, ancien lieutenant de chasseurs à pied (1).

M. le capitaine Grand n'ayant pas accepté, pour des raisons personnelles, l'honneur de commander le régiment, le choix se reporta sur M. Rouget qui, à la prière de M. Ricard, accepta de reprendre ses fonctions.

Les incidents survenus à l'occasion de cette élection eurent une influence décisive sur la destination que reçut presque aussitôt le 34e mobile des Deux-Sèvres. Le 14 septembre on lui avait annoncé qu'il allait être appelé à la défense de Paris ; le 21, le commandement, d'accord avec la défense nationale, craignant que l'effervescence des esprits ne devînt nuisible à la discipline, télégraphia au ministère que le régiment était prêt à partir.

Le 23 septembre contrairement aux dispositions premières, les trois bataillons de guerre du 34e reçurent l'ordre de se rendre dans un camp de concentration établi à Vierzon. En passant à Tours, ils devaient recevoir des fusils chassepots.

Le départ s'effectua pour Vierzon en trois colonnes. Sur tout le parcours pour se rendre à la gare, nos mobiles furent l'objet d'une vive sympathie.

« Tous les bras se tendaient vers eux, tous les cœurs étaient » avec eux.

» Ils marchaient en chantant, en poussant ces cris qui pro« duisent un effet si pittoresque dans le bocage du nord de notre » département. C'est le chant du pays, c'est le ranz vendéen.

» On admirait, non sans un profond attendrissement, l'allure » décidée des jeunes officiers, la marche ferme, assurée et solide » de ces vigoureux mobiles, presque tous de haute stature, » fortement membrés et d'une extrême vigueur.

» A la gare, au moment où les trains se sont mis en marche, » on a crié : « Vive la mobile ! » et ce cri partait du plus profond » du cœur. » *(Revue de l'Ouest.)*

Le régiment des Deux-Sèvres devait faire partie de la formation du 15e corps organisé en ce moment, sous les ordres du général de la Motte-Rouge, à Nevers, Bourges et Vierzon.

(1) Le commandant Poupard était lui-même fils d'un commandant du 25e de ligne qui avait fait la campagne d'Espagne (1823) et qui avait assisté à la prise d'Alger (1830). Il avait été sous-lieutenant au 15e chasseurs à pied et joignait ainsi à la tradition l'expérience personnelle, ce qui explique son ascendant sur le 1er bataillon.

Cette première organisation n'ayant pu comprendre tous les jeunes gens inscrits sur les contrôles, on forma avec les disponibles, deux nouveaux bataillons le 4e et le 5e.

Le 4e fut placé sous les ordres de M. Chirac, ancien officier de cavalerie. Préparé avec la rapidité que les circonstances exigeaient, il put laisser Niort le 30 octobre pour rejoindre l'armée de la Loire.

Aprés ce départ, il fut procédé, sous la direction du capitaine Grand, à l'organisation du 5e bataillon, qui eut pour commandant M. Sabiron. Il comprit huit compagnies de 150 hommes, et en novembre il fut dirigé sur le Cotentin.

En dehors de ces cinq bataillons appelés à prendre une part active à la guerre, il resta à Niort une compagnie de dépôt et le Conseil d'administration sous les ordres du capitaine Grincourt.

Après la signature de l'armistice et en vue des éventualités qui pouvaient encore se produire, un 6e bataillon recruté parmi les hommes sortant des hôpitaux, fut en formation à Niort, sous les ordres de M. le commandant Poupard, lequel blessé à Beaune-la-Rolande avait été mis à la suite du 34e.

Enfin un 7e bataillon à cinq compagnies fut en formation le 1er mars et licencié le 17.

Entre temps, il s'était passé à propos du 4e bataillon une confusion dans la transmission des ordres que seuls suffisent à expliquer les embarras créés à la défense nationale par la difficulté des communications. Le 4e bataillon était parti le 30 octobre, comme nous l'avons vu, pour rejoindre l'armée de la Loire sur ordre urgent du général Fiereck commandant supérieur de la défense dans l'ouest. Le 20 novembre, le Ministre de la guerre à Tours, ignorant que le 4e bataillon des Deux-Sèvres était déjà en présence de l'ennemi, télégraphiait à Niort au général Orianne de le diriger immédiatement sur Nevers où il serait rallié par le 6e bataillon de l'Isère et un bataillon de l'Ardèche pour former le 80e régiment de mobiles sous le commandement du lieutenant-colonel Walter. Le 22 novembre, le général Fiereck oubliant, sans doute, qu'il avait lui-même appelé le 4e bataillon sur la Loire, télégraphiait au Ministère de la guerre de l'expédier à Nevers pour former le 80e mobile avec les deux bataillons sus-mentionnés. Cependant, soit défaut d'entente entre la guerre et le général Fiereck, soit inadvertance de l'état-major, le bataillon de l'Isère arrivait seul à Niort le 22 novembre, et ne trouvant plus le 4e bataillon, repartait lui-même le 25 pour Gien emportant les chassepots et les munitions destinés au bataillon de l'Ardèche. De son côté, le général Billot commandant le 18e corps auquel l'arrivée du 80e mobile était annoncée, depuis le 20 novembre, ne voyant rien venir, le réclamait instamment au Ministère de la guerre, à Bordeaux, qui répondait enfin le 31 décembre de ne plus compter sur ce régiment dont l'organisation n'avait pu aboutir. Une lettre de M. de Quinsonas, commandant le 6e bataillon de l'Isère retrace d'une façon très suggestive les faits relatifs à cet incident (1).

Après le combat de La Bourgonce, le service de santé du régiment se trouva complètement désorganisé ; l'aide-major Moreau avait succombé sous les coups des prussiens à Saint-Rémy pendant qu'il s'empressait à donner ses soins à nos blessés ; l'aide-major Pillet, malade, était rentré à l'hôpital de Besançon ; restait l'aide-major Héliot auquel on adjoignit, aux Monts-Boucons, le docteur Autun médecin-auxiliaire de la Société nationale des secours aux blessés. Rappeler le zèle et le dévouement incessants de ces deux médecins-majors pendant toute la campagne, c'est acquitter à l'égard de ces deux braves cœurs, de ces patriotes ardents, une dette de reconnaissance trop longtemps laissée dans l'oubli ; c'est rendre particulièrement un hommage ému et de respectueuse admiration à la mémoire de cet excellent camarade, qu'était le docteur Héliot, dont l'abnégation dans l'accomplissement de son devoir était pour tous un exemple réconfortant.

Au 4e bataillon, le service de santé fut au départ de Niort, confié à l'aide-major Festy qui tomba mortellement blessé pendant l'engagement de la Fourche.

Ne devons-nous pas, aussi, placer au premier rang avec ceux que nous avons déjà cités, ces braves qui ont spontanément mis au service de la Patrie mutilée, leur courage déjà éprouvé sur les champs de bataille ? Rappelons donc les noms des capitaines Bertrand et Guitton du 1er bataillon, de Parsay du 3e et enfin celui du sympathique et énergique capitaine Ravan du 2e qui, désigné, en raison de son âge et de ses aptitudes, pour remplir les fonctions de capitaine-major, refusa nettement d'accepter cet emploi dans une réponse empreinte d'une courageuse fierté : « Si j'ai pris du service dans la garde mobile, écrivait-il,

(1) Documents officiels. Voir aux annexes.

» c'est pour être utile aux enfants de mon canton et je tiens » d'une façon toute particulière à les suivre et à rester à ma » compagnie... si cette place de capitaine-major m'était im- » posée, je n'hésiterais pas à prendre du service dans l'armée » active. »

Pour terminer ce long chapitre de l'organisation, il importe de dire un mot du service de l'intendance que l'on est trop enclin à critiquer sans apprécier, le plus souvent, les embarras inextricables auxquels il se trouve exposé. L'on peut dire que tant que le 20e corps a évolué entre Besançon et Gien, les convois arrivaient à peu près régulièrement. Ce qu'on peut reprocher à l'intendance, ce sont les mesures peu judicieuses prises par ce corps en ce qui concernait l'habillement et surtout les fournitures de chaussures, détail des plus importants cependant pour des troupes continuellement en marche. Il est vrai que le 20e corps, dans la première partie de la campagne, traversait des contrées riches, abondamment pourvues de ressources de toute nature. Mais, à partir de Dôle, lorsque l'armée de l'Est fut perdue dans les neiges des Vosges et du Jura, à Villersexel, à Héricourt, le service de l'intendance était réduit à néant. Chaque bataillon était obligé de s'approvisionner, lui-même, au moyen de réquisitions quand les circonstances et l'ennemi le lui permettaient. Aussi, à quelles angoisses n'étaient-ils pas voués les malheureux officiers de semaine qui, après une journée d'étape écrasante, avaient par surcroît, la tâche d'assurer les vivres pour le lendemain ! Les officiers et leurs corvées passaient souvent une partie des nuits pour se disputer de maigres rations, et le lendemain, les membres las, le corps brisé, ils reprenaient, d'un pas alourdi par le besoin de sommeil, le chemin de ce calvaire où tant d'énergies devaient inévitablement succomber.

Enfin, un hommage de reconnaissance n'est-il pas encore dû à ces compatriotes dévoués, MM. Abel Bardonnet, Legouest, de Savignac, Émile Monnet, Pierre Caillet, Michel, de Saint-Quentin, Jarry, Emile Breuillac, Chaize, Rouillé, Detzem, qui délégués par la défense nationale acceptèrent la mission pénible et quelquefois périlleuse d'accompagner des convois d'effets d'habillement, d'objets de campement et d'équipement expédiés par le département pour nos mobiles. A Remiremont, à Besançon, aux Monts-Boucons, à Chagny, à Saincaize, à Châteaudun, à Bourges, à Cherbourg, et après l'armistice, en Allemagne et en Suisse, les délégués apportaient, en même temps que les adoucissements d'un peu de bien-être matériel, les souvenirs de la famille et des amis et le réconfort des encouragements de la cité.

VIERZON. — Le régiment débarqua à Vierzon le 26 septembre et fut logé à Vierzon-Ville chez l'habitant.

Vierzon-Ville (12,000 habitants), est situé sur le canal du Berry au confluent du Cher et de l'Yèvre. C'est une cité industrielle, la population ouvrière y est nombreuse. Ses représentants à l'assemblée municipale, auxquels nous avions fréquemment affaire pour les réquisitions, confondant sans doute, depuis le 4 septembre, la République avec la Révolution, affirmaient crânement leurs sentiments démocratiques, en arborant dans l'exercice de leurs fonctions, le bonnet phrygien, emblême auquel nous n'étions pas habitués et qui nous paraissait quelque peu extravagant. L'accueil des habitants fut tout d'abord cordial, mais l'affluence continue des troupes devint encombrante et quelques exaltés manifestèrent trop bruyamment, sur la voie publique, leurs tendances antimilitaristes ; des incidents regrettables eurent lieu, des rixes s'ensuivirent, quelques arrestations opérées par le poste de police ramenèrent le calme.

Là, dans les vastes landes traversées par le Cher, on continua l'instruction des unités. Malheureusement, le commandement, débordé par les préoccupations de toute nature, se cantonna dans les anciens errements, mouvements d'ensemble, manœuvres à rangs serrés, maniements d'armes, au lieu de prescrire d'urgence l'instruction de la formation de combat et les exercices de tir.

Puis, pour comble d'embarras, le feu se déclara dans la forêt de Vierzon. Le régiment, aussitôt rassemblé, courut au pas gymnastique sur le lieu du sinistre et, grâce à ses efforts, l'incendie qui menaçait de prendre de grandes proportions put être éteint.

Le dégrossissement, malgré tout, avançait, la façade faisait valoir l'édifice, mais au fond ce n'était qu'un trompe-l'œil. En réalité, non seulement l'instruction était et ne pouvait être qu'incomplète, mais encore elle n'était pas appropriée ; quant à l'équipement, il était insuffisant ainsi qu'en témoigne cette dépêche adresssée de Vierzon par le délégué de la défense nationale au Préfet des Deux-Sèvres : « Expédiez immédiate-» ment toutes les marmites faites, les couvertures, les ceintures » de flanelle, les clairons etc... » Quant à l'armement, les chassepots, que le régiment devait recevoir à Tours, n'étaient pas prêts et nos mobiles continuaient à s'exercer avec des armes dont ils ne devaient pas se servir.

C'est le 29 septembre seulement que les chassepots, impatiemment attendus, arrivèrent à la gare de Vierzon. Ils furent immédiatement distribués aux hommes qui les reçurent avec enthousiasme.

Cette distribution était tardive, car le général Cambriels télégraphiait de Besançon de lui envoyer en toute hâte des troupes pour former sa première armée de l'Est qu'il destinait à la défense des défilés des Vosges. Comme le régiment des Deux-Sèvres était mieux équipé et mieux préparé que les autres régiments en formation, que de plus et surtout il était l'un des rares régiments de mobiles armés de chassepots, il fut de suite désigné par l'état-major pour faire partie de l'armée de Cambriels.

A peine les mobiles avaient-ils reçu leurs chassepots, à peine des sergents et des caporaux d'un bataillon de chasseurs à pied leur avaient-ils appris le montage et le démontage de leur arme, que l'ordre de départ pour Épinal fut donné à la brigade Dupré, comprenant outre les trois bataillons des Deux-Sèvres, le 3e bataillon du 32e de marche, le 4e bataillon du 85e de ligne, le corps franc des Vosges (commandant Bourras) et la légion Bretonne (commandant Domalain).

Le départ de Vierzon eut lieu le samedi 2 octobre dans la soirée.

Avant leur départ de Vierzon, le régiment avait été passé en revue par le général Peytavin, qui complimenta leur commandant de la bonne tenue des hommes, de leur excellente discipline et de l'esprit dont ils paraissaient animés.

ÉPINAL. — Les éloges du général Peytavin n'étaient que justes ; le régiment des Deux-Sèvres était vraiment discipliné et animé du meilleur esprit. Quinze jours de plus d'une instruction activement et judicieusement dirigée et un équipement plus complet, auraient suffi pour en former un excellent régiment de marche. Cependant, s'il y avait une témérité excessive dans cette hâte d'envoyer à la rencontre d'un ennemi, déjà aguerri et admirablement discipliné, des troupes aussi peu exercées, d'autre part, on redoutait pour elles les inconvénients d'un contact trop prolongé avec les anciens soldats qui, rappelés sous les drapeaux par les décrets du mois d'août, arrivaient en foule au camp de Vierzon et donnaient, pour la plupart, à nos jeunes mobiles le spectacle dissolvant de leur arrogance de vieux troupiers, joint à celui, plus écœurant encore, de leurs mauvaises habitudes.

Le trajet de Vierzon à Épinal s'effectua sans encombres ; aux stations, les mobiles étaient l'objet de manifestations sympathiques. Au Creuzot notamment, la population se pressait en foule à la gare et profitait de l'arrêt des trains pour distribuer des vivres et du vin aux soldats. Le convoi, transporté par la ligne de Châlon-sur-Saône, Gray, Vesoul, débarqua le 4 à cinq heures du matin à Épinal. Les billets de logement furent de suite distribués aux officiers et à la troupe, avec ordre de se trouver au rassemblement à deux heures de l'après-midi, sur les promenades qui bordent la Moselle.

Le régiment, rassemblé à l'heure indiquée, resta sous les armes jusqu'au départ pour Bruyères ; l'embarquement à la gare commencé à huit heures dura jusqu'à minuit. De leur côté, les officiers étaient informés que le plan de l'état-major avait pour objet de faire une démonstration à l'entrée des Vosges afin d'en fermer les défilés, mais qu'Épinal restant le centre des opérations, ils y reviendraient à coup sûr et y retrouveraient leurs bagages et leur drapeau qu'on jugeait inutile et encombrant de faire suivre. Nous allons voir par la suite de quelle façon tragique les évènements se chargèrent de déjouer les prévisions, par trop optimistes, de l'état-major.

BRUYÈRES. — Le 5 octobre, dans la matinée, les trains partis d'Épinal, pendant la nuit, débarquaient à Bruyères les mobiles des Deux-Sèvres. La population était sur pied, attendant depuis quelques jours, anxieuse, ces renforts qui lui apportaient l'espoir du salut ; aussi, le cantonnement fut-il prompt et facile, chaque habitant ouvrant avec empressement ses portes pour loger et héberger ces jeunes soldats qui avaient abandonné leurs foyers pour voler au secours de leurs frères de l'Est menacés par l'ennemi.

Le départ de Bruyères pour la Bourgonce eut lieu le soir

même vers sept heures. La lune brillait d'un vif éclat dans un ciel sans nuages, éclairant de ses lueurs argentées les sapins qui couronnent les ballons des Vosges. La route apparaissait comme un large ruban lumineux bordé de noirs festons. Des senteurs embaumées de bruyère sèche et de résine se dégageaient des sous-bois étincelants de lumière tamisée.

Cependant, la troupe silencieuse tantôt gravissait, à flanc de côteau, des pentes rapides que surplombaient les cimes élevées des collines, tantôt dévalait dans des ravins profonds où l'on percevait soit le tic-tac d'un moulin, soit le bruit d'une cascade, ou bien le grondement sourd d'un torrent roulant ses eaux impétueuses et écumantes à travers les rochers.

Enfin, après une marche pénible de trois heures, nous arrivons à la lisière de la forêt. Le spectacle change ; nous apercevons, à quelque distance, des formes vagues, indécises, des lignes blanches se profilant sur un rideau d'ombre, puis, plus loin, une vaste plaine, déroulant ses plis ondulés que la lune inondait d'une lumière crue et qu'entourait, comme un vaste cirque, l'épaisse bordure des noirs sapins des forêts de Rambervillers et de la Mortagne.

C'étaient le village et la plaine de La Bourgonce.

Il était environ minuit ; les troupes furent cantonnées tant bien que mal avec ordre de se trouver sous les armes au point du jour.

ANNEXES DU CHAPITRE II

15e DIVISION MILITAIRE
—
3e SUBDIVISION

ORDRE DU JOUR

Proclamation aux gardes nationales mobiles des Deux-Sèvres

« Gardes mobiles,

» Vous êtes réunis pour la défense de la patrie ! Toute la France se lève comme vous pour repousser l'ennemi du sol français. Réunissez vous d'élan et de cœur à toute la France ! Vos pères ont prouvé que le courage ne leur manquait pas. Dans les circonstances solennelles où est le pays, vous serez les dignes fils de vos pères. J'ai donc foi dans votre courage et dans votre élan patriotique et vous prouverez que lorsque la patrie est menacée tout français est soldat.

» Mais pour réussir à la guerre, le courage ne suffit pas, le premier de tous les devoirs, le plus sûr moyen de vaincre est la discipline ! Vous serez donc soumis à vos chefs et vous exécuterez leurs ordres sans observations ni commentaires.

» Tels sont les conseils que mon expérience militaire vous donne, suivez-les et vous serez bientôt de bons et vigoureux soldats.

» Quelques difficultés vous attendent tous, chefs et soldats, les premiers jours pour votre organisation, ne vous en effrayez pas ; redoublez d'énergie en amenant l'ordre par l'organisation.

» ***Le Général commandant la Subdivision des Deux-Sèvres,***

» ORIANNE. »

Cette proclamation devait être lue, pendant trois jours à l'appel du matin par les fourriers aux compagnies formées en cercle et en présence des officiers.

***

Aux demoiselles de Bressuire

« Mesdemoiselles,

» Merci de votre bonne pensée !

» Au départ, votre drapeau sera notre guide.

» Dans la lutte, nous serons fiers de le défendre.
» A notre retour, il sera l'étendard de la victoire !

» LE 1er BATAILLON DE LA GARDE MOBILE
DES DEUX-SÈVRES. »

*
* *

Lettre de M. de Quinsonas, commandant le 6e bataillon de mobiles de l'Isère, à M. le général Haca, directeur à la 2e division des gardes nationales mobiles.

« Mon général,

» J'ai l'honneur de vous informer que votre dépêche du 31 décembre dernier vient seulement de me parvenir aujourd'hui, 25 janvier 1871.

» Comme le colonel Walter a été blessé le 11 de ce mois à l'affaire du plateau d'Auvours, près le Mans, j'ai du prendre connaissance de votre dépêche dans laquelle vous demandez un état indiquant les numéros des bataillons appelés à former le 80e de marche. J'ai l'honneur de vous informer que jamais le 80e n'a été réuni. Le 6e bataillon de l'Isère que je commande, a été dirigé de Grenoble sur Niort le 19 novembre dernier pour y être armé de chassepots. Arrivé à Niort le 21 novembre, le général Orianne qui y commandait, m'informa que le 80e serait formé d'un bataillon du dépôt des Deux-Sèvres, d'un bataillon de l'Ardèche et enfin du 6e de l'Isère.

» Le lieutenant-colonel Walter, était à Niort pour prendre le commandement. Notre bataillon fut d'abord désigné pour aller au Mans. Le lendemain pour Nevers et enfin embarqué pour Gien, mais en route on nous a dirigé sur Vendôme et là nous avons été avec le 17e corps prendre part à tous les combats des 8, 9, 10, 11, par suite des mouvements de l'armée de la Loire, nous sommes revenus à Vendôme puis envoyés au Mans où momentanément le 6e bataillon a été placé au 16e corps sous les ordres de l'amiral Jauréguiberry. Le 2 janvier, le bataillon a été replacé au 17e corps 2e division, et a pris part à plusieurs combats près du Mans. Dans tous les engagements, le bataillon s'est très bien conduit et nos pertes ont été sérieuses. Aujourd'hui nous sommes à Andouillers-sur-Mayenne, le bataillon ne compte plus que 500 hommes, plusieurs officiers ont été tués ou blessés entr'autres le colonel Walter à la journée du 11 sur le plateau d'Auvours en avant du Mans.

» Vous voyez, mon général, qu'il ne m'est pas possible de vous fournir le renseignement que vous me demandez, attendu que jamais le 80e n'a été réuni à Niort. On nous a assuré que les deux bataillons qui devaient le former avec celui de l'Isère, étaient au 18e corps, près Gien et que ce serait là que nous les trouverions.

» Veuillez agréer je vous prie, mon général, l'expression de mon profond respect et de mon dévouement le plus complet.

» Votre obéissant subordonné.

» Signé : DE QUINSONAS,

» Commandant le 6e bataillon des mobiles de l'Isère.

» Andouillers-sur-Mayenne, le 25 janvier 1871.

(Documents officiels.)

CHAPITRE III

PREMIÈRE CAMPAGNE DE L'EST

Bataille de la Bourgonce (6 octobre) (1)

La Bourgonce est un village de 500 habitants, à 15 kilomètres environ au nord de Bruyères, à 12 kilomètres au nord-ouest de Saint-Dié, à l'origine du plateau qui s'étend jusqu'à Etival, plateau limité vers l'est par la Meurthe, et vers l'ouest par les forêts de la Salle et de Rambervillers que dominent les cônes arrondis des Vosges couronnés de sapins.

Raon-l'Etape ainsi qu'Etival, sur la ligne de Lunéville à Saint-Dié, les deux rives de la Meurthe étaient occupés par les troupes du général badois Degenfeld, libre de ses mouvements depuis la capitulation de Strasbourg (27 septembre), et qui avait reçu du général de Werder, commandant en chef, l'ordre de se porter avec sa division sur Saint-Dié où l'on supposait un fort rassemblement de troupes françaises. La division badoise comptait un effectif d'un peu plus de 7,000 hommes, renforcés sur le soir d'un régiment venu de Raon-l'Etape ; elle possédait surtout l'avantage de dix batteries finalement installées sur les hauteurs de Biarville.

La division française réunie à la Bourgonce sous les ordres du général Dupré pour arrêter le mouvement offensif de l'ennemi, comprenait un effectif de 9,500 hommes, savoir, le 32e de marche, 3,600 ; le 34e mobiles des Deux-Sèvres, 3,500 ; deux bataillons du 58e mobiles des Vosges ; le 2e bataillon de la Meurthe, 575 ; trois compagnies de francs-tireurs, 550 et 6 pièces de 4 (2). Cette artillerie très insuffisante était sous les ordres du commandant Perrin, échappé de Sedan qui, depuis quelques semaines déjà, était chargé de reconnaître les défilés des Vosges et d'y organiser la défense.

(1) Appelé aussi combat de Nompatelize.

(2) Du 14e régiment d'artillerie, capitaine Delahaye, sous-lieutenant Laffon de Ladebat.

Le commandant Perrin était un officier à la fois avisé et vigoureux, sachant allier sur le terrain la réflexion et l'élan, mais brusque d'allure, et affublé d'un costume qui impressionnait au premier abord : pantalon d'artilleur avec de grandes boîtes, limousine de roulier, chapeau de feutre à larges bords. Il était toujours armé d'un gourdin noueux avec lequel il stimulait les traînards et son infortuné cheval gris. Sous ce décor d'opéra-comique moitié voulu, moitié nécessité, sans doute, par les conditions du départ de Sedan, se cachait une âme ardente de patriote, qui garda confiance jusqu'au bout. Il était accompagné par un jeune garde général des forêts, M. Ernest Maire, qui le guidait dans les défilés des Vosges (1).

Le 6 octobre vers sept heures et demie du matin, par un brouillard intense, au moment même où les mobiles des Deux-Sèvres préparaient la soupe, le général Dupré donna l'ordre du rassemblement, et après quelques mots d'encouragement énergique aux officiers, commanda de marcher en avant sur Etival, par deux colonnes ainsi distribuées : la colonne de droite, lieutenant-colonel Dyonnet (du 58e mobiles des Vosges), qui comprenait trois bataillons et demi et deux pièces, devait se porter sur Etival par Nompatelize ; la colonne de gauche, lieutenant-colonel Rouget (du 34e mobiles des Deux-Sèvres), qui comprenait, sauf trois compagnies laissées en réserve à la Bourgonce, trois bataillons des mobiles des Deux-Sèvres (2), un demi-bataillon du 32e de marche et deux pièces, devait marcher sur Etival par le Han et Saint-Rémy. Enfin un peu en arrière et formant réserve s'avançait aux ordres du lieutenant-colonel Hocédé, du 32e de marche une colonne de trois bataillons et deux pièces. Le premier contact des deux armées eut lieu d'abord à Nompatelize, occupé par la colonne de droite, puis repris par les badois, mais jusqu'à neuf heures par suite du brouillard, la lutte générale fut incertaine et tatonnante.

(1) Au moment de la déclaration de guerre, M. Ernest Maire était garde général des forêts de La Petite-Pierre (Bas-Rhin) ; devant l'invasion il s'était retiré à Saint-Dié. C'est là qu'il rencontra le commandant Perrin qui utilisa sa bonne volonté et sa connaissance des lieux.

(2) Cette colonne comprenait également tous les francs-tireurs. La compagnie de Lamarche avait pour lieutenant Mlle Antoinette Lix, receveuse des postes qui, par sa brillante conduite mérita la médaille militaire, et, plus tard, la croix.

LA BOURGONCE ET SES ENVIRONS

$\frac{1}{80.000}$

A partir de neuf heures l'action véritable commença. Tandis que les troupes du colonel Dyonnet devaient se replier sur le bois de Feignes, puis sur le bois des Jumelles, le colonel Rouget, malgré la fusillade meurtrière que dirigeaient contre les mobiles à découvert sur le plateau les allemands embusqués dans la forêt de Rambervillers, portait vigoureusement sa colonne jusqu'à Saint-Remy et occupait le village à deux pas d'Etival. Malheureusement, une des deux pièces d'artillerie restait embourbée par suite de la rupture de l'essieu d'avant-train ; le 2e bataillon des mobiles des Deux-Sèvres, par une fatale méprise dûe à la couleur sombre du costume, essuyait le feu meurtrier de quelques compagnies françaises pendant un temps qui parut très long ; les troupes du général Degenfeld, d'abord coupées par la Meurthe, passaient le pont et se concentraient contre Saint-Rémy. Les troupes du colonel Rouget furent refoulées du village sur Le Han, du Han sur La Salle, de La Salle sur La Bourgonce malgré une résistance acharnée, coupée de retours offensifs, qui dépassaient l'attente qu'on avait pu mettre dans des troupes pour la plupart si jeunes et si inexpérimentées. Il était midi et demi. Une sorte de trêve s'établit par la lassitude commune aux deux armées qui luttaient avec ténacité depuis le matin.

Vers une heure et demie, le général Dupré, constatant l'inaction au moins apparente de l'ennemi, commanda une attaque sur tout le front, et prit lui-même la direction du combat à la tête d'un bataillon. Entrainés par cet exemple, nos soldats sortent des bois de Saint-Benoît, de La Salle et des Jumelles ; Nompatelize est repris par la colonne de droite ; Le Han et Saint-Remy sont reconquis dans un élan superbe par les mobiles des Deux-Sèvres, ayant à leur tête le colonel Rouget et le commandant Perrin ; l'ennemi harassé se dérobe ; on est à deux pas d'Etival ; on touche à la victoire.

Mais alors débouchent sur le champ de bataille à toute allure, fermes et frais d'un long repos, trois compagnies de grenadiers et un escadron de dragons réclamés de Raon-l'Étape par Degenfeld. En même temps, dix pièces d'artillerie définitivement installées à la limite du bois de Biarville couvrent d'une mitraille incessante nos mobiles qui luttent à découvert sur le plateau. Pour soutenir leur effort, le général Dupré masse en avant du village de La Salle les mobiles de la Meurthe et des Vosges, le

3e bataillon des mobiles des Deux-Sèvres, tout ce qui reste de la réserve déjà fort éprouvée. Ces conscrits résistent à la pression de l'ennemi avec une ténacité de vieilles troupes et le tiennent en échec pendant deux heures longues et meurtrières. Mais vers quatre heures, le général Dupré est atteint d'ue balle qui lui traverse le cou ; on l'emporte du champ de bataille ; la résistance faiblit ; la colonne de droite débusquée de Nompatelize et du bois des Jumelles se rejette sur La Bourgonce, découvrant ainsi le flanc de la colonne de droite, attaquée de face et de côté, couverte de toutes parts d'une grêle de projectiles. Vainement les trois bataillons du 34e mobiles des Deux-Sèvres qui luttent maintenant côte à côte, essaient de se maintenir dans le village et le bois de La Salle ; il faut céder le terrain, se replier sur La Bourgonce et, quand le soir tombe, se reporter dans la direction de Bruyères, non sans avoir encore échangé les derniers coups de feu avec l'ennemi, lui-même à bout de forces et d'élan, incapable d'une sérieuse poursuite.

La bataille est perdue, malgré l'effort d'une journée tout entière. De neuf heures du matin à six heures du soir nos mobiles, nos conscrits ont soutenu tous les aspects du courage, depuis les charges à la baïonnette sous la mitraille jusqu'à la résistance obstinée derrière les clôtures du Han et les murs de Saint-Remy. Si l'ennemi l'emporte, d'une façon d'ailleurs tardive et difficile, c'est grâce à la double supériorité qui ne lui fait jamais défaut de l'artillerie et des renforts de la dernière heure (1). Mais le succès est chèrement payé. La division badoise compte 25 officiers et 420 hommes tués ou blessés ; de notre côté nous avons 65 officiers et 780 hommes, tués, blessés ou prisonniers. Le 34e régiment des mobiles des Deux-Sèvres subit à lui seul près de la moitié de ce total douloureux ; le 1er bataillon compte le capitaine Bertrand, le lieutenant Dutiers blessés ; le 2e, particulièrement atteint, a cinq officiers blessés, le capitaine Moreau (Albert), le capitaine Barbier, le lieutenant Chabeauty, le lieutenant Gentil frappé d'un éclat d'obus vers la fin de la journée, le lieutenant Belot tué sur le champ de bataille, le sergent-major Bodin tombé très grièvement atteint ; au 3e bataillon qui

(1) Il est regrettable que les six pièces de 4 de notre petite armée, au lieu d'être fractionnées, n'aient pas été adjointes à la colonne de gauche, sous la direction de l'énergique commandant Perrin.

défend jusqu'au bout le bois de La Salle, le lieutenant Le Bedel tombe mortellement blessé, le capitaine Auguste Rouget qui se précipite pour secourir son lieutenant est frappé à son tour ainsi que le sous-lieutenant Brée, enfin l'aide-major Moreau est tué, en plein dévouement, pendant qu'il donnait, sous les obus, ses soins aux blessés (1).

Nous ne pouvons abandonner la terre ensanglantée de La Bourgonce et de Saint-Rémy, sans insister sur le courage particulièrement méritoire des mobiles des Deux-Sèvres dans cette journée meurtrière où se distinguèrent également les mobiles de la Meurthe et des Vosges, les francs-tireurs de Lamarche et de Neuilly.

Nos compatriotes n'avaient pas dû recevoir le douloureux baptême du feu dans les conditions ordinaires, puisque beaucoup d'entre eux ignoraient le mouvement du chassepot, reçu au départ de Vierzon ; c'est sous les balles ennemies que les lieutenants et les sergents donnèrent à leurs soldats la première et périlleuse leçon de tir. Ajoutez que le 34e régiment venait de passer trois nuits en chemin de fer, une quatrième en marche de Bruyères à La Bourgonce. Enfin, l'ordre prématuré du rassemblement avait coupé court au maigre repas ébauché vers sept heures du matin. Ces circonstances significatives mettent dans tout leur relief l'endurance de nos mobiles, le ressort et les facultés d'adaptation de la race française. Ce n'est d'ailleurs pas une raison pour négliger les préparations et les méthodes qui assurent le succès final. Mais, en voyant ce qu'ont fait ces soldats improvisés, nous devons ici remarquer ce qu'ont de faux et de dangereux les légendes à rebours, les récits de fuite ou de mollesse empruntés au plaidoyer tardif des traînards, les conclusions pessimistes destinées à déprimer par avance les énergies que nous croyons devoir être, longtemps encore, nécessaires à l'existence et à la dignité des peuples.

Nous avons d'ailleurs des témoignages de la valeur déployée par les mobiles, qui ne se tirent pas seulement des faits, des

(1) A la nuit seulement, les prussiens vinrent relever nos blessés et les transportèrent à Saint-Dié et à Raon-l'Etape. Le lieutenant Le Bedel mourut à Raon-l'Etape, le sergent-major Bodin à Saint-Dié, quant au capitaine Moreau laissé à l'ambulance de La Bourgonce, il fut transporté à l'hopital de Bruyères, où il subit l'amputation du bras droit.

alternances de la victoire, mais encore du récit autorisé de l'ennemi lui-même. La résistance, la solidité imprévue de ces troupes jeunes et sans expérience militaire inquiéta fort pour l'avenir l'état-major allemand, et le capitaine badois Lohlein écrit sur son « Journal de la guerre », relativement à l'offensive commandée vers une heure par le général Dupré : « C'est à peine si nous pouvons nous maintenir, en déployant toute l'intrépidité dont nous sommes capables. Le hameau du Han, tout en flammes, retombe au pouvoir de l'ennemi. La position du général Degenfeld est critique. »

Le capitaine aurait pu ajouter que le village de Saint-Remy fut enlevé bientôt avec une intrépidité dont les habitants n'ont pas perdu le souvenir, puisqu'un monument destiné à commémorer cette journée héroïque a été élevé sur le territoire de la commune de Saint-Remy (1).

Combats sous les massifs vosgiens : Bruyères

Après la défaite de La Bourgonce, la majeure partie des troupes s'arrêta à Mon-Repos, hameau situé dans les bois de Roncefôte à l'ouest de la forêt de Mortagne et à quatre kilomètres en arrière de La Bourgonce ; mais comme les vivres et les munitions faisaient défaut, il fallut se replier sur Bruyères. Seuls, demeu-

(1) Le général Dupré cite comme s'étant particulièrement distingués : « le capitaine Varaigne, du génie ; les officiers supérieurs du » 32e de marche ; le lieutenant-colonel Rouget ; le capitaine Rouget, » son frère; le lieutenant de La Règle, du 34e de mobiles, et le 2e » bataillon des mobiles de la Meurthe commandés par le chef de » bataillon Brissac. » *(Rapport du général Dupré au général Cambriels.)*

Quand on arrive à Saint-Rémy, par la route de La Salle, on remarque à l'entrée du village un monument entouré d'une grille et d'une haie vive. La face nord de l'obélisque qui le compose porte ces mots :

A LA
MÉMOIRE
DES
SOLDATS FRANÇAIS
MORTS
AU CHAMP D'HONNEUR
LE 6 OCTOBRE 1870

Sur la face correspondante du soubassement et sur la face est se lisent les noms suivants dont la plus grande partie appartiennent à

rèrent à Mon-Repos, la légion d'Antibes et le corps franc des Vosges.

Le général Cambriels (1), arrivé le 7 à Bruyères, d'abord désireux de prolonger la défense derrière la Vologne, répartit les troupes en deux brigades placées sous les ordres du commandant Perrin nommé colonel à titre auxiliaire et du lieutenant-colonel Rouget qui remplaça provisoirement le général Dupré. Le commandant du 2e bataillon des mobiles des Deux-Sèvres, M. de Pinceuoir, ayant dû interrompre la campagne pour raison de santé, fut remplacé par M. Proth, lieutenant de l'armée active qui s'était échappé de Sedan avec le colonel Perrin et était attaché à l'état-major Dupré en qualité d'officier d'ordonnance.

des mobiles des Deux-Sèvres et quelques-uns à des francs-tireurs de Neuilly :

E. BELOT, lieutenant	J. GUINFOLEAU
LE BEDEL, sous-lieutenant	F. MARCHÉ
A. AUDOUART, sergent	E. MÉTAIS
P. MOULIN, caporal	P. NOQUET
P. RÉGNIER	A. QUAUVIN
V. BONNET	A. RAVARD
L. BOUQUET	F. ROULET
P. CAIL	L. ROUSSEAU
A. DUBOIS	P. SAPIN
P. DUBREUIL	D. THIBAUDEAU
L. FAZILLAS	D. TRAVERS
E. GOICHON	A. VIVIER

LE TOURNEUR, lieutenant
LE GOASTER, Jh

F. CHAUVIN	L. NOUVEAU
F. BENOIT	M. BONNAIRE
P. GEOFFROY	J.-M. BOUTIN
L.-V. MONNET	A. ROUVREAU
P. GOUCHON	C. ORGEAU
P. ARNAUD	C. DESSOULT
P. BONNEAUD	

On lit sur la face sud :

ICI
REPOSENT LES CORPS
DE 97 FRANÇAIS

(1) Fils d'un général du premier Empire, il était né à Laprasse (Aude), le 11 août 1816. Colonel du 84e pendant la guerre d'Italie, il prit une part brillante au combat de Montebello et à l'enlèvement du mont des Cyprès à Solférino. En 1870, il commandait une division du 12e corps. Grièvement blessé d'un coup de feu à la tête pendant la bataille de Sedan, il s'était rendu à Paris, malgré sa blessure, pour offrir ses services au gouvernement de la Défense nationale.

Les sous-officiers Crampon, Hubert et Marcard qui s'étaient distingués à l'attaque de Saint-Rémy par leur énergie et leur sang-froid furent nommés sous-lieutenants.

Les troupes françaises, réparties sur un front beaucoup trop étendu (35 kilomètres), reprirent bientôt contact avec l'ennemi qui occupait la route d'Etival à Saint-Dié.

Le 9, une colonne badoise, lancée sur Rambervillers, fut repoussée vigoureusement par les gardes nationaux et les pompiers. Le lendemain, les allemands renforcés entrèrent dans la petite ville qu'ils mirent à sac et tuèrent vingt-six habitants inoffensifs. Le 11, la même colonne s'empara de Mon-Repos, malgré une vive résistance, pénétrait dans Brouvelieures et vers deux heures et demie, était en face de Bruyères où elle n'entrait qu'à quatre heures du soir. De là, une reconnaissance lancée sur le village de Laval incendiait la mairie et fusillait quelques habitants. Le même jour, une autre colonne débordait Anould et Corcieux au sud-est et commençait de tourner la petite armée des Vosges, abattue par la défaite et les privations. Aussi, le général Cambriels crut-il nécessaire d'ordonner la retraite de la Vologne sur l'Ognon : « Rester dans mes positions, écrit-il au » Ministre de la guerre, vingt-quatre heures, même douze heu- » res de plus, c'était, à mon sens, une faute impardonnable ; » c'était entraîner à un désastre évident cette petite colonne » que je considérais comme le noyau d'une armée redoutable » dans un avenir peu éloigné. »

LA RETRAITE SUR L'OGNON. — Les trois bataillons des Deux-Sèvres avaient passé la nuit du 6 octobre partie à Mon-Repos, occupé déjà par la belle compagnie des francs-tireurs bretons, partie à Bruyères. Ne possédant ni tentes, ni couvertures, la troupe restait au bivouac, exposée aux intempéries, n'ayant pour abri que le feuillage des sapins insuffisant à la protéger contre une pluie persistante. L'abattement était arrivé à un état inquiétant : quelques murmures suscités par l'acuité des souffrances physiques et morales se firent entendre. Ils furent aussitôt énergiquement réprimés. Songer à la résistance dans un tel état d'épuisement, c'eût été folie.

Aussi, pour éviter une poursuite dont les conséquences eussent été funestes, il fallait dérober la retraite à l'ennemi. Le 10 octobre, le régiment des Deux-Sèvres, les feux de bivouacs restant allumés sur les hauteurs de Baumesnil pour ne pas éveiller l'attention des avant-postes allemands, se replia sur Jussarupt ; le 11, dans l'après-midi, il rétrograda jusqu'à Docelles à dix kilomètres de Bruyères sur la route de Remiremont.

Dans la nuit du 11 au 12, les troupes se replièrent. On forma deux colonnes : celle de droite, composée de la 2e brigade (lieutenant-colonel Rouget) comprenant le 3e bataillon du 32e de marche, le 4e bataillon du 85e de ligne, mobiles des Deux-Sèvres, corps franc des Vosges, légion bretonne, se dirigea sur Remiremont (1) ; celle de gauche, comprenant la 1re brigade (colonel Perrin), 1er et 2e bataillon du 32e de marche, mobiles des Vosges, 2e bataillon des mobiles du Doubs, passa par La Bresse et continua sa retraite rapide par Le Thillot.

Deux jours après, on commençait d'atteindre l'Ognon à Mélizey et à Lure. A Mélizey, quelques officiers voulaient faire face à l'ennemi que des rapports inexacts disaient s'avancer, fort de 20,000 hommes et de 40 canons, sur Lure et Luxeuil, mais le général, fidèle à son plan de réorganisation dans le camp retranché de Besançon, maintint ses ordres primitifs. Au surplus, le temps était affreux, des orages accompagnés de pluies torrentielles défonçaient les routes boueuses et souvent coupées d'abatis : « Le froid et le besoin de sommeil se faisaient sentir d'une » façon cruelle ; à chaque halte, les officiers étaient contraints » d'employer la force contre les hommes qui ne pouvaient résis- » ter à la fatigue et se couchaient à terre là où ils s'arrêtaient. » Quelques-uns dormaient en marchant, tombant au moindre » obstacle que leur pied rencontrait. »

Le 13, la deuxième colonne était à Foucogney, le 14, à Villersexel, le soir elle cantonne à Rougemont et environs ; le 15, elle

(1) Le 34e (mobiles des Deux-Sèvres) atteignit Remiremont le 12 au lever du jour, après une marche de huit heures. On se hâta d'y distribuer aux hommes des tentes que les délégués de Niort avaient apportées. En attendant l'arrivée des compagnies d'arrière-garde chargées de protéger la retraite, le régiment était placé en grand' garde dans le cimetière de Remiremont ?...

A trois heures, le canon ennemi se fit entendre dans les environs, l'arrière-garde de l'armée était attaquée. Il fallut plier bagage, abandonner aux prussiens le reste du convoi de Niort composé d'effets d'habillement, de campement et de couvertures, et recommencer sous l'orage et la pluie cette course folle qu'on appelle *la retraite des Vosges*.

se rend par Marchaux à Besançon où les zouaves, beaucoup moins pressés, n'arrivent que le 17.

L'état dans lequel les débris de l'armée de Cambriels arrivèrent à Besançon, était lamentable : les vêtements détrempés par la pluie tombaient en lambeaux ; quelques jours d'une campagne entreprise à la hâte et à l'organisation de laquelle la prévoyance la plus élémentaire paraissait avoir fait défaut, avaient suffi à désagréger et presque à anéantir d'excellents éléments auxquels il ne manquait qu'une préparation sérieuse et une discipline sévère pour en faire une force capable de résister, même avec succès, aux troupes allemandes.

« Au milieu du désordre produit par l'enchevêtrement des » unités, épuisés de fatigue, souvent sans pain, ils avaient » marché jour et nuit. Certains corps, partis de La Vologne le » 12, atteignaient Besançon le 15, ayant parcouru 130 kilomètres » en trois jours et demi de marche. » (Commandant Euvrard 1re armée de l'Est.)

A son arrivée à Besançon, le régiment des Deux-Sèvres fut cantonné aux Chaprais, puis le lendemain à Saint-Claude, faubourg nord de la ville où était également établi le quartier général (1). Les troupes se remirent en quelques jours de leurs fatigues : on se préoccupa tout d'abord de leur distribuer quelques effets d'habillement et de campement, mais l'état sanitaire, après tant de misère, devenait inquiétant, les hôpitaux de Besançon regorgeaient de malades.

Cependant la confiance revint avec les forces et le sentiment de posséder mieux le maniement de son outil de guerre. Six jours après l'arrivée, remis au physique et au moral de leur récente détresse, nos mobiles étaient prêts à combattre de nouveau, à prendre leur revanche de La Bourgonce. L'occasion en était toute proche (2).

(1) A ce moment accourait à Besançon accompagné par Bordone, Garibaldi salué au passage par les acclamations frénétiques de quelques exaltés. Le héros italien n'aspirait à rien moins qu'à remplacer le général Cambriels au commandement de l'armée de l'Est et, chose invraisemblable qui dénote le trouble des esprits à cette époque, il s'en fallut de peu qu'il n'y réussit.

(2) Le 21 octobre, le régiment des Deux-Sèvres avait versé 24 hommes par compagnie au 47e de marche (légion d'Antibes) ce qui diminuait son effectif de 500 hommes.

Combats sous Besançon

Le 21 octobre, conformément au plan qu'il venait d'élaborer avec Gambetta, accouru de Tours à Besançon pour se rendre compte par lui-même de la situation, en dégager les responsabilités et aussi en vue d'accélérer la reprise urgente des hostilités, le général Cambriels envoyait sous les ordres du colonel Perrin une forte reconnaissance qui s'avança jusqu'à Voray-sur-l'Ognon, à quatre kilomètres au nord de Châtillon-le-Duc. Le voisinage d'un corps d'armée badois ayant été confirmé, le colonel Perrin demanda et obtint un renfort qui doublait son effectif et le portait de trois bataillons à six bataillons, soit à peu près 6,000 hommes (mobiles du Doubs, des Vosges, des Hautes-Alpes, appuyés de deux pièces).

Le lendemain, de grand matin, la troupe française se porta sur la ligne Etuz-Voray et prit contact avec l'ennemi. La fusillade, d'abord très vive de notre côté, se ralentit sous l'action d'une artillerie supérieure et nous perdîmes Etuz. Mais un mouvement tournant du colonel Perrin et un élan vigoureux des mobiles des Vosges débusquaient les badois du village à peine conquis, tandis que sur la droite les mobiles du Doubs défendaient avec énergie les villages de Buthiers et de Voray. Il était à peu près midi.

Vers une heure, sous l'action du général de Werder qui accourait renforcer les troupes badoises de sa division prussienne, une vigoureuse pression de l'ennemi, du Pin sur Cussey et de Cussey sur Etuz, parvint à nous déloger pour la seconde fois de ce village, non sans une résistance opiniâtre qui se prolongea tout l'après-midi. D'autre part, sur la droite, les mobiles ne cédaient Voray et Bonnay où ils s'étaient retranchés que vers quatre heures du soir, sous une grêle d'obus. Il se fit alors un mouvement de retraite que les badois ébranlés ne songèrent pas à contrarier. Il était quatre heures du soir : l'ennemi tenait tous les passages de l'Ognon.

Le général de Werder prescrivit à la brigade qui s'était emparée d'Etuz de se reporter sur Auxon-Dessus et Châtillon-le-Duc, de façon à couper la retraite au colonel Perrin. Ce dernier avait fait prévenir le général Cambriels, qui était loin de s'attendre à une attaque aussi brusque du corps allemand.

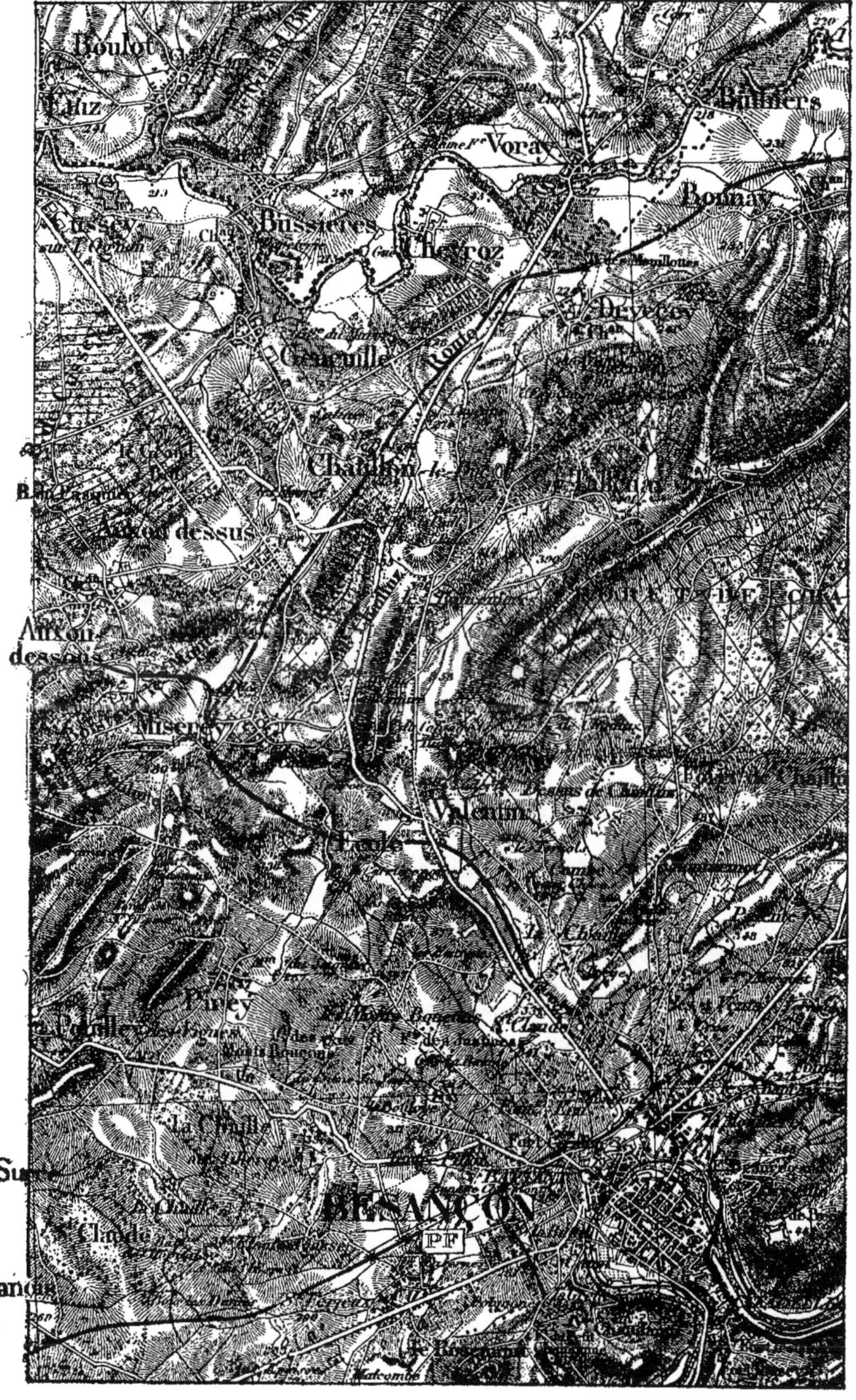

BESANÇON ET SES ENVIRONS

$\frac{1}{75.000}$

Contrarié de ce contre-temps si fâcheux pour l'organisation de l'armée de l'Est, il se porta à cheval, accompagné de son chef d'état-major, à Châtillon-le-Duc.

Dès qu'il put juger du développement que prenaient les actions engagées sur l'Ognon, le général donna l'ordre de faire occuper la position Auxon-Châtillon par les troupes cantonnées à proximité.

On se borna à faire venir les effectifs qu'on avait à Saint-Claude ou dans les environs. Ils parvinrent dans l'après-midi sur le théâtre de l'action dans l'ordre suivant : 1er et 3e bataillons du 3e zouaves de marche, 2e bataillon de la garde mobile des Deux-Sèvres (1), légion d'Antibes et enfin la 19e batterie du 12e.

Le général Cambriels avait habilement disposé ses troupes sur les crêtes de Châtillon et en face d'Auxon le long de la voie ferrée, avec l'artillerie aux ailes et au centre. Aussi, sur la gauche, la colonne prussienne lancée par de Werder ne put s'emparer d'Auxon-Dessus. Sur la droite, un bataillon badois passait l'Ognon et venait se briser à la tombée de la nuit sur les pentes de Châtillon-le-Duc solidement défendues.

Dans la seconde partie de cette journée du 22 octobre, le 2e bataillon des Deux-Sèvres joua un rôle important qu'un récit autorisé du combat retrace dans ses détails vivants et précis.

Combat de Châtillon-le-Duc (22 octobre)

« Après la retraite des Vosges, les prussiens, maîtres des défilés, avaient continué sans encombre leur marche dans la direction de Besançon. Une colonne venant de Vesoul descendait par Rioz et Voray. A Voray, un premier engagement avait eu lieu avec les troupes de première ligne couvrant Besançon ; mais, cédant devant le nombre, notre armée commençait à fléchir ; il importait de la renforcer en toute hâte. C'est alors que de Saint-Claude,

(1) Le 22 octobre, vers une heure de l'après-midi, le chef d'état-major de la 2e division, chef d'escadron de Verdière, transmettait au 2e bataillon des Deux-Sèvres, qui se trouvait alors bivouaqué au nord de Saint-Claude, l'ordre de se porter rapidement sur les pentes de Châtillon. Ce bataillon avait été désigné parce qu'il était commandé par un officier de l'armée active, le lieutenant Proth. Il comprenait 7 compagnies et 1,134 hommes. Il fit une partie de la route au pas gymnastique.

près Besançon, où nous étions cantonnés, nous reçûmes l'ordre de nous porter en avant dans la direction de Cussey-sur-l'Ognon.

» Le 21 octobre, le 2e bataillon campa auprès du village de La Chaille dans la forêt de Chailluz, à dix kilomètres de Besançon. Le lendemain 22, vers onze heures, il reçut l'ordre de se porter au pas gymnastique vers Châtillon-le-Duc et d'y prendre ses positions de combat. Les dispositions furent rapidement prises et dirigées avec autant d'intelligence que de sang-froid par le commandant Proth. La position était, du reste, des plus avantageuses pour nous. Châtillon est situé sur un plateau qui domine la vallée de l'Ognon à une altitude de cinquante mètres environ.

» Sur l'ordre du général en chef, le capitaine Boussard, de la 19e batterie du 12e d'artillerie, envoya une section sous le commandement du sous-lieutenant Étienne qui mit ses pièces en batterie sur un petit plateau situé entre les deux routes de Voray et de Cussey et à hauteur de Châtillon. La ligne de tirailleurs, à gauche de l'artillerie, se composait sur la crête des 6e et 7e compagnies des Deux-Sèvres, des 2e, 3e et 5e compagnies dans le bois de Chailluz et de la 4e dissimulée le long de la voie ferrée de Gray à Vesoul, le reste du bataillon était en soutien au pied de la colline, le 47e de marche (légion d'Antibes) formait la réserve.

» La rivière l'Ognon, affluent important de la Saône, serpente en cet endroit à travers de vastes et vertes prairies ouvrant une vallée qui, resserrée sur la rive gauche par les coteaux de Châtillon-le-Duc, s'étend au loin vers Auxon-Dessus. L'armée prussienne était rangée devant nous en ligne de bataille mal dissimulée dans les bois de sapins de la rive droite.

» A peine occupions-nous nos positions, qu'un peloton de uhlans, débouchant de l'extrémité de la prairie, vint pousser au galop une reconnaissance à quelques centaines de mètres de nos tirailleurs et des zouaves des 3e compagnie (capitaine Ravan) et 4e compagnie (lieutenant Herbault) qui les accueillirent par un feu nourri et en culbutèrent deux ou trois. Cette fusillade fut le signal du combat. Les batteries prussiennes, renseignées sur nos positions, ouvrirent un feu rapide sur notre ligne auquel répondirent avec succès les batteries françaises. Tandis que les obus prussiens passaient par dessus nos têtes et allaient tomber auprès de notre soutien qui fut légèrement endommagé, les nôtres au contraire atteignaient le but avec une précision remarquable. Tous les coups portaient et il était facile de s'en rendre compte par le désarroi très visible que nos projectiles causaient dans les rangs ennemis, mais la ligne de bataille un moment rompue se reformait aussitôt.

» Enfin, après une canonnade qui dura deux heures, nous pûmes voir les bataillons prussiens s'éloigner par un mouvement de flanc vers la route de Rioz, puis disparaître complètement.

» Cependant le jour commençait à baisser sans que l'action eût encore pris une tournure bien définie, lorsque vers quatre heures un bataillon badois déboucha dans les prairies de l'Ognon se dirigeant sur le sommet de Châtillon. Les tirailleurs s'élancent en poussant des hourras sur les pentes rapides des coteaux qui descendent à la rivière, mais ils sont brusquement arrêtés dans leur course par la fusillade de la 7e compagnie des Deux-Sèvres (1) et des compagnies du 85e. Ne pouvant plus avancer sur ces pentes, ni résister à un adversaire qu'il croyait surprendre à la faveur de la nuit et qui menaçait de l'entourer de toutes parts, le bataillon badois, poursuivi par les tirailleurs du 85e, s'enfuit en toute hâte dans la direction de Geneuille.

» La nuit était venue, voilant de ses ombres le champ de bataille, la fusillade avait cessé. La 7e compagnie rallia alors son bataillon en grand'garde sur la route de Besançon. Cependant, le général Cambriels ramenait son armée sous les murs de la ville, laissant au colonel Perrin la mission de garder le mamelon de Châtillon qui était la clef de la position. En conséquence, il transmettait au colonel Perrin l'ordre suivant :

« *Colonel Perrin restera en position sur les hauteurs de Châtillon-le-Duc. Il aura avec ses troupes un bataillon des Deux-Sèvres. Il aura pour réserve à la croisée des routes un bataillon de la légion d'Antibes, sur lequel il se replierait au besoin. Les troupes reprendront leurs positions autour de Besançon. Elles seront sous les armes à quatre heures du matin.* CAMBRIELS. »

» Le bataillon des Deux-Sèvres, ayant reçu contre-ordre, rejoignit le 23 octobre son régiment resté en réserve aux Monts-Boucons où il était campé.

» Le lendemain, la 7e compagnie reçut par le colonel Rouget les éloges du général Cambriels. »

(1) Capitaine de Saint-Quentin, sous-lieutenant Jules Barrelle.

Le mouvement tournant de Werder avait complètement échoué. Seulement, vers sept heures du soir, par une de ces attaques de nuit que nous retrouverons et qui manifestent la tactique et la psychologie allemandes, une compagnie badoise venant occuper Auxon-Dessus se heurte aux 5e et 6e compagnies du 1er bataillon de zouaves qui, ayant appris la marche des allemands, s'étaient résolument portées au-devant d'eux. Une vive fusillade s'engage. La compagnie badoise, surprise, recule en désordre et s'enfuit dans toutes les directions ; les zouaves, de leur côté, sont attaqués à l'improviste, sur leur droite, par deux bataillons badois postés à la lisière du Grand-Bois. Sur le point d'être enveloppés, les zouaves évacuent rapidement le village d'Auxon et se retirent sur les hauteurs.

Cette affaire d'Auxon-Châtillon était des plus honorables pour nos jeunes troupes qui avaient, toute une journée, tenu tête à un corps d'armée ennemi, contrecarré ses projets, et, par l'habileté des dispositions prises, n'avaient perdu que 140 hommes tués ou blessés sur 8,000 hommes engagés. Grâce à la direction du général Cambriels, aux efforts intelligents du colonel Perrin, les mobiles désorientés de La Bourgonce avaient retrouvé leur élan du début avec l'utile appoint d'une instruction militaire poursuivie jour par jour dans le camp retranché de Besançon.

Cependant, plus soucieux de compléter à l'abri des forts, l'organisation de sa petite armée que de poursuivre un ennemi qu'il supposait plus vigoureux et plus déterminé qu'il ne l'était en réalité, le général ramena le lendemain même les troupes sur les hauteurs des Monts-Boucons qui dominent Besançon, ne laissant à Châtillon qu'une arrière-garde pour observer les mouvements de l'ennemi. Mais le général de Werder, impressionné par la bonne contenance de nos troupes, renonçait à sa marche sur Besançon et se repliait au nord sur la route de Pesmes à Vesoul.

LES MONTS-BOUCONS. — Les trois bataillons des Deux-Sèvres rassemblés aux Monts-Boucons furent cantonnés le 25 octobre dans les fermes et les nombreuses villas abandonnées des environs. Les Monts-Boucons forment une section de commune de la banlieue de Besançon-nord, à quatre kilomètres environ de la ville, située à cheval sur la route de Gray par Emagny sur un plateau élevé (cote 371) au-dessus de la vallée d'Ecole, entre les forts avancés des Monts-Boucons et des Justices.

Au moment de la déclaration de guerre, les fortifications anciennes de Besançon étaient complètement insuffisantes pour protéger la place et la défendre même contre l'artillerie de campagne : la construction d'ouvrages avancés s'imposait. C'est alors, qu'indépendamment du fort des Justices, ouvrage mal conçu d'ailleurs et indéfendable, des redoutes destinées à donner un appui éventuel aux troupes mobiles furent établies sur les crêtes autour de la place.

Ces divers ouvrages étaient exécutés sous la direction du lieutenant-colonel Bigot, chef d'état-major, par le 2e bataillon des gardes mobiles de la Loire, auquel on adjoignit, provisoirement, quelques compagnies mises à tour de rôle à la disposition du génie par les corps de troupe cantonnés dans le périmètre de la place. C'est ainsi que les mobiles des Deux-Sèvres furent, occasionnellement, employés aux travaux de la redoute des Monts-Boucons.

L'organisation de l'armée de l'Est se complétait avec rapidité, à telles enseignes, que le 28 octobre, le général Cambriels pouvait écrire au Ministre de la guerre que ses troupes se trouvaient désormais en état de tenir la campagne.

Il est vrai que, en ce qui concerne le 34e mobiles des Deux-Sèvres, la transformation était incontestable : les hommes avaient revêtu le pantalon rouge et la capote bleue et, pourvus de l'équipement réglementaire, ils étaient aptes à supporter les intempéries et à affronter vaillamment les fatigues et les périls de la guerre.

Malheureusement les souffrances physiques et les préoccupations de cette organisation hâtive avaient épuisé les forces du général Cambriels qui, le 27 octobre, demanda au Ministre de la guerre de le relever de son commandement.

Nous verrons par la suite que le commandement de l'armée de l'Est fut confié au général Michel lequel fut remplacé, quelques jours après sa nomination, par le général Crouzat.

Sous le commandement du général Crouzat, l'armée de l'Est devint le 20e corps.

En prenant le commandement du 20e corps, le général Crouzat avait pour objectif le maintien d'une armée solidement reconstituée sous les murs de Besançon, prête à couper les communications de l'ennemi et à enrayer son mouvement, mais le gouvernement, plus préoccupé de la délivrance de Paris que de la mise à exécution d'un plan d'ensemble, voulut masser ses forces sur la Loire.

Pendant que ces graves débats s'agitaient entre le commandement et la défense nationale, nos mobiles perfectionnaient leur instruction. Ils étaient exercés activement au service en campagne ; moralement fortifiés par leur tenue de lignards et amplement reposés par un séjour paisible de deux semaines aux Monts-Boucons, ils attendaient avec confiance le moment d'entrer en ligne.

ANNEXES DU CHAPITRE III

Note sur l'ambulance du 1er bataillon à La Bourgonce

Au moment du départ du régiment pour Vierzon, le service médical était constitué de la façon la plus sommaire. Au 2e bataillon, l'aide-major Héliot était seul muni du diplôme de docteur ; au 1er bataillon, M. Pillet, ayant quatre années de médecine, et au 3e, M. Moreau, étudiant de 3e année, représentaient la Faculté. Néanmoins, ces messieurs avaient assez de connaissances pratiques pour pouvoir, au moins, rendre des services urgents, il ne leur manquait qu'une chose : les moyens de pouvoir les rendre. Pendant leur court séjour à Niort, MM. Pillet et Moreau avaient pris l'initiative de faire confectionner deux caisses pour leurs bataillons respectifs, l'une fut remplie de linge, bandes, charpie dont regorgeait la Mairie de Niort, l'autre fut garnie de médicaments usuels, et elles furent d'une grande utilité jusqu'à l'arrivée à Épinal, où elles furent laissées avec les autres bagages. Après La Bourgonce, M. Pillet put aller chercher ses caisses à Épinal, les transporter jusqu'à Besançon et en faire bénéficier le régiment pendant la retraite. Puis, elles furent égarées par le chemin de fer, et ne parurent jamais, du reste, sur un champ de bataille. Comme instruments, ces messieurs possédaient leur petite trousse de pansement que chaque étudiant porte avec lui, et qui ne peut servir à la moindre opération. Disons cependant, qu'à Besançon, un petit sac d'infirmerie fut confié à M. Héliot, en sa qualité de docteur ; je ne sais s'il fut de quelque utilité, je n'en ai jamais entendu parler.

« Le 1er bataillon ayant été dirigé le premier sur Bruyères, et séparé des autres pendant les heures qui précédèrent et suivirent le combat, il ne m'est pas permis de parler de ce qui le concerne, au point de vue du service de santé dont j'avais la responsabilité. Partis d'Épinal, sous le prétexte d'une reconnaissance militaire, nous y laissâmes donc tous nos bagages. Préoccupé cependant d'une rencontre possible, j'avais acheté à Epinal un sac de nuit, auquel j'avais fait coudre des bretelles pour permettre de le porter comme un sac militaire, et je le bourrai de charpie, de bandes, de compresses, auxquelles j'ajoutai un petit flacon d'acide phénique et de perchlorure de fer. C'était peu, mais c'était quelque chose ; cependant, mes camarades officiers, dans le train, me semblaient préoccupés par la vue de cette pénurie d'instruments et d'appareils, jointe, peut être, au peu de confiance qu'ils accordaient à mes talents opératoires.

» Après avoir traversé le village de La Bourgonce où le bataillon avait fait son entrée une heure environ après le commencement de l'action, je rencontrai le colonel du 32e de marche qui m'engagea à me fixer à l'école de ce village, et à y établir l'ambulance. Une serviette, sur laquelle je fis coudre en croix deux bandes rouges, empruntées à ma ceinture de flanelle, fut fixée sur le toit. Le curé de l'endroit, deux ou trois dames et quelques paysannes se mirent à ma disposition : nous étendîmes de la paille sur le sol, du linge fut apporté, on coupa des compresses et des bandes, et nous attendîmes les blessés, dont les premiers ne parurent guère avant onze heures. C'était à peu près exclusivement des soldats de la ligne. Aux soldats du 32e, se joignirent bientôt des mobiles des Vosges et d'autres régiments. Je n'eus que très peu de mobiles des Deux-Sèvres à soigner, probablement à cause de leur éloignement du poste où j'étais établi. Vers deux heures de l'après-midi, je fus rejoint par deux aides-majors des mobiles des régiments locaux, et, à ce moment, notre modeste ambulance connut l'encombrement et l'horreur qui accompagnent le combat. Pour satisfaire chacun, tout le monde se multipliait, mes collègues, le curé, les dames, et, mes deux petites fioles, économisées avec un soin jaloux, arrivaient à contenter à peu près les plus pressés, mais combien de malheureux restaient étendus avec des soins insuffisants, hurlant cette soif des blessés du champ de bataille que parvenaient à peine à calmer des braves gens leur versant l'eau à pleine bouche avec des arrosoirs qu'ils suffisaient à peine à remplir. La sécurité commençait à manquer, à travers la fenêtre de la salle des classes, nous apercevions les obus tomber dans les prés à quelques mètres à peine de nous. Heureusement, ils s'enfonçaient dans les terres détrempées sans éclater, ils ne devaient pas tarder à atteindre les maisons du village.

» Ce fut à ce moment, vers trois heures, que je fus appelé à donner mes soins à un grand jeune homme blond, imberbe, qui venait d'avoir la cuisse traversée par une balle. Il était en capote de polytechnicien. Décoré de la Légion d'honneur, depuis, il est devenu le général Pistor. Nous fûmes à ce moment, en proie à une grande douleur, on nous apporta le malheureux colonel du 32e dont un obus avait broyé les deux jambes, et nous étions là, ahuris et fous de douleur : sans pouvoir lui donner les secours nécessaires. Il fut amputé par les prussiens dans la nuit, et succomba quelques heures plus tard. Une lueur d'espoir cependant nous éclaira. Une ambulance venait, dit-on, d'arriver. Grande fut notre stupéfaction, en voyant s'avancer trois messieurs, coiffés d'une casquette plate, dont l'un était, je crois, receveur d'enregistrement dans le pays, ses compagnons ne semblaient pas beaucoup plus au courant des choses de la médecine. Ils ne possédaient, du reste, aucun matériel et ne pouvaient nous être d'aucune utilité. Ils rendirent pourtant le service de garder les blessés, lorsque vers cinq heures et demie, la moitié du village brûlant, l'armée ayant commencé sa retraite depuis plus d'une heure, nous dûmes suivre le mouvement, et prendre la route encombrée de fuyards, de bagages, de villageois, de bestiaux, qui nous conduisit vers onze heures du soir à Bruyères.

» Dr PILLET,
» Ancien aide-major au 1er bataillon du 34e. »

*
* *

« Niort, le 17 octobre 1870.

» *A Monsieur le colonel de la garde mobile des Deux-Sèvres à Besançon (Doubs)*

» Mon cher colonel,

» Je suis heureux de pouvoir, dès aujourd'hui, vous envoyer, par les délégués qui vont vers vous, l'adresse de félicitations et d'encouragement aux gardes mobiles des Deux-Sèvres, votée d'avant-hier par le Conseil municipal de Niort.

» Si le baptême du feu que vos bataillons viennent de recevoir nous coûte des larmes et des deuils, sachez bien tous que votre pays est déjà fier de vous, et que son histoire enregistrera vos noms avec orgueil.

» D'ici, nous suivons vos mouvements avec anxiété, et tous nos cœurs sont au milieu de vous. Veuillez, mon cher colonel, le répéter à tous ceux qui vous entourent.

» Recevez, etc. » *Le Maire*, Alfred MONNET. »

*
* *

Le Conseil municipal de Niort aux Gardes mobiles des Deux-Sèvres

« Officiers, sous-officiers et soldats,

» C'est au sein de nos murs que vous vous êtes préparés aux

périls de la guerre, vous êtes les fils de notre sol ; aussi quand a sonné l'heure du départ, nos vœux et nos espérances vous ont suivis sur les champs de bataille où vous alliez défendre la France.

» Jeunes, inexpérimentés, ayant laissé depuis quelques jours à peine le champ, l'atelier et les douceurs du foyer domestique, vous avez dû affronter un ennemi aguerri et une artillerie formidable. Vous avez lutté glorieusement, et ce qu'a été votre résistance, nous en trouvons la preuve dans la longueur de la lutte, dans le chiffre de vos pertes, dans la présence de ces blessés que nous voyons revenir tous les jours, et dans l'aveu même de vos adversaires.

» Le Conseil municipal, organe de la ville de Niort, vous remercie de ce que vous avez fait ; au nom de la patrie déchirée, il vous demande de nouveaux sacrifices et de nouveaux efforts.

» Ils ne seront point au-dessus de votre courage, et ils nous vaudront la délivrance du sol national et cette paix glorieuse qui vous rendra à l'amour de vos familles et à la reconnaissance de vos concitoyens.

» *Suivent les signatures :*

» Alfred MONNET, maire ; DEMAY, adjoint ; E. DELAVAULT, adjoint ; AUBERT, ARNAULDET, AYRAULT, BREUILLAC, CLAVEL, COUMEAU, DUPONT, GINESTET, GIRAUD, LÉAUD, MAURY, MAICHAIN, MAROT, NOIROT, POTIER, PROUST, PELLEVOISIN, ROCHE, SCHMITT, conseillers municipaux. »

* * *

Extrait d'une lettre de M. Victor Faguet, professeur, annonçant dans le National de la Vienne *la mort de Belot*

« 17 octobre 1870.

» Le jeune Belot, de Thouars, élève du Lycée de Poitiers, il y a deux ans, est parti avec le bataillon de la garde mobile des Deux-Sèvres. C'était un jeune homme d'une physionomie heureuse qui par les qualités de son esprit et de son cœur faisait le charme de sa ville natale...

» Cet enfant, depuis nos désastres, était devenu lieutenant de la garde mobile et voici ce qu'une dame de Thouars m'écrit dans une lettre qui m'arrache des larmes, parce que pour nous, jeunes ou vieux professeurs, nos élèves sont souvent plus que des fils,... des fils du cœur...

» Edouard Belot n'est plus. La douleur des parents est indescriptible, mais vous la comprendrez, monsieur. Nos mobiles des Deux-Sèvres se sont battus, il y a sept jours, à Bruyères, et c'est là que ce malheureux enfant a trouvé la mort. Une balle l'a atteint dans le côté. La blessure n'était pas mortelle, assure-t-on, mais il est tombé ; son costume d'officier a attiré l'attention des prussiens ; trois ou quatre se sont rués sur lui et la baïonnette levée, lui ont crié : « Es-tu français ? — Oui, je le suis ! » a répondu le courageux enfant ; et, monsieur, ils l'ont achevé, ils l'ont asssommé avec les crosses de leurs fusils ! N'est-ce pas affreux ! hideux ! »

*
* *

Nous extrayons d'une lettre adressée à la Préfecture par un des délégués, M. de Savignac, le passage suivant :

« Je suis heureux, M. le Préfet, d'avoir à vous dire la considération marquée qu'acquiert de plus en plus le régiment des Deux-Sèvres dans l'armée de l'Est.

» Les volontaires de Bretagne priment tous les autres corps et je ne doute pas qu'avant peu le régiment des Deux-Sèvres ne soit classé immédiatement après.

» Depuis mon arrivée ici, vivant la vie de nos mobiles, je constate chaque jour le progrés qu'officiers et soldats font dans le métier des armes.

» Je parcourais, hier, avec le colonel, toutes les lignes avancées et il a pu constater que sur aucun point, le service ne laissait à désirer.

» Le général Cambriels affectionne particulièrement M. Rouget ; il m'en a fait le plus grand éloge. Quant aux hommes, a-t-il ajouté, je sais qu'ils sont de bonne race. »

*
* *

Lettre du colonel Rouget à M. le Préfet des Deux-Sèvres

« A l'affaire du 22, le 2e bataillon s'est fait remarquer par sa belle conduite au feu.

» Les pertes qu'il a essuyées sont peu considérables relativement à celles qu'il a fait subir à l'ennemi et que j'estime être dix fois plus fortes que les nôtres.

» La 7e compagnie surtout s'est fait remarquer entre toutes et de l'avis de tout le monde, les hommes se sont montrés pleins de courage et de confiance.

» Si j'étais assez heureux pour obtenir deux décorations pour le régiment (ce que je demanderai) ce serait un précieux stimulant pour tout le monde, officiers et soldats. »

*
* *

BESANÇON - La Citadelle. Vue prise de Beauregard

Rôle de la 19e batterie du 12e d'artillerie au combat du 22 octobre 1870

(Les parties entre guillemets sont extraites du rapport du capitaine Boussard)

Le samedi 22 octobre, la batterie se rendit de Saint-Claude à Saint-Ferjeux. Elle venait d'arriver dans ce dernier village et le capitaine commandait « sortez du parc » quand un franc-tireur monté de la compagnie des 40, faisant fonctions d'officier d'ordonnance, arriva aux grandes allures et transmit verbalement l'ordre du général Cambriels de se porter en toute hâte sur le terrain du combat.

Le capitaine aussitôt commanda « attelez à volonté » puis « au trot. »

« Arrivé à Valentin, je reçus l'ordre de détacher une section sur » la route de Pouilley-les-Vignes. Je désignai la première section, » commandée par M. Nief, lieutenant en 1er. Elle se rendit à Pouilley, » passant par Ecole et traversa le mont de Pirey ; puis, d'après les » ordres de M. le général Aube, vint se mettre en batterie sur les » hauteurs de Pouilley...

» Je continuai sur la route de Cussey avec mes deux autres sec- » tions ; arrivé à l'embranchement de la route de Voray, le général » en chef me donna l'ordre d'en envoyer une sur cette route.

» Je désignai M. Etienne, sous-lieutenant commandant la 3e sec- » tion, qui mit ses pièces en batterie sur un petit plateau situé » entre les deux routes, à environ 400 mètres à gauche de la route » de Voray à hauteur de Châtillon. Il fit commencer le feu, vers » trois heures trois quart, sur une colonne de cavalerie qui descen- » dait la route de Cussey le long du bois. Cette colonne continua à » s'avancer, mais dut se replier devant un feu de tirailleurs et » devant le tir de notre artillerie.

» Le chef de section vit alors l'artillerie ennemie prendre position » entre le village de Geneuille et la route de Cussey ; il dirigea de » suite le feu de ses deux pièces sur les pièces prussiennes qui » répondirent aussitôt.

» D'autres pièces se mirent en batterie contre la route de Cussey » au coin du bois et tirèrent également sur la section de M. Etienne.

» Le général en chef me donna alors l'ordre de porter la 2e sec- » tion sur la route de Cussey, pour répondre au feu des pièces » placées contre cette route.

» Commandée par l'adjudant Chouler, elle s'établit sur la route » de Cussey, entre la maison Gillet et le pont sur la voie ferrée.

» Les deux sections, 2e et 3e, firent converger leurs feux sur » l'artillerie ennemie, aidées par une section de la 18e batterie du

6

» 14e d'artillerie qui vint se placer à la droite de ma 2e section sur » la route de Cussey. Je donnai l'ordre à M. Chouler de tirer des » obus à balles qui presque tous éclatèrent près des pièces ennemies » et qui ont dû leur causer des pertes sérieuses.

» Malheureusement, l'artillerie prussienne, qui tirait sur cette » section avec assez peu de succès depuis plus d'une heure, réussit » à envoyer entre nos pièces deux obus qui mirent hors de combat » M. Chouler, adjudant, qui eut le poignet droit enlevé et un éclat » d'obus dans le côté gauche, blessures qui causèrent, dans la » journée du 23, la mort de ce brave soldat que je regrette vivement. » Trois servants de la même pièce furent atteints par ces mêmes » projectiles, l'un deux, Liébot, artificier, reçut un éclat qui lui » fracassa le bras gauche et dut subir l'amputation, les deux autres, » Ancel, 2e servant, et Joisseaux, 2e conducteur, ont reçu des éclats » d'obus dans les cuisses. »

Voici d'autre part, ce qui se passait à la 3e section à la fin du combat :

« M. Etienne vit, vers cinq heures, une colonne d'infanterie prussienne sortir du village de Geneuille.

» Cette colonne traversa une prairie, située à environ 1,200 » mètres. M. Etienne lui envoya une vingtaine d'obus à balles qui » causèrent de grands ravages dans les rangs, mais, après avoir » traversé cette prairie, la colonne disparut dans un bois et en » sortit quelques instants après, tous les hommes déployés en » tirailleurs, dirigeant sur les deux pièces une fusillade qui força » M. Etienne à battre en retraite.

....

» A. BOUSSARD. »

(Historique du 12e régiment d'artillerie, 19e batterie.)

*
* *

Perte des Français le 22 octobre (1)

CORPS DE TROUPE		Tués	Blessés	Disparus ou prisonniers	Total
1° 19e batterie du 12e régiment d'artillerie....		1	3	»	4
2° 3e zouaves..............................		4	14	15	33
3° 4e bataillons du 85e...........	officiers.	»	1	»	1
	troupe...	3	17	14	34
4° Détachement Mansion : 300 hmes du 16e bataillon de chasseurs et 200 du 78e....................	officiers.	»	1	»	1
	troupe...	5	9	30	44
5° 3e bataillon des Voges........	officiers.	1	5	(a) 9	10
	troupe...	43	135	150	328
6° Bon unique des Hautes-Alpes ..	officiers.	»	1	5	6
	troupe...	12	30	30	72
7° 2e bataillon des Deux-Sèvres.............		»	20	»	20
8° Compagnie des francs-tireurs du Doubs...		4	1	1	6
9° Compagnie des francs-tireurs de l'Isère...		1	»	»	1
TOTAUX...........		74	237	249	560
(a) Dont les 5 blessés.		311			

*
* *

Armée de l'Est

ORDRE DU JOUR

« Officiers et soldats,

» Le Ministre de la guerre, sur ma demande, a bien voulu me relever de mon commandement. Je suis venu au milieu de vous, souffrant encore d'une blessure grave reçue à Sedan, mais résolu à consacrer toutes mes forces à l'accomplissement de la rude tâche que le pays me confiait. Des troupes nombreuses, pleines d'ardeur et de dévouement, mais disséminées dans la vaste étendue de mon commandement, ne pouvaient tenter que des efforts isolés et sans

(1) D'après le rapport du général Cambriels ; les états fournis à la 7e division militaire par les corps ; les historiques des corps ; les notes de M. le curé de Cussey et de M. Droz.

(Note du commandant Euvrard : *La première Armée de l'Est.*)

résultats sérieux ; il m'a fallu les appeler à moi pour en former des groupes réguliers et tactiques, et leur donner cette force de cohésion et de direction commune, qui seule constitue une armée et rend alors son action redoutable.

» Aujourd'hui, tout est transformé, et c'est avec un sentiment d'orgueil patriotique et de reconnaissance pour vous que je vois ce que nous avons fait ensemble. Grâce à l'infatigable énergie de vos généraux et des chefs des différents services, la constitution de l'armée de l'Est est achevée ; grâce à l'activité, à la prévoyance du Ministre de la guerre, les vêtements, les chaussures qui vous manquaient viennent de vous arriver, et vous arrivent à tous instants ; vous pourrez ainsi attendre de pied ferme les rigueurs de la saison qui s'approche.

» Mais à ces travaux qui ne m'ont laissé ni repos, ni trêve, ma santé s'est épuisée, ma blessure s'est rouverte d'une façon inquiétante ; je suis à bout de forces, et je n'ai pas le droit de conserver plus longtemps un commandement dont je suis responsable envers le pays et envers vous.

» Il est cruel pour moi de me séparer de vous au moment de recueillir enfin le fruit de nos efforts. Je me consolerai en apprenant vos succès, et en apprenant aussi que le sentiment du devoir et de la discipline ne fait que se fortifier dans vos rangs, par les épreuves pénibles que vous traversez.

» Ayez confiance dans les chefs que je laisse à votre tête ; ils sont dignes de vous par leur patriotisme, leur courage et la sollicitude paternelle dont ils vous entourent. Ayez confiance aussi dans le courage, l'énergie de la France ; inspirez-vous des souvenirs glorieux du passé ; rappelez-vous, jeunes soldats de notre jeune République, que vous êtes les petits-fils des héros de 1792, et que vous combattez aujourd'hui pour la même cause, contre les mêmes ennemis.

» Le général Crouzat, commandant la 1re division, sous Besançon, prendra le commandement supérieur des troupes jusqu'à l'arrivée du général Michel nommé commandant supérieur de l'Est.

» Je ne vous dis pas adieu, mais au revoir.

» *Le général commandant en chef l'armée de l'Est,*

» Signé : A. CAMBRIELS.

» Les Chaprais, le 28 octobre 1870. »

*
* *

Armée de l'Est : 2° Division

ORDRE

« A dater d'aujourd'hui les bataillons seront exercés aux manœuvres suivantes :

» 1° Former le bataillon en colonne par quatre, et en colonne par sections ;

» 2° Le bataillon étant en colonne par quatre ou par sections, former en avant en bataille, à droite en bataille, à gauche en bataille ;

» 3° Le bataillon étant en bataille, le former en colonne par quatre ou par sections.

» Ces différents mouvements seront exécutés : d'abord au pas ordinaire, puis au pas accéléré, et enfin au pas gymnastique, toujours l'arme sur l'épaule droite quand on est en marche.

» On exécutera également l'école des tirailleurs en ayant bien soin, quand la compagnie est isolée, de laisser une section en réserve à cent pas au moins en arrière de la ligne des tirailleurs.

» Cette section de réserve doit être abritée autant que le terrain le permet, et voir toujours la ligne des tirailleurs. Ces différentes instructions devront être apprises dans cinq jours, quelque temps qu'il fasse.

» Besançon, le 29 octobre 1870.

» *Le général commandant en chef par intérim,*

» Signé : CROUZAT.

» Pour copie conforme :

» *Le chef d'état-major de la 2° division,*
» *Le commandant,*

» DE VERDIÈRES. »

CHAPITRE IV

LA DÉFENSE NATIONALE

Le 3 septembre, à la nouvelle de Sedan, une rumeur de révolte parcourut Paris; le 4, à une heure de l'après-midi, pendant que la Chambre comparait et discutait les projets de Thiers, de Jules Favre, du Gouvernement sur la nomination d'un Conseil de Défense nationale, la foule envahit la salle. Gambetta, épris d'ordre et de légalité, déclare qu'il appartient à la France, non à Paris, de décider de la forme du Gouvernement. Mais l'émeute gronde, va confisquer la République; il prend les devants, s'écrie que Napoléon et sa dynastie ont cessé de régner sur la France, puis, gagnant avec Favre et Ferry l'Hôtel de Ville occupé par Blanqui, Pyat et Delescluze, il y proclame la République. Un Gouvernement de Défense nationale comprenant tous les députés de Paris, sauf Thiers, est immédiatement constitué (1). L'Impératrice régente avait fui; les députés s'étaient dispersés; les sénateurs n'avaient pas donné signe de vie; en quelques heures s'était accomplie, sans effusion de sang et ratifiée par toute la France, la révolution du mépris.

Cependant les députés de Paris, qui assumaient une responsabilité si lourde et qui, pour la plupart, étaient des légistes, auraient voulu convoquer une Constituante, s'appuyer sur les élections régulières de tout le pays. La date fut fixée au 16 octobre; ce jour-là non seulement Paris était investi, Dijon menacé, les uhlans à deux pas de Saint-Quentin, mais les Allemands tenaient, enserraient le cœur même de la France, d'Orléans à Chateaudun.

Trois membres du Gouvernement avaient été envoyés de Paris pour organiser la défense en province; mais par une sorte d'ironie, ou plutôt dans l'arrière-pensée que le salut ne

(1) Les députés de Paris étaient : Arago, Crémieux, Favre, Ferry, Gambetta, Garnier-Pagès, Glais-Bizoin, Pelletan, Picard, Rochefort, Jules Simon. On s'adjoignit le général Trochu, gouverneur de Paris, comme Président du Gouvernement.

pouvait venir que de la résistance intransigeante de la Capitale, là où le maximum d'énergie et de compétence était nécessaire, on délégua Crémieux, Glais-Bizoin et Fourichon : les deux premiers, parlementaires éprouvés, mais fatigués par l'âge, le troisième, marin excellent et méticuleux, chargé d'improviser les armées de terre. Par bonheur, le général Lefort et le colonel Thoumas multipliaient les efforts intelligents. Au grand étonnement des Allemands qui croyaient la guerre en province terminée, un commencement de réorganisation se manifestait un peu partout. Dans les Vosges, Werder se heurtait à la résistance imprévue de La Bourgonce ; dans le Nord, Testelin, commissaire délégué du Gouvernement, Anatole de la Forge, préfet de Saint-Quentin, coordonnaient les bonnes volontés, équipaient les mobiles, préparaient les éléments dont Faidherbe, rappelé de Constantine, allait bientôt tirer un si vigoureux parti (1). Mais c'est surtout vers la Loire et Orléans que se portait le principal effort. Un 15e corps s'organisait à Nevers, Bourges, Vierzon ; un 16e corps à Blois. Le premier prêt fut le 15e ; il comprenait trois divisions d'infanterie, une de cavalerie, et deux batteries par divisions ; chaque brigade d'infanterie se composait d'un régiment de marche et d'un régiment de mobiles.

Artenay (10 octobre)

Du 20 septembre au 6 octobre il y eut entre les troupes disposées en avant d'Orléans et les reconnaissances ennemies de nombreux engagements sans portée définie ; tantôt nos grand' gardes sont repoussées et se replient jusqu'à Orléans, tantôt ce sont les uhlans du prince Albrecht qui reculent au-delà d'Artenay, dans l'ignorance où se trouvent les deux adversaires de leurs forces respectives ; la timidité et l'indécision sont équivalentes jusqu'au 26 septembre, date à laquelle le général de Polhès décida, sans raison assignable, d'évacuer Orléans, ce qui fut fait le 27 ; les troupes se reportèrent sur Blois et sur La Ferté-Saint-Aubin, sauf quelques compagnies laissées dans la forêt d'Orléans.

(1) Faidherbe, ancien gouverneur du Sénégal, où il s'était montré tout à la fois bon général et bon administrateur, remplaça le 19 novembre à la tête de l'armée du Nord le général Bourbaki, qui, se refusant à prendre l'offensive, se démit de son commandement.

Le prince Albrecht ne se pressant pas d'arriver, le général de Polhès reprit l'offensive, réoccupa Orléans et, le 2 octobre, portait à Chevilly la brigade de Longuerue ; puis dans la nuit du 4 au 5, la division Reyau se mit en marche par trois colonnes sur Toury qu'occupait le prince Albrecht avec 1,600 fantassins, 2,000 cavaliers et 10 canons. Reyau disposait de 4,600 fantassins, 2,200 cavaliers et 9 pièces de 4; le 5, après une canonnade distante et stérile, les Allemands craignant d'être débordés se replièrent sur Angerville, puis sur Etampes; le 6, Reyau s'organisait autour de Toury et poussait jusqu'à Pithiviers la brigade de Maurandy ; le 7, le général de La Motte-Rouge, commandant le 15e corps, transférait de Bourges à Orléans son quartier général, y concentrait les 2e et 3e divisions, tandis que la 1re venant de Nevers devait se porter sur Gien, puis sur Montargis et Fontainebleau pour amorcer le déblocus de Paris. C'est la première tentative pour venir en aide à la capitale; elle sera suivie de plusieurs autres mieux concertées, mais également infructueuses.

Le 8 octobre, le général bavarois Von der Tann, sur l'ordre du prince royal enfin renseigné par le grand état-major, concentrait à Etampes une armée de 40,000 hommes, appuyée de 193 pièces de canon. Il devait marcher sur Orléans, et de là sur Tours; le 9, Von der Tann abordait Artenay où venaient de se rabattre la division Reyau, la brigade Maurandy, la brigade Michel ; vers neuf heures, la lutte s'engagea.

Canonnés presque immédiatement par onze batteries, les fantassins du 29e de marche et les mobiles de la Nièvre cédaient lentement le terrain ; les tirailleurs algériens, accourus de Chevilly, renforçaient cette vigoureuse défensive, quand vers onze heures, sous la pression d'une nouvelle brigade bavaroise, nos troupes harassées durent se replier dans Artenay. Cependant la cavalerie ennemie débordait le village ; l'infanterie pénétrait dans les rues ; onze batteries tonnaient sans relâche. Notre résistance commença à faiblir ; seul, le 12e régiment des mobiles de la Nièvre luttait encore vers La Croix-Briquet, quand l'ennemi déborda nos lignes et le força lui-même à la retraite. Un bataillon du 29e de marche, appuyé du 8e bataillon de chasseurs de marche, arrivé d'Orléans avec le général de La Motte-Rouge, protégea la retraite sur Chevilly. Quant à la cavalerie du général Reyau, peu active pendant le combat, elle avait atteint la première Cercottes et Orléans.

Dans cet engagement qu'on pouvait éviter ou que le général en chef devait soutenir de sa présence, nous perdîmes un millier d'hommes, tués, blessés ou prisonniers. Résultat plus grave : nos troupes qui avaient pourtant bien combattu, mobiles de la Nièvre ou chasseurs de marche, se sentaient démoralisées par l'évident désarroi de l'état-major et l'inefficacité de leur courage. Reculer après avoir donné son maximum d'effort et rempli tout son devoir, c'est une résignation à laquelle nos jeunes et ardentes recrues n'étaient pas encore accoutumées.

Prise d'Orléans (11 octobre)

Le général de La Motte-Rouge se prépara à défendre Orléans, tête de ligne d'une importance stratégique considérable. Il appela à lui tout son corps d'armée, mais les envois de troupes et de matériel se firent avec lenteur et sans méthode ; le 10, il n'avait sous la main que 30,000 hommes dont deux régiments de vieilles troupes (39e de ligne et légion étrangère), plus 8 pièces de 4 et 10 pièces de 8. Fait plus grave, la disposition de ces éléments pour la bataille fut paradoxale et frappa d'un étonnement légitime tous les Orléanais : la cavalerie et l'artillerie de réserve étaient reportés sur les quais, au Sud ; l'infanterie massée des Ormes à Cercottes, au Nord-Ouest ; des Ormes à la Loire, quelques bataillons épars sous les ordres du général Peytavin.

Le commandant en chef de l'armée bavaroise Von der Tann s'avançait contre Orléans par les routes de Châteaudun, Gidy et Paris. Le 11, à la pointe du jour, la lutte s'amorçait en avant des Ormes et nos tirailleurs montraient une si belle tenacité qu'à une heure de l'après-midi, la division Wittich n'avait encore pu conquérir le village. Tout au contraire, du côté de Cercottes, les bavarois avaient longé la forêt d'Orléans, sans être inquiétés par le général Maurandy chargé d'en protéger la lisière, et déjà ils abordaient le faubourg des Aydes qui s'étend sur trois kilomètres en avant d'Orléans quand ils se heurtèrent à une résistance acharnée, héroïque, soutenue maison par maison comme à Bazeilles. Jusqu'à cinq heures du soir, tous ces braves gens : légion étrangère, turcos, mobiles de la Nièvre défendirent le faubourg et la gare des Aubrais contre l'effort d'une infanterie double et d'une artillerie formidable et ne cédèrent qu'au moment où les bavarois, maîtres enfin des Ormes, de Villeneuve et

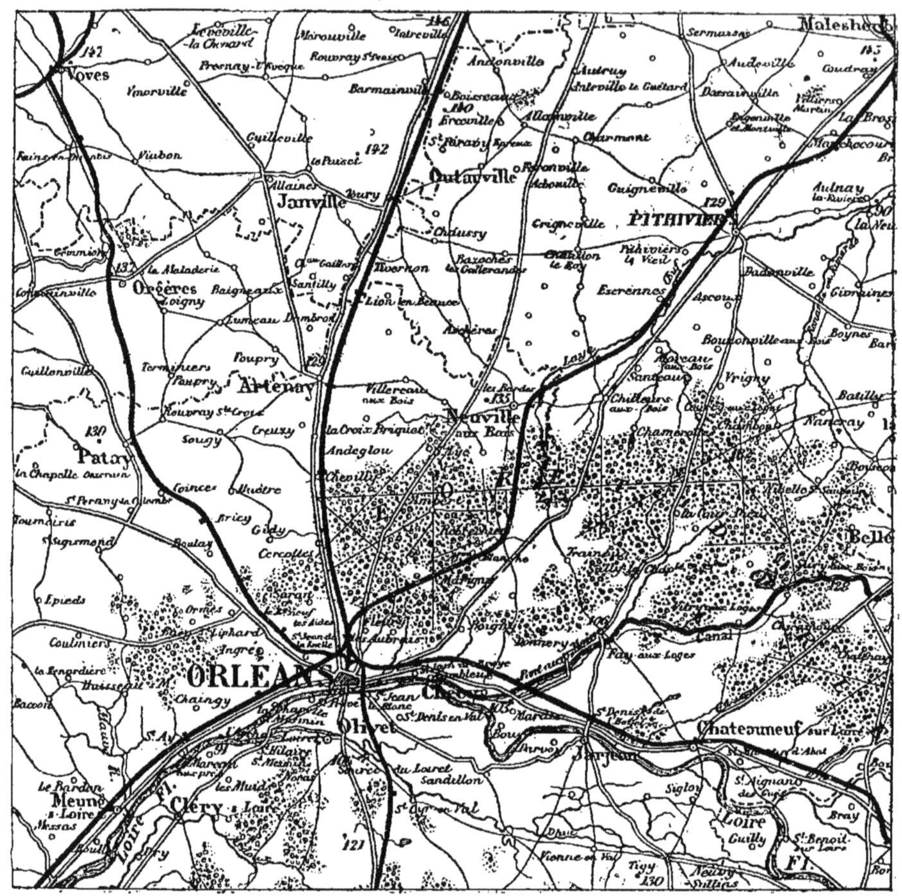

ORLÉANS ET SES ENVIRONS $\frac{1}{500.000}$

d'Ingré sur notre gauche, commençaient d'occuper le faubourg Saint-Jean.

A 7 heures du soir, les bavarois campaient sur Le Martroy, au pied de la statue de Jeanne d'Arc et dans les rues environnantes, pendant que nos colonnes en retraite traversaient la Loire par le pont unique et s'écoulaient lentement en Sologne sans être poursuivies. Dans la nuit les troupes se réfugièrent à Olivet, puis à La Ferté-Saint-Aubin où elles campèrent ainsi que dans les villages voisins, les journées des 12, 13, 14 octobre, sans ressort et presque sans pain.

Nous n'avions pas seulement perdu 700 hommes, 5,000 fusils et une certaine quantité de matériel ; nous avions perdu l'excellente position d'Orléans et la confiance inspirée par les premiers efforts du Gouvernement de Tours. Il était temps qu'un chef véritable, un patriote ardent et méthodique à la fois, vint prendre le gouvernail et concentrer la direction.

GAMBETTA. — Le 9 octobre, Gambetta parti de Paris en ballon arrivait à Tours muni de pleins pouvoirs pour organiser la résistance en province. Le 10, après avoir offert au général Lefort, qui se dérobe, le ministère de la guerre, il en prend courageusement la responsabilité. La situation paraît aux meilleurs esprits, aux politiques sages, irrésoluble et désespérée.

Paris est investi ; Metz bloqué ; l'armée de la Loire battue à Artenay ; l'armée de l'Est battue à La Bourgonce ; l'armée du Nord abandonnée par Bourbaki déjà sans confiance dans les régiments improvisés. Que lègue à Gambetta la délégation qu'il absorbe ou remplace ? Un 15e corps à peine formé et sans cohésion ; un 16e corps encore inorganique. Quelles ressources la délégation elle-même avait-elle trouvées ? Cinq régiments d'infanterie, un de cavalerie, une batterie montée. Les dépôts et les mobiles n'étaient pas encore organisés en régiments ; sur cent millions de cartouches existant au début de la guerre, il n'en restait plus que deux millions ; 120,000 chassepots seulement étaient en magasin : il fallut utiliser le fusil à tabatière ; pour l'équipement, l'habillement, le campement, pénurie complète ; au début les mobiles ne purent recevoir qu'une blouse de toile et qu'un képi, certains bataillons furent chaussés de sabots. Ajoutez l'absence totale de cartes d'état-major.

Du 11 octobre au 2 février, Gambetta, aidé de son délégué à la guerre, M. de Freycinet, des généraux Veronique, Haca, de Loverdo, du colonel Thoumas, a jeté contre l'ennemi 600,000 hommes et 1,400 bouches à feu ; formé 12 corps d'armée, fait fabriquer 1,500,000 fusils, acquis 40,000 chevaux, créé un bureau topographique pour reconstituer les cartes d'état-major, un bureau de renseignements sur les mouvements de l'ennemi, un service télégraphique. Tel détail entre tous, typique et décisif, illumine ce travail gigantesque : l'armée de Chanzy possédait quinze types différents de fusils, chassepots, remingtons, sniders, etc. ; il fallait la pourvoir de munitions appropriées et Chanzy déclare que ses troupes n'en ont jamais manqué. Chaque jour voit apparaître un régiment, une batterie, un décret ; et dominant tous les services, concertant tous les efforts, c'est un plan, une idée maîtresse : débloquer Paris en faisant converger finalement sur l'armée d'investissement les trois armées de Chanzy, Faidherbe et Bourbaki. Que ce plan fût le meilleur, on l'a contesté, mais c'était un plan ; il fut plusieurs fois près de réussir, et l'échec n'est pas dû à Gambetta.

La conception d'ensemble n'excluait pas le sens alerte et pénétrant des détails ; l'avocat avait sans doute, dans le maniement des textes et des procès, contracté l'habitude des solutions expérimentales. Il étonnait les généraux, les professionnels, par la vivacité précise d'une intelligence qui entrait dans les vues, en saisissait le fort et le faible, dégageait d'un mot bref l'utile et l'immédiat. Il excellait à juger les hommes, soutint Cambriels, choisit Freycinet, admira Chanzy ; et s'il commit quelques erreurs dans ses choix ou ne sut pas à temps se déprendre, ce fut par un respect exagéré des services rendus, des droits acquis.

Somme toute, le « fou furieux » se montra le vrai sage, en comprenant que c'était l'heure de l'action, et non de la diplomatie. Ses discours mêmes, vibrants de patriotisme, furent des forces qui ajoutèrent à l'énergie de la défense, tendirent tous les ressorts de l'organisme national. Ces jeunes armées si tendres avaient besoin d'une âme héroïque : il la leur donna. Le présent eut ainsi ses jours de revanche : Coulmiers, Bapaume, Villersexel ; et l'avenir garda son intégrité. Non seulement en effet Gambetta, par son idée de résistance irréductible, exprima le vœu intime des meilleurs et des plus conscients, mais il dégagea du poids lourd des défaites, des tristes contingences du moment l'idéal permanent de la race : bravoure et dignité. Ce que nous pouvions tenter, ce que nous pouvions extraire de notre vouloir et de notre sol dans les pires détresses, il le montra. Nous fûmes ainsi sauvés du plus grand désastre : le mépris de nous-mêmes. Les journées les plus sombres de cette histoire, les retraites mêmes de l'Est et du Mans, s'illuminèrent de dévouements et de sacrifices où se retrouvait l'indomptable vitalité d'une race qui ne veut pas périr et on peut dire que c'est Gambetta qui garda l'étincelle sacrée, maintint la tradition, incarna la Patrie.

Coulmiers (9 novembre)

Le général de La Motte-Rouge, après sa retraite en Sologne, avait été remplacé par d'Aurelle de Paladines tiré du cadre de réserve. Correct et méticuleux, épris d'ordre et de discipline, mieux fait pour préparer la guerre que pour improviser la victoire, d'Aurelle s'installa au camp de Salbris, dirigea l'instruction des recrues, réprima l'anarchie, organisa solidement le 15e corps. Par malheur il hésitait à se servir de l'instrument qu'il avait forgé. Temporisateur par goût et par méfiance, tout pénétré des idées de défensive et de camp retranché qui hantèrent également Bourbaki, son successeur, il se dérobait le plus possible à la pression du gouvernement et des circonstances ; s'il triompha à Coulmiers, ce fut par ordre supérieur et comme malgré lui.

Gambetta, dès le 16 octobre, s'il récusait le plan hasardeux de porter l'armée de la Loire sur la Basse-Seine, était résolu de tourner tout l'effort de la province au déblocus de Paris. Le plus simple était d'aller en droite ligne sur Paris par la Beauce et tout d'abord de reconquérir Orléans. Le 22, d'Aurelle objectait l'état des troupes, l'insuffisance du matériel de campement ; le 24, dans la conférence de Salbris, il adoptait le principe d'un double mouvement enveloppant par Blois et par Gien ; le 29, une lettre de M. de Freycinet suspendait la marche en avant sous l'impression de l'évacuation de Metz (1), et des plaintes du général d'Aurelle qui craignait de laisser dans les chemins défoncés son artillerie et ses convois. Cependant, les jours précédents, des combats avaient déjà eu lieu entre les avant-postes du 16e corps réuni à l'abri de la forêt de Marchenoir à l'est de Blois et les reconnaissances ennemies ; la bataille s'amorçait d'elle-même.

Le 5 novembre, Gambetta et M. de Freycinet, ne recevant aucunes nouvelles relatives à une sortie de Trochu sur la basse

(1) Le 27 octobre, la capitulation est signée ; on rend à l'ennemi, sans avoir rien tenté de sérieux pour briser ses lignes : 173,000 hommes, 6,000 officiers, 60 généraux, 600 canons de campagne, 876 canons de place, 250,000 fusils, des munitions considérables. Bazaine, doublement sinistre, après avoir laissé écraser Frossard à Forbach et Canrobert à Saint-Privat, libère l'armée du prince Frédéric-Charles qui brisera l'effort des jeunes armées de la République.

Seine, reprirent le plan d'offensive en ligne directe ; le général Martin des Pallières reçut l'ordre de quitter Argent ; le 6, d'Aurelle établissait son quartier général aux environs de Mer, Chanzy (1) à Marchenoir ; le 7, une forte reconnaissance commandée par le général de Stolberg était vigoureusement repoussée à Vallières par la brigade Bourdillon (16e corps) et perdait 200 hommes ; le 8, au matin, la jeune armée, forte de 150 bouches à feu et de 50,000 combattants se développait de Cravant à Ouzouër-le-Marché, tout animée des succès de Vallières et de Binas, consciente et fière des grands espoirs que la patrie mettait en elle.

Le plan de bataille était ainsi conçu : le 15e corps devait, par trois colonnes, se porter sur Coulmiers, centre fortement retranché de l'armée ennemie, pendant que le 16e corps devait opérer sur la gauche un mouvement tournant appuyé par la cavalerie du général Reyau. Le 9, vers huit heures du matin, nos troupes s'ébranlèrent dans un ordre et un calme qui donnaient l'illusion d'une revue ; à droite la brigade Rebillard prend le château de La Touanne, la division Peytavin, retardée d'abord par l'artillerie bavaroise, emporte à onze heures le village de Baccon, de là, poursuivant l'offensive, baïonnette au canon, elle chasse du parc et du château de La Renardière quatre bataillons bavarois qui s'enfuient dans les bois de Montpipeau. Il est deux heures environ ; le 15e corps possède un solide point d'appui ; à gauche le 16e corps a commencé, dès huit heures son mouvement tournant : Jauréguiberry sur Charsonville, Barry plus central sur Villorceau. L'amiral, d'un élan irrésistible, portait ses troupes de Charsonville à Epieds, d'Epieds à Cheminiers, Vaurichard, Ormeteau, tout au nord de Coulmiers. Malheureusement le général Reyau, qui devait protéger l'extrême gauche, avait vers dix heures compromis sa nombreuse cavalerie (11 régiments) dans une embuscade du côté de Saint-Sigismond, puis, après s'être un peu rapproché de notre infanterie vers Cerqueux il avait fui jusqu'à Prenouvellon devant les francs-tireurs de Lipowski et de Foudras pris à tort pour les bavarois, découvrant ainsi le flanc de Jauréguiberry qui portait à ce moment le poids de presque toute l'armée bavaroise concentrée contre lui.

(1) Chanzy avait, le 2 novembre, remplacé le général Pourcet à la tête du 16e corps.

Mais l'amiral, cramponné aux villages de Champ et d'Ormeteau, opposait aux flots toujours croissants de l'ennemi une résistance inexpugnable ; et d'autre part Chanzy, voyant le péril, envoyait à la rescousse la solide brigade Bourdillon ; c'est grâce à cette ténacité et à cette intervention opportune que se fixa la victoire jusque là incertaine. Il ne restait plus en effet qu'à conquérir Coulmiers. Ce n'était d'ailleurs pas une opération aisée ; les bavarois avaient massé dans le village, le parc et le château, toutes leurs réserves ; vers le nord-est, 18 pièces de canon etaient en batterie. Vers trois heures une première attaque de la division Barry avait échoué ; le commandant en chef, sentant la nécessité d'un effort mieux appuyé, donna l'ordre à la division Peytavin de se porter au Grand-Lus, puis il concentra de droite à gauche, du Lus à La Leu, 9 batteries destinées à démonter l'artillerie ennemie infériorisée par le terrain.

Vers quatre heures, l'attaque de Coulmiers commença ; le 38e de marche et le 7e chasseurs à pied vigoureusement menés par le lieutenant-colonel Baille abordent le parc au sud, s'en emparent, poussent jusqu'au village, conquièrent les premières maisons et se heurtent à une résistance impénétrable quand le général Barry, enlevant à son tour les mobiles de la Dordogne, entre dans Coulmiers au cri de « Vive la France ! », et balaie sur son passage tous les ennemis. Coulmiers est à nous ; Von der Tann ordonne la retraite ; le lendemain nos soldats entraient dans Orléans, au son des cloches, dans un concours de peuple délivré enfin d'un mois lourd de domination où la méthode ajoutait encore à la brutalité. Pour la première fois, sur l'abîme toujours accru de nos désastres, rayonnait l'arc-en-ciel de la victoire.

LE CAMP RETRANCHÉ D'ORLÉANS. — La victoire de Coulmiers, la seule victoire nette et franche de nos armes pendant toute la guerre, bien supérieure par la netteté des résultats obtenus aux combats glorieux de Bapaume et de Villersexel, transporta tout le pays d'une fièvre d'espérance (1). Paris, que la capitulation de Metz et la perte du Bourget appris le même jour (31 octobre)

(1) Nous avions conquis Coulmiers, délivré Orléans. L'armée bavaroise aurait pu être prisonnière ou détruite, sans l'inaction de Reyau et le retard de Martin des Pallières.

BEAUNE-la-ROLANDE - Vue Générale du champ de Bataille

avaient exaspéré jusqu'à la révolte (1), reprit confiance et se prépara à sortir vers le Sud pour donner la main aux troupes de la Loire dont Gambetta annonçait la marche en avant. C'était, en effet, l'idée juste du gouvernement de Tours d'utiliser sans retard le moral réconforté de nos soldats, de les porter rapidement sur Paris, par Etampes ou Fontainebleau, avant l'arrivée du prince Frédéric-Charles qui accourait de Metz à toutes brides.

Mais le général d'Aurelle de Paladines avait un autre dessein : recommencer autour d'Orléans les méthodes et les disciplines du camp de Salbris. Aussi aveugle et aussi fermé sur la valeur de ses jeunes troupes que va bientôt l'être Bourbaki, partageant l'opinion de Thiers sur les nécessités immédiates de la paix, il opposera aux désirs et même aux ordres venus de Tours une résistance maladroite et têtue. Peut-être, au fond de toutes ses méfiances, y avait-il une inquiétude sur sa valeur personnelle, incontestable à certains égards, mais limitée. Bon chef d'un corps d'armée, il répugnait à manœuvrer une armée tout entière, et c'est contre son gré qu'il fut nommé aux fonctions de commandant en chef de l'armée de la Loire.

Le 12 novembre commença la création du camp retranché en avant d'Orléans ; les 15e et 16e corps furent augmentés d'un 17e corps, formé entre Meung et Marchenoir ; une division du 18e corps, bivouaquée aux environs de Gien, fut également mise à la disposition du général en chef, ainsi que 150 pièces de marine. Mais d'Aurelle, malgré les instances de Freycinet, demeurait immobile, uniquement occupé de renforcer les positions défensives derrière lesquelles il attendait « sans appréhension » le prince Frédéric-Charles, le général de Tann et le duc de Mecklembourg. Cette inaction était d'autant plus fâcheuse que les troupes allemandes demeurèrent jusqu'au 15 dispersées, de Tann du côté d'Angerville, Mecklembourg vers Chartres. Chanzy, plus perspicace, ajoutait ses instances à celles du gouvernement et se heurtait aux mêmes atermoiements qu'il devra, un mois plus tard, subir du général Bourbaki.

Cependant, le 15 novembre, l'avant-garde du prince Frédéric-

(1) Les parisiens, conduits par Blanqui, Delescluze et Flourens, réclament la Commune, envahissent l'Hôtel de Ville et font prisonniers les membres du gouvernement que délivrent les mobiles du Finistère.

Charles atteignait Pithiviers ; le 17, elle se reliait aux troupes bavaroises de Toury ; le 18 et le 19, le Xe corps se portait sur Montargis ; le 22, les hessois occupaient Beaune-la-Rolande ; le 23, le prince apprenait par de Moltke le transfert du 20e corps (général Crouzat) de Besançon sur la Loire ; le 24, tout le Xe corps était concentré autour de Beaune-la-Rolande, pendant que le duc de Meklembourg, également prévenu, se rabattait de la vallée du Loir sur Beaugency.

De son côté, le général d'Aurelle, vainement pressé d'agir pour concerter son offensive avec une sortie imminente de Paris vers le Sud-Est, laissait son armée s'énerver dans l'attente, se dissoudre dans la boue et sous la pluie. Le 23, à une lettre plus pressante encore de Gambetta, le général répondait :

« La solution du problème que vous me proposez n'est pas la moindre de mes préoccupations ; vous pouvez compter sur mon dévouement absolu ; Dieu veuille mettre mes forces à sa hauteur ! »

Le gouvernement de Tours ne recevant aucun plan en échange du sien, résolut de l'imposer ; dans la nuit du 22 au 23, l'ordre est télégraphié de porter l'aile droite de l'armée de la Loire, c'est-à-dire les 20e corps (Crouzat) et le 18e corps (Billot) sur Beaune-la-Rolande, le centre avec Martin des Pallières sur Chilleurs-aux-Bois, pendant que l'aile gauche (17e corps) continuerait la lutte contre le duc de Mecklembourg. Les 15e et 16e corps restaient sous la main directe du général en chef ; les opérations de Beaune-la-Rolande devaient être dirigées par M. de Freycinet et son bureau militaire : situation évidemment paradoxale, mais à laquelle il avait fallu se résoudre, devant l'obstination du général d'Aurelle à « conserver le bénéfice des bonnes positions ».

DE BESANÇON A CHAGNY. — La rude bataille de Beaune-la-Rolande a été soutenue par les 20e et 18e corps. C'est au premier qu'appartenait le 34e régiment des mobiles des Deux-Sèvres que nous avons laissés à Besançon, justement fiers de leurs premières armes à La Bourgonce, remis d'une pénible retraite par le succès de Châtillon-le-Duc, exercés et militarisés avec un soin méticuleux par le colonel Rouget qui voulait faire de ses jeunes soldats un régiment d'élite et qui y réussit.

Le général Cambriels, à qui l'on devait l'organisation d'une petite armée très capable, on l'a vu, de contenir l'ennemi, dut malheureusement résigner ses fonctions à cause de sa blessure qui s'était rouverte ; il fut remplacé le 2 novembre par le général de cavalerie Michel qui, dès le 4 novembre, envoyait à Tours une dépêche pessimiste, déclarant qu'il était impossible de tenir à Besançon et demandant avec insistance à se replier sur Lyon. M. de Freycinet, qui sentait toute l'importance d'une armée de l'Est destinée à contrarier et à couper, s'il était possible, les communications de l'ennemi, cherchait vainement à maintenir le général à son poste. Ce dernier télégraphiait le 6 novembre : « Nous pouvons être coupés de Lyon. Donnez-moi l'ordre de partir demain, sinon je ne réponds pas que la retraite puisse être faite. » Une dépêche du Délégué à la Guerre appelait à Tours le général Michel pour s'expliquer, et donnait le commandement au général Crouzat. En moins de 15 jours, l'armée de l'Est avait changé trois fois de commandant en chef, mais ce changement n'est assurément pas imputable au gouvernement de Tours.

Le 8, au soir, Crouzat, qui avait laissé 10,000 hommes à Besançon, atteignait Mont-sous-Vaudrey ; le 11 novembre, les mobiles des Deux-Sèvres étaient campés à Pierre (Saône-et-Loire), quand ils apprirent la victoire de Coulmiers qui suscita un grand enthousiasme ; le 14, toute l'armée était à Chagny. Deux jours avant, Crouzat avait reçu l'ordre de former, avec ses troupes et celles qui étaient à Chagny, un corps d'armée qui prendrait le n° 20 ; le 17, l'ordre arrive de gagner Gien en chemin de fer où, le 19 au soir, tout le 20e corps campait sur les bords de la Loire. Le 20, une dépêche de Tours rattachait le 20e corps à l'armée de la Loire ; mais les ordres de mouvement vinrent toujours directement du Délégué de la Guerre. Le 22, à 11 heures du soir, le 20e corps reçut l'ordre de se transporter, le lendemain 23, à Châtenay, sur les bords du canal d'Orléans. La direction 'était Bellegarde.

Sentant bien qu'une rencontre avec l'ennemi était très prochaine, le général Crouzat adressa à ses troupes cet ordre du jour :

« *Officiers, sous-officiers et soldats,*

» *Les jours de bataille sont proches ; préparez vos armes et vos courages, c'est la lutte suprême que vous allez soutenir ; il faut vaincre !*

» *Depuis quatre mois notre pays, écrasé, ravagé, foulé aux pieds par un envahisseur insolent et avide, crie vengeance et délivrance. C'est à nous, ses enfants et ses soldats, à le délivrer et à le venger. Vive la France ! mes camarades ! la France grande, libre, glorieuse, immortelle comme la victoire !* »

« Plein d'enthousiasme, le 20e corps défila le lendemain devant moi, dit le général Crouzat, aux cris de : Vive la France ! Vive la République !

» J'étais profondément ému ; j'avais bon espoir (1). »

Le plan général d'offensive, communiqué en même temps, dans la nuit du 22 au 23, aux généraux d'Aurelle et Crouzat était le suivant : Martin des Pallières devait occuper Chilleurs-aux-Bois, avec 30,000 hommes pour protéger la route de Paris ; Crouzat devait se porter entre Beaune-la-Rolande et Juranville ; quant au 18e corps que commandait le colonel Billot (général à titre auxiliaire) il devait se concentrer à Gien pour servir de réserve.

L'opération commença le 24 ; les têtes de colonne du 20e corps arrivèrent à Bellegarde à neuf heures du matin ; la division Polignac fut dirigée de là sur Montliard, la division Thornton sur Fréville (2), la division Segard sur la route de Ladon. Une forte reconnaissance s'étant approchée de Ladon se heurta à la brigade de Voyna qu'elle refoula au delà du village, pendant que les mobiles de la Haute-Loire s'emparaient de Maizières ; mais Voigts-Rhetz étant venu au secours de Voyna, Crouzat jugea prudent de ne pas s'engager à fond, fit replier ses bataillons d'avant-garde ; la poursuite de l'ennemi fut arrêtée net par la ferme attitude de la division Thornton campée à Quiers et à Fréville. Les combats de Maizières et Ladon nous coûtaient 200 hommes et le capitaine d'état-major Ogilvy, jeune officier anglais, qui fut tué en menant au feu les mobiles de la Loire.

Le 26, conformément aux ordres venus de Tours qui enjoignaient au général Crouzat de marcher sur Beaune et sur Pithi-

(1) (*Le 20e corps à l'Armée de la Loire*, par le général Crouzat).

(2) Le 34e régiment des mobiles des Deux-Sèvres appartiendra jusqu'à la fin de la campagne à la division Thornton, 1re brigade, commandée jusqu'à Villersexel par le capitaine de vaisseau Aube et ensuite par le colonel de Bernard de Seigneurens.

viers, et mettaient le 18e corps sous sa direction stratégique, le 20e corps se porta vers Saint-Loup et Boiscommun, le 18e corps remonta de Gien vers Montargis ; le 27, le 18e corps était à Ladon et le plan de bataille pour le lendemain fut ainsi rédigé à Bellegarde, d'accord avec le général Billot : le 20e corps devait se porter sur Beaune, la division Polignac à gauche par Batilly et Saint-Michel, la division Thornton en droit fil, la division Segard en réserve à Saint-Loup ; le 18e corps à droite dessinait une attaque enveloppante par Juranville. Quant à Martin des Pallières, il recevait le 27, du général d'Aurelle la dépêche suivante : « Je vous laisse votre liberté d'action pour vous porter au secours de Crouzat, s'il est véritablement attaqué. »

Le Xe corps prussien, commandé par Voigts-Retz occupait les positions suivantes : une brigade à Beaune même, une brigade aux Cotelles, une brigade à Marcilly, avec l'artillerie du corps. Les forces allemandes, avant l'arrivée d'une division vers quatre heures, se montaient à 20,000 hommes avec 70 pièces ; de notre côté nous avions 50,000 hommes dont 30,000 seulement furent engagés. L'infériorité numérique de l'ennemi était largement compensée par la mise en défense de la petite ville de Beaune, anciennement fortifiée, située au milieu de vergers et de clôtures d'un abord difficile ; tous les villages voisins étaient d'ailleurs occupés et crénelés de telle sorte qu'il fallut livrer autant de combats que de villages avant d'aborder le centre même de la défense : Beaune-la-Rolande.

Bataille de Beaune-la-Rolande (28 novembre)

Au matin du 28, l'action s'engagea. Vers six heures le général Billot lançait sa première division, colonel Bonnet, sur Maizières et sur Lorcy, refoulait l'ennemi jusqu'à Corbeilles, puis le colonel Bonnet se portait à gauche sur Juranville que la brigade Robert venait d'enlever brillamment. A neuf heures, la 1re division du 18e corps occupait la ligne Juranville-Lorcy ; de là le mouvement d'attaque se poursuivait sur Les Cotelles où les allemands avaient trois bataillons et deux batteries bientôt renforcées de tout le reste de la brigade. Les Cotelles d'abord conquises sont reprises par l'ennemi qui nous repousse d'un élan furieux jusqu'à Juranville où nos soldats obstinés disputent le cimetière, chaque barricade, chaque maison, et ne cèdent la place qu'à une heure de l'après-midi.

Le colonel Robert, l'âme de cette résistance acharnée, reforme sa brigade du côtè de Maizières, la renforce de trois bataillons de réserve, reprend Juranville, s'élance jusqu'aux Cotelles ; deux pièces prussiennes accourues du sud perdent servants et chevaux : l'une se retire à grand'peine, l'autre est abandonnée sur le terrain. A ce moment le commandant Renaudot, du 3e lanciers de marche charge les fuyards, s'empare des Cotelles malgré un feu violent, ramène avec une centaine de prisonniers la pièce de canon que le capitaine d'artillerie Brugère réussit, sous les balles, à fixer par une prolonge à l'un de nos avant-trains. Ce vif et brillant épisode où l'escadron de lanciers, du 3e de marche, se montrait digne des lanciers de Rezonville et des cuirassiers de Reischoffen terminait la série de nos avantages et l'offensive du 18e corps.

A partir de trois heures, en effet, pour des causes demeurées obscures, le 18e corps entretient seulement un feu d'artillerie sans grande efficacité et ne reprendra sa marche en avant qu'à la nuit tombante, ajoutant au désarroi d'une bataille perdue. Le général Crouzat, qui a poussé le 20e corps à deux pas de Beaune, multiplie les estafettes, rejoint le général Billot sur la route de Juranville : « Je lui demande où est son corps d'armée. Il me répond qu'il arrive. Je le prie de se hâter, et je retourne devant Beaune. Il est trois heures et demie. »

Dès l'aube, le 20e corps s'était porté de Boiscommun sur Montbarrois. De là, la division Polignac gagnait Batilly à gauche, s'emparait du bois de la Leu et, refoulant les prussiens sur la voie romaine d'Orléans à Sens, en arrière de la ville, commençait à tourner les positions ennemies. La division Thornton comprenant les mobiles des Deux-Sèvres, de la Savoie et du Haut-Rhin, le 3e zouaves de marche, avait avancé ses lignes de tirailleurs contre Beaune, en droite ligne, appuyée par la 14e batterie du 8e régiment, capitaine Colson, qui, postée sur les hauteurs de Saint-Loup, tirait à toute volée sur Beaune, répondant aux batteries ennemies placées sur le flanc de la ville. Au début, nos troupes triomphent de toutes les résistances. Le 1er bataillon des mobiles des Deux-Sèvres, commandant Poupard, avait chassé du village de Jarrisoy, maison par maison, le 78e régiment de fusiliers hanovriens ; les 2e et 3e

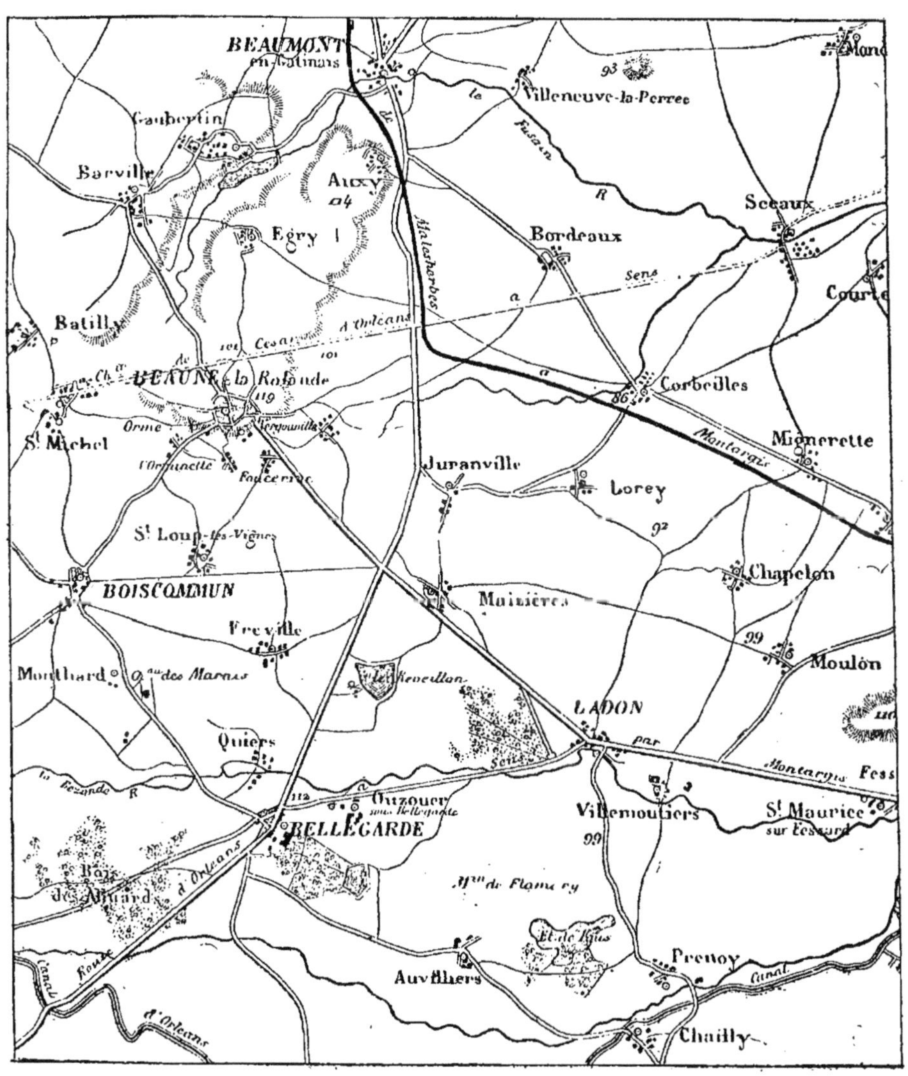

BEAUNE-LA-ROLANDE ET SES ENVIRONS $\frac{1}{150{,}000}$

bataillons des Deux-Sèvres contribuaient vigoureusement à la prise des villages de l'Orme et de l'Orminette, y faisant plusieurs prisonniers et poursuivant au pas de course les hanovriens des avant-postes qui fuyaient à toutes jambes vers Beaune, ils arrivaient à 500 mètres des murs de la ville auprès des moulins de la Montagne ; une mitrailleuse appelée en toute hâte, malheureusement trop tard, paralysait le feu meurtrier des prussiens embusqués dans un moulin qui dominait sur la droite les abords de la ville ; toute la colonne était face à Beaune ; il n'y avait plus qu'à préparer l'assaut par le bombardement. Mais Crouzat répugnait à canonner une ville française, à démolir un clocher d'où partaient des signaux à l'adresse de Frédéric-Charles et ce scrupule nous déroba la victoire.

Le commandant de Verdières, chef de l'état-major du général Thornton, sentant l'heure unique et brève, résolut de tenter l'assaut. Groupant autour de lui plusieurs compagnies des Deux-Sèvres, du Haut-Rhin et de la Savoie, appuyé du colonel Rouget, du commandant Poupard, pendant que la musique du Haut-Rhin joue la *Marseillaise* et que les clairons sonnent la charge, il se précipite dans la rue principale de Beaune, franchit plusieurs barricades, arrive au bout, se retourne, voit la troupe héroïque décimée et rompue par les tirailleurs prussiens embusqués dans les maisons. Le colonel Rouget a son cheval tué ; le commandant Poupard a la jambe percée d'une balle, le capitaine Guitton tombe l'épaule fracassée, le capitaine de Gaulier, atteint de trois balles, meurt le soir dans la ferme du moulin de la Montagne ; les lieutenants Morin, Bourdin et Chebrou sont grièvement blessés ; le sergent Lemaire tombe mortellement atteint ; les lieutenants Girardeau et Paul Lévrier disparaissent dans la mêlée et sont faits prisonniers ; le capitaine de La Porte et le sergent Capelier, plus heureux, qui avaient pénétré jusque dans la ville, n'en sortaient, dit le rapport du colonel Rouget « que par un miracle ». Quelques officiers du 3e zouaves, des mobiles du Haut-Rhin et de la Savoie partagent le sort des nôtres. Ceux qui survivent à cet exploit, égal aux plus beaux actes d'héroïsme, quittent la rue meurtrière et rejoignent le gros de la division Thornton qui poussait les prussiens d'un si bel élan que des compagnies entières se réfugiaient dans les fossés.

Il était à peu près trois heures : l'espérance légitime de la victoire allait encore une fois nous échapper ; pendant que le 18e corps s'immobilise, que la division des Pallières, vainement sollicitée, se cramponne à Chilleurs-aux-Bois, les renforts prussiens arrivent de Pithiviers, la division Stülpnagel presse la division Polignac qui d'abord tient bon, puis cède l'Ormeteau, Batilly.

A la nuit noire, Crouzat désespéré ramasse tous les débris de sa division, Pyrénées Orientales, zouaves, Deux-Sèvres, Savoie, se met à leur tête avec son escorte, fait sonner la charge et court sur Beaune. Mais aux premières maisons, un tir à bout portant les arrête ; les chevaux reculent ; une barricade en bois prend feu et développe l'incendie. Il faut revenir en arrière. Le chemin était couvert de nos pauvres mobiles et zouaves, morts ou blessés. Le brave capitaine de Parsay, des Deux-Sèvres, avait eu le bras traversé par une balle, au moment où il s'élançait avec sa crânerie habituelle, à l'assaut de la barricade ; le sergent-fourrier Roy était blessé.

C'est alors que le commandant du 18e corps apparaît aux côtés du général Crouzat, insiste pour continuer la bataille, fait sonner la charge et commencer le feu. Mais, dans l'obscurité, les balles vont frapper les tirailleurs du 20e corps. Crouzat craignant à juste titre le désordre d'un combat de nuit et sachant ses divisions épuisées fit reprendre les positions du matin. Nous perdions 1,200 hommes, tués ou blessés, 40 officiers ; les allemands 850 hommes et 38 officiers.

Les soldats exténués regagnèrent leurs bivouacs antérieurs ; au 20e corps, la 1re brigade de la division Thornton, commandée par le capitaine de vaisseau Aube, garda seule ses positions au nord de l'Orminette jusqu'à onze heures du soir ; à ce moment, le général, s'apercevant de son isolement, prête l'oreille et, rompant la conversation des officiers qui l'entouraient, leur dit : « Ecoutez ce roulement des pièces d'artillerie, des chariots, le claquement des fouets ; l'ennemi se dirige sur Saint-Loup et Boiscommun ; si nous restons ici, dans une heure nous serons cernés. » L'ordre de retraite fut donné et le départ s'effectua non sans quelque désordre ; les compagnies se mêlaient dans l'obscurité ; on retrouvait d'ailleurs avec une joie triste ses compagnons de lutte : Voilà le Haut-Rhin. — Ici, la Savoie. — Bravo, ce sont les Deux-Sèvres !

A deux heures du matin, la division Thornton, épuisée de

fatigue, à jeun depuis 24 heures, plus abattue encore par le sentiment de son courage infructueux, campait à Quiers et à Fréville sur la terre trempée de pluie. Le lendemain, la retraite s'effectua sur Nibelle, Chambon, Montliard et Nesploy. Le 3 décembre, le général Bourbaki venait à Nibelle prendre le commandement des 18e et 20e corps. Le général Crouzat était maintenu momentanément à la tête du 20e corps. C'était le commencement de la disgrâce : on pouvait reprocher à Crouzat de n'avoir pas utilisé son artillerie contre Beaune, de n'avoir pas préparé par le canon l'assaut dirigé par le commandant de Verdières, de n'avoir pas eu dans la main toutes ses unités. Mais ici la responsabilité se déplace ; d'abord Crouzat n'avait le commandement des deux corps d'armée que sur le terrain et ce caractère provisoire contribua peut-être à l'intermittence qu'on remarqua dans l'action du 18e corps et à l'inaction complète de la division Martin des Pallières. Il faut également noter que si le général d'Aurelle de Paladines avait quitté son camp retranché d'Orléans pour diriger les opérations en personne, elles auraient sans doute acquis la cohésion qui leur a manqué.

Le 4 décembre, les trois divisions du 20e corps se mettaient en retraite sur Orléans ; le 4 au soir, apprenant la défaite de nos troupes en avant d'Orléans, à Gidy, à Cercottes, Crouzat résolut de percer les lignes ennemies et de se jeter au plus vite à la défense de la ville ; mais se heurtant le lendemain, vers Pont-aux-Moines, contre toute une division prussienne, il ne crut pas possible de forcer cet obstacle et reporta le 20e corps vers Saint-Denis et Jargeau. Le passage de la Loire eut lieu pendant la nuit, sur le pont suspendu qui relie Saint-Denis à Jargeau. Le pont était à moitié rompu ; la Loire charriait d'énormes glaçons, le froid était très vif. Les canons et les caissons passèrent lentement un par un, et les hommes sur deux files. Le pont résista.

Le 5 mars, le 34e régiment des Deux-Sèvres campa à Viglain ; le 6, près d'Argent, dans une vaste plaine couverte de glace ; le 8, le régiment des Deux-Sèvres franchissait d'une seule traite l'étape d'Argent à Bourges (55 kilomètres) où il arrivait péniblement à onze heures du soir. Les hommes étaient exténués par la fatigue d'une marche de quinze heures dans la neige. Le 9, tout le 20e corps était à Bourges et le lendemain y arrivaient aussi le 15e et le 18e corps. Le 12, l'armée de la Loire, campée autour de Bourges et dans les bois d'Allogny, était constituée sur de nouvelles bases. Le général Crouzat remit au général Clinchant, qui venait d'Allemagne, le commandement du 20e corps et alla à Lyon commander la 8e division militaire.

Voici l'appréciation du général sur les troupes qu'il quittait à regret :

« Le 20e corps était brave, discipliné, patriote. Officiers et soldats avaient le sentiment simple et unique du devoir. Il a toujours marché avec ordre et ensemble. Depuis les Vosges et Besançon jusqu'à Beaune-la-Rolande, et de là jusqu'à Bourges, Héricourt et Pontarlier, nul n'a plus souffert et plus combattu que lui pour la patrie envahie. Qu'il s'en souvienne, et que ce souvenir soit sa consolation et sa récompense. »

Combat de Villepion (1er décembre)

Bataille de Loigny (2 décembre)

Pendant que l'aile droite de l'armée de la Loire, battue à Beaune-la-Rolande se repliait sur Jargeau, puis sur Bourges, l'aile gauche prit l'offensive pour répondre à la sortie du général Ducrot annoncée par une dépêche qui, expédiée par ballon le 24 novembre ne parvint à destination que le 30 au matin. Trochu y annonçait, pour le mardi 29, une sortie de Ducrot qui, en cas de succès, « pousserait vers la Loire, probablement dans la direction de Gien ». Un conseil de guerre eut lieu à Saint-Jean-de-la-Ruelle ; M. de Freycinet proposa, puis imposa de reporter sur Beaune les 18e et 20e corps, qui en étaient sans doute revenus un peu vite, de pousser sur Pithiviers les 15e et 16e corps pendant que le 17e corps garderait Orléans, soutenu du 21e qui achevait de se former à Vendôme. Pithiviers était l'objectif de toute l'armée composée ainsi de 170,000 hommes ; une fois Pithiviers conquis, on s'acheminerait vers la forêt de Fontainebleau. Les forces allemandes se montaient à 140,000 hommes, déployées sur un front de 100 kilomètres.

Le plan de M. de Freycinet était bon ; mais la plupart de ceux qui devaient l'exécuter ne croyaient pas le succès possible ; d'Aurelle préférait se concentrer ; Bourbaki et des Pallières objectaient l'état de leurs troupes ; seuls, Chanzy et Jauréguiberry avaient la foi ; ils entrèrent en ligne les premiers, étant

déjà au contact de l'ennemi, et les résultats auraient été tout autres si le centre de l'armée de la Loire, immobile à Loigny comme à Beaune, les eût secourus.

Le 1er décembre, Chanzy attaquait le grand duc de Mecklembourg par trois colonnes, Jauréguiberry à gauche, Maurandy à droite, Barry au centre, sur la ligne de Terminiers-Sougy. L'artillerie ennemie fit hésiter quelque temps nos têtes de colonne, pourtant la brigade Bourdillon s'emparait de Gommiers, la brigade Deplanque de Nonneville ; les mobiles de Loir-et-Cher et de Maine-et-Loire emportaient Faverolles à la baïonnette, et l'amiral, à la nuit tombante, prenant avec lui les mobiles de la Sarthe et quelques bataillons de marche, les électrisant par son exemple, s'emparait du parc et du village de Villepion. L'armée française s'installe sur les positions conquises, apprend le soir même l'heureux début de la sortie de Paris sur la Marne (1), et s'endort doublement satisfaite. Mais une nuit glaciale engourdit les forces plus qu'elle ne les répare.

Le lendemain, le grand duc de Mecklembourg, ayant concentré toutes ses forces autour de Loigny, la bataille recommença. Barry dépasse Loigny, aborde Beauvilliers, ne peut le prendre, recule en désordre sur Loigny et Fougeu ; Deplanque occupe la ferme Morale ; Jauréguiberry, appuyé sur la solide brigade Bourdillon, bouscule les bavarois, s'empare du parc de Goury et s'y maintient, malgré tous les efforts de l'artillerie et de la cavalerie bavaroises. « Ces braves gens déploient une fermeté et un courage que les vieilles troupes n'auraient pu dépasser. — CHANZY. »

Jusque là la situation était plutôt bonne ; mais vers onze heures, une nouvelle brigade bavaroise entre en ligne ; toute l'artillerie de réserve tonne contre nous ; les cavaliers du prince Albrecht serrent à l'ouest notre flanc dégarni (2) ; cependant devant Beauvilliers et Goury, Jauréguiberry tient les bavarois en échec ; les mobiles de la Sarthe tombent sans reculer. A ce

(1) Ducrot sort le 30 avec 100,000 hommes, prend pied à Bry, à Champigny, le 1er décembre se fortifie, évacue les blessés sur Paris, le 2, la bataille recommence, acharnée ; Champigny se défend maison par maison ; il faut le céder pourtant, et le 3, se rabattre sur Paris après avoir perdu 10,000 hommes et nos meilleurs officiers, Regnault, Franchetti, Neverlée, La Charrière.

(2) Le général Michel, croyant tout perdu, s'était réfugié avec toute sa cavalerie sur les derrières du 16e corps.

moment entre en ligne une nouvelle division qui achève de disperser les troupes de Maurandy sur la droite, et se reporte contre la division Jauréguiberry, qui malgré la fatigue lutte pied à pied, cède lentement Loigny tout en flammes ; une petite troupe, retranchée dans le cimetière continue de combattre ; les mobiles de la Sarthe reculent en rangs formés comme pour la manœuvre, « s'arrêtant fréquemment pour essayer de nouveau l'offensive ». Dans Villepion, malgré un feu d'artillerie épouvantable, nos soldats tenaient toujours, c'est alors qu'apparut de Sonis et le 17e corps.

Déjà, par petits paquets, appelé de Patay par Chanzy, le 17e corps avait commencé de dégager l'amiral sur la gauche, mais ces troupes peu solides se débandèrent ; entre Villepion et Nonneville nos deux brigades subissaient la pression de tout un corps d'armée allemand ; Villepion perdu, c'était la déroute. Groupant un millier d'hommes autour de lui, mobiles des Côtes-du-Nord, zouaves pontificaux de Charette, francs-tireurs de Tours et de Blidah, de Sonis s'élance sur un terrain découvert, balayé par la mitraille ; la petite colonne héroïque enlève la ferme de Villours, bouscule tout jusqu'à Loigny, et après avoir ainsi parcouru l'espace de 1,200 mètres couvert de ses morts et de ses blessés, elle conquiert les premières maisons du village. Mais Treskow appelle toute sa réserve, ramasse tous les bataillons alentour et décime les assaillants. De Sonis a la jambe fracassée, de Charette son cheval tué sous lui ; l'étendard des zouaves s'abat cinq fois, et cinq fois se relève ; de Charette ramène les survivants à Villours, où il est grièvement blessé ; privée de tous ses chefs, la troupe désormais immortelle rejoint enfin le château de Villepion. Les zouaves pontificaux, partis 300, reviennent une centaine ; les deux compagnies de mobiles des Côtes-du-Nord perdent 120 hommes ; les francs-tireurs de Tours et de Blidah, 58 hommes et 4 officiers. A six heures et demie du soir, dans Loigny calciné, en ruines, couvert de blessés et de cadavres, à bout de munitions et de forces, quelques compagnies du 37e de marche qui avaient toute la journée défendu le cimetière étaient obligées de rendre les armes. La nuit tomba, indifférente et glacée, sur ces nobles fils de France qui, sous la différence des costumes et des convictions, avaient montré un égal héroïsme.

Tandis que le 16e corps et une fraction du 17e corps subissaient la défaite glorieuse de Loigny, deux divisions du 15e corps gagnant leurs objectifs, vers le centre, au lieu de marcher au canon se heurtèrent au général de Wittich ; la division Peytavin, la première engagée, lutta vigoureusement, mais sans succès pour occuper Sougy ; la division Martineau, débouchant à quatre heures du soir, ne fut pas plus heureuse ; il fallut se replier sur Artenay.

Tel fut le bilan du 2 décembre. Les allemands engagèrent 35,000 hommes et perdirent 4,000 hommes ; nous eûmes 40,000 hommes véritablement en ligne et nous perdîmes 7,000 hommes. L'infériorité numérique des allemands était largement compensée par l'organisation et la solidité de leurs troupes.

La vigueur inébranlable de la division Jauréguiberry ne suffisait pas à réparer la mollesse des divisions Maurandy et Barry ; la charge héroïque de Sonis, avec les meilleurs éléments du 17e corps, était une sorte de revanche sur la passivité des autres. Mais la raison dominante de ce nouvel échec était l'absence de cohésion et de direction des unités composant l'armée de la Loire. L'appui du 15e corps manqua à Chanzy, le 2 décembre, comme il avait manqué à Crouzat le 28 novembre ; après la défaite successive des deux ailes de l'armée, le centre allait être battu à son tour.

Combats autour d'Orléans — Retraite

Le 2 décembre, à quatre heures du soir, Gambetta envoya une dépêche à d'Aurelle de Paladines, lui restituant le commandement des cinq corps d'armée dont il fallait opérer au plus vite la concentration pour soutenir l'assaut présumé de Frédéric-Charles. D'Aurelle, au lieu de porter Chanzy sur Orléans, lui ordonna de garder ses positions ; il prévint tardivement Bourbaki d'appuyer des Pallières vers Chilleurs, de telle sorte que seul le 15e corps allait soutenir le choc de l'armée allemande concentrée.

Le 3 décembre, tandis que les 18e et 20e corps étaient encore autour de Chambon et de Nibelles, que les 16e et 17e corps, mis sous le commandement supérieur de Chanzy, se repliaient méthodiquement sur la Loire, le 15e corps, malgré quelques tentatives de résistance contre un ennemi dix fois supérieur, dut se reporter de Chilleurs sur Cercottes, puis, à 3 heures du matin, sur Orléans, où l'appelait une dépêche de d'Aurelle. Ce dernier avait résolu d'évacuer Orléans, reconnaissant trop tard l'insuffisance du camp retranché. Toutefois, la façon vigoureuse dont l'arrière-garde contint l'ennemi, dans la journée du 4, montre qu'on aurait pu tirer un meilleur parti des éléments organisés de l'armée de la Loire.

Vers midi, le 39e de marche et les zouaves s'installèrent dans le faubourg des Aides ; à 9 heures du soir, ils luttaient encore ; le 38e de marche et l'infanterie de marine défendirent, à l'est, Vaumainbert et Saint-Loup avec un égal courage ; à l'ouest, la brigade Peytavin résista jusqu'à 4 heures (1) ; cependant à la nuit tombante, l'armée allemande, massée en arc de cercle de La Chapelle-Saint-Mesmin à Saint-Jean-de-Braye, s'apprêtait à bombarder la ville, quand un envoyé du général en chef, annonçant la reddition, obtint jusqu'à minuit et demi pour évacuer Orléans. Les allemands redoutaient un combat dans les rues, dont le résultat leur paraissait douteux.

Les soldats et les voitures roulent sans fin du Mail au Martroy, du Martroy à la Loire et à la Sologne ; l'unique pont reçoit de la rue Royale et rejette sur la route d'Olivet des milliers et des milliers d'hommes abattus et désordonnés qui furent les héros de Coulmiers et de Villepion, qui seront ceux de Josnes et de La Fourche, évidemment impressionnables comme la race elle-même, mais dont les qualités furent trop souvent méconnues.

A minuit et demi, conduits par le grand duc de Mecklembourg et le général de Treskow, les allemands entrèrent en ville au bruit des tambours, au son aigu des fifres ; les maisons étaient fermées, les lumières éteintes ; les habitants, atterrés, se remémoraient les brutalités et les exactions méthodiques de la première occupation, qui furent dépassées.

Le désastre matériel et moral était grand : 2,000 tués ou blessés, 18,000 prisonniers, 74 pièces et un matériel immense abandonnés. Ce qui était pire, c'était l'échec d'un plan où tous les français mettaient leur espoir, qu'on reprendra sans doute un peu plus tard, mais dans des conditions sensiblement inférieures : « Ce fut le plus grand malheur de la seconde période de

(1) Le train qui amenait de Tours Gambetta reçut vers 4 heures, en arrivant auprès de La Chapelle, des coups de fusil qui le firent rétrograder.

la guerre ; c'est lui qui a décidé peut-être du sort de la France. Car à aucun moment on n'avait été aussi près de réussir que le jour où l'armée de la Loire se mit en marche pour Fontainebleau. — DE FREYCINET. »

ANNEXES DU CHAPITRE IV

Le 27 octobre Metz avait capitulé ; le 30, Gambetta l'annonce aux départements par la proclamation suivante :

« Français,

» Elevez vos âmes et vos résolutions à la hauteur des effroyables périls qui fondent sur la patrie.

» Il dépend encore de nous de lasser la mauvaise fortune, et de montrer à l'Univers ce qu'est un grand peuple qui ne veut pas périr, et dont le courage s'exalte au sein même des catastrophes.

» Metz a capitulé.

» Un général sur qui la France comptait, même après le Mexique, vient d'enlever à la patrie en danger plus de cent mille de ses défenseurs.

» Le maréchal Bazaine a trahi.

» Il s'est fait l'agent de l'homme de Sedan, le complice de l'envahisseur, et, au mépris de l'armée dont il avait la garde, il a livré, sans même essayer un suprême effort, cent vingt mille combattants, vingt mille blessés, ses fusils, ses canons, ses drapeaux, et la plus forte citadelle de la France, Metz, vierge jusqu'à lui des souillures de l'étranger.

» Un tel crime est au-dessus même des châtiments et de la justice.

» Et maintenant, Français, mesurez la profondeur de l'abîme où nous a précipités l'Empire... En moins de deux mois, deux cent vingt-cinq mille hommes ont été livrés à l'ennemi : sinistre épilogue du coup de main militaire de décembre.

» Il est temps de nous ressaisir, citoyens, et sous l'égide de la République que nous sommes décidés à ne laisser capituler ni au dedans ni au dehors, de puiser, dans l'extrémité même de nos malheurs, le rajeunissement de notre moralité et de notre virilité politique et sociale. Oui, quelle que soit l'étendue du désastre, il ne nous trouve ni consternés, ni hésitants.

» Nous sommes prêts aux derniers sacrifices, et, en face d'ennemis que tout favorise, nous jurons de ne jamais nous rendre. Tant qu'il restera un pouce du sol sacré sous nos semelles, nous tiendrons ferme le glorieux drapeau de la Révolution française.

» Notre cause est celle de la justice et du droit : l'Europe le voit, l'Europe le sent..., elle s'est émue, elle s'agite.

» Pas d'illusions ! ne nous laissons ni alanguir ni énerver, et prouvons, par des actes, que nous voulons, que nous pouvons tenir de nous-mêmes l'honneur, l'indépendance, l'intégrité, tout ce qui fait la patrie libre et fière. »

*
* *

Proclamation de Gambetta après Coulmiers

« Soldats de l'armée de la Loire,

» Votre courage et vos efforts nous ont enfin ramené la victoire, depuis trois mois déshabituée de nos drapeaux ; la France en deuil vous doit sa première consolation, son premier rayon d'espérance. Je suis heureux de vous apporter, avec l'expression de la reconnaissance publique, les éloges et les récompenses que le gouvernement décerne à vos succès. Sous la main de chefs vigilants, fidèles, dignes de vous, vous avez retrouvé la discipline et la force ; vous nous avez rendu Orléans, enlevé avec l'entrain de vieilles troupes, depuis longtemps accoutumées à vaincre.

» A la dernière et cruelle injure de la mauvaise fortune, vous avez montré que la France, loin d'être abattue par tant de revers inouïs jusqu'à présent dans l'histoire, entendait répondre par une générale et vigoureuse offensive.

» Avant-garde du pays tout entier, vous êtes aujourd'hui sur le chemin de Paris ; n'oublions jamais que Paris nous attend, et qu'il y va de notre honneur de l'arracher aux étreintes des barbares qui le menacent du pillage et de l'incendie.

» Redoublez donc de confiance et d'ardeur ; vous connaissez maintenant nos ennemis. Jusqu'ici leur supériorité n'a tenu qu'au nombre de leurs canons ; comme soldats, ils ne vous égalent ni en courage, ni en dévouement ; retrouvez cet élan, cette furie française qui ont fait notre gloire dans le monde et qui doivent aujourd'hui nous aider à sauver la patrie. Avec des soldats tels que vous, la République sortira triomphante des épreuves qu'elle traverse, car, après avoir organisé la défense, elle est en mesure, à présent, d'assurer la revanche nationale. »

*
* *

Extrait d'une lettre du lieutenant-colonel Rouget

« Boiscommun, 29 novembre.

» ....

» Hier, nous nous sommes battus sur la propriété de la Ravellière, près de Saint-Loup-aux-Vignes et de Montbarrois. L'affaire, qui a commencé à sept heures du matin, a fini à neuf heures et demie du soir. Jamais de ma vie je n'ai entendu pareille fusillade ni vu une troupe tenir comme l'a fait mon régiment.

» Gloire à lui ! De l'avis de tous les généraux, les hommes des Deux-Sèvres se sont admirablement conduits. Je les ai tenus en main tout le temps. De ma vie je n'ai couru pareil danger. On nous a dirigés sur une ville barricadée, Beaune-la-Rolande, à six heures et demie.

» J'ai voulu y pénétrer le premier avec mon régiment. Les Prussiens n'ont pas tiré d'abord sur nous, et à vingt-cinq pas, ils nous ont envoyé une grêle atroce de balles.

» Mon pauvre cheval Mustapha m'a sauvé la vie ; mais en tombant frappé à mort, il m'a pris la jambe droite et je suis resté là un instant ; mais enfin j'ai pu me dégager et suis sain et sauf.

» Malheureusement nous avons subi des pertes ; je ne les connais pas encore toutes.

» Ce pauvre de Gaulier est grièvement blessé ; de Parsay a le bras traversé sans gravité ; Poupard a eu le mollet percé par une balle ; de Chazelles a une contusion légère ; les autres me sont inconnus et je n'ai pas encore tous les renseignements.

» Fais dire à M. Ricard que je vais lui écrire aussitôt que j'aurai tous les détails.

» Ce qui m'a fait plaisir, c'est la confiance que mes hommes m'ont témoignée. Le soir, à neuf heures et demie, quand je suis sorti dans la rue, mes soldats m'ont reconnu et entouré en criant : *Vive notre colonel !* Ils me serraient les mains, les officiers m'embrassaient.

» Mon général de brigade et mon général de division m'ont sauté au cou... Je pleurais comme un enfant.

» ....

» Léon Rouget. »

(*Mémorial des Deux-Sèvres*, 12 décembre 1870.)

*
* *

Déposition du général Borel devant la Commission d'enquête parlementaire sur les actes du gouvernement de la Défense Nationale.

« La délégation a été pour nous sévère et même injuste. Ce n'est pas une raison pour que nous ne lui rendions pas justice. Il faut rendre justice à l'Administration de la Guerre, elle a rendu de très grands services et a fait tout ce qu'il était matériellement possible de faire... Il y a eu un homme (M. de Freycinet) qui sous le titre modeste de délégué à la Guerre, a rendu d'immenses services dont on ne lui est pas reconnaissant parce qu'il n'a pas réussi. »

Le général Borel a été successivement chef d'état-major général de d'Aurelle de Paladines et de Bourbaki jusqu'au 1er février 1871.

*
* *

Forces organisées et mises en ligne par la Délégation

« 550,000 fantassins, 32,000 cavaliers, 46,000 artilleurs servant 1,400 canons attelés. Ce résultat obtenu en quatre mois représente une moyenne de deux régiments et de deux batteries par jour. C'était plus particulièrement l'œuvre du général de Loverdo, directeur de l'infanterie et de la cavalerie, et du colonel Thoumas, directeur de l'artillerie.

*
* *

Ministre de la guerre à d'Aurelle

« Tours, 14 octobre 1870.

» Puisque vous le désirez, bornez-vous au commandement des 15e et 16e corps d'armée... nous nous chargerons des rapports avec les préfets et les commandements supérieurs généraux (corps nouveaux). Ces pouvoirs étendus vous avaient été donnés pour vous faciliter la tâche. »

« Ainsi que M. Gambetta vous l'a télégraphié cette nuit, nous avons dû, en présence de votre dépêche d'hier au soir 10 h. 20, renoncer à la magnifique partie que nous nous préparions à jouer (la prise d'Orléans) et que, selon moi, nous devions gagner. Mais puisque nous devons renoncer à vaincre étant deux contre un, alors qu'autrefois on triomphait un contre deux, n'en parlons plus et tâchons de tirer le meilleur parti possible de la situation.

» De Freycinet. »

*
* *

Ministre de la guerre à d'Aurelle

« Tours, 23 novembre.

» J'ai lu avec la plus grande attention votre lettre de ce jour que m'a apportée votre officier de l'Etat-major général. A vos objections, dont je ne méconnais pas la portée, je ferai cette simple réponse : si vous m'apportiez un plan meilleur que le mien, ou même si vous m'apportiez un plan quelconque, je pourrais abandonner le mien et révoquer mes ordres.

» Mais depuis douze jours que vous êtes à Orléans, vous ne nous avez, malgré les invitations réitérées de M. Gambetta et de moi, proposé aucune espèce de plan.

» Vous vous êtes borné à vous fortifier à Orléans, selon nos indications, après avoir commencé par déclarer que la position n'y serait pas tenable.

» Votre avis sur ce point, je me plais à le reconnaître, paraît s'être grandement modifié, puisque vous désirez ne plus abandonner vos lignes.

» Malheureusement le désir que je comprends n'est pas réalisable. Des nécessités d'ordre supérieur nous obligent à faire quelque chose et par conséquent à sortir d'Orléans. Ainsi que M. Gambetta et moi nous vous l'avons expliqué, Paris a faim et veut être secouru. Il ne dépend donc pas de nous de vous laisser passer l'hiver à Orléans. Je dis : passer l'hiver, car il n'y a guère de chance que la saison devienne moins mauvaise, pendant trois ou quatre mois, qu'elle l'est en ce moment, et que l'ennemi soit moins nombreux autour de vous. Or, le nombre des prussiens d'un côté et l'humidité du sol d'un autre côté sont les deux objections que vous mettez en avant. Elles subsisteront, je le répète, beaucoup plus longtemps que Paris n'aura de vivres pour se nourrir. Il faut donc sortir de l'immobilité où le salut suprême de la patrie nous oblige à ne pas rester.

» De Freycinet. »

*
* *

Général d'Aurelle au Ministre

« 4 décembre, 4 h. du matin.

» ... Il n'y a plus lieu de faire de plan de campagne. Je dois même vous déclarer que je considère la défense d'Orléans comme impossible. Quelque pénible que soit une pareille déclaration, c'est un devoir pour moi de la porter à votre connaissance, parce qu'elle peut épargner un grand désastre. Si nous avions du temps devant nous pour nous réorganiser et nous remettre on pourrait essayer, mais l'ennemi sera demain sur nous et, je vous le répète avec douleur, mais avec une profonde conviction, nos troupes ne tiendront pas. »

*
* *

Réponse du Ministre

« Tours, 4 décembre, 5 h. du matin.

» Votre dépêche de cette nuit me cause une douloureuse stupéfaction. Je n'aperçois dans les faits qu'elle résume rien qui soit de nature à motiver la résolution désespérée par laquelle vous terminez... L'évacuation dont vous parlez serait par elle-même et en dehors de ses conséquences militaires, un immense désastre. Ce n'est pas au moment où l'héroïque Ducrot cherche à venir vers nous que nous devons nous retirer de lui. L'heure d'une telle extrémité ne me parait pas encore avoir sonné !... Rappelez à vous les 18e et 20e corps, dont on me parait ne s'être pas assez occupé ; resserrez les 15e, 16e et 17e corps ; utilisez vos lignes dont vous-même, naguère, me vantiez la puissance, et opposez dans ces lignes une résistance indomptable... »

*
* *

Général d'Aurelle au Ministre

« 4 décembre, 8 h. du matin.

» Je suis sur les lieux et mieux en état que vous de juger de la situation. C'est avec une douleur non moins grande que la vôtre que je me suis déterminé à prendre cette résolution extrême... Malgré tous les efforts que l'on pourrait tenter encore, Orléans tombera fatalement ce soir ou demain entre les mains de l'ennemi. »

CHAPITRE V

LA DEUXIÈME ARMÉE DE LA LOIRE

Orléans aux mains de l'ennemi, les trois portions de l'armée de la Loire se replièrent avec des fortunes diverses ; le 15e corps, moins éprouvé par la défaite que par l'inutilité de ses récents efforts, passa la Loire dans le plus grand désordre, sans détruire le pont de pierre et ne s'arrêta qu'à Salbris avec d'Aurelle ; les 20e et 18e corps gagnèrent également la rive gauche par les ponts de Jargeau et de Sully, sans autre contribution à la défense d'Orléans qu'une courte tentative du 20e corps à Pont-aux-Moines ; seuls les 16e et 17e corps restaient avec Chanzy sur la rive droite de la Loire et allaient soutenir avec une ténacité inoubliable le choc de l'armée allemande victorieuse ; et rien ne montre mieux l'action morale d'un vrai chef sur ses soldats que l'ordre et la cohésion qui se rétablissaient graduellement, dès le 6 décembre au soir, dans les deux corps d'armée habilement disposés de Beaugency à Poisly, par Lorges et Villorceau.

La première armée organisée sur la Loire se trouvant rompue de fait, coupée en deux par l'ennemi, le gouvernement décida, ce même jour, de former deux armées de la Loire, la première, aux ordres de Bourbaki, avec 100,000 hommes (15e, 18e, 20e corps) ; la deuxième, aux ordres de Chanzy. avec 120,000 hommes (16e, 17e et 21e corps), plus la colonne mobile de Tours commandée par le général Camô (12,000 hommes). Le 21e corps récemment formé, était commandé par le capitaine de vaisseau Jaurès ; le 4e bataillon des mobiles des Deux-Sèvres, après avoir fait partie d'une colonne mobile commandée par le général Fièreck et chargée de défendre la ligne de Nogent-le-Rotrou-Châteaudun, avait été rattaché au 21e corps (division Rousseau).

Au moment où s'ouvre cette campagne de la deuxième armée de la Loire, dont les retraites concertées sont plus glorieuses que des victoires, il convient d'esquisser le portrait du général qui sut forger, avec des matériaux ondoyants et divers, l'outil excellent dont l'ennemi lui-même a reconnu la trempe.

Chanzy avait 47 ans ; c'est l'âge où l'on recueille tout le fruit de son expérience. Mousse d'abord, puis élève de Saint-Cyr, chef de bureau arabe, chef de bataillon pendant la guerre d'Italie, chargé de négociations pendant la campagne de Syrie, général de brigade en 1868, la diversité de ses attributions avait développé en lui une intelligence très avertie de tout ce qu'on peut réclamer des circonstances, obtenir des soldats, même après les pires désastres. Certes, les troupes de la 2e armée de la Loire n'étaient pas supérieures en nombre et en qualité aux troupes de la 1re armée, commandée par Bourbaki ; mais l'ardeur réfléchie du général Chanzy forma et maintint une âme commune ; il fallut une coalition inouïe d'intempéries, de malechances, de maladresses venues d'ailleurs, pour briser finalement l'effort de notre armée la meilleure et de notre meilleur capitaine.

Etudiez son portrait : La physionomie, qui vous attire lentement, exprime l'énergie et la finesse, une assurance voilée qui sourit dans les yeux. On sent sous le charme toute la solidité de la race ardennaise ; une intelligence que la volonté soutient et renouvelle, adapte résolument aux circonstances les plus contraires ; il est des heures en effet où il faut poursuivre l'avantage, et c'est ce qu'ignore d'Aurelle après Coulmiers, et des heures où il faut savoir reculer, ce qu'ignore Mac-Mahon à Frœschwiller. Chanzy sait la valeur de l'offensive, et le moment précis où la retraite s'impose ; d'ailleurs, quand il se replie, c'est pour se concentrer, se refaire, repartir du Mans sur Vendôme, sur Paris, s'il est possible, d'un bond plus vigoureux et plus certain. Enfin, si l'intelligence et la volonté du général manifestent des ressources toujours neuves, c'est qu'elles se puisent aux sources du patriotisme exalté qui animait en même temps Gambetta. Dans l'éloquence enflammée du tribun comme dans les instructions tactiques du général, on sent battre un même cœur, on retrouve la même confiance irréductible au triomphe final de la justice et de la patrie dont les causes sont confondues.

Les lignes de Josnes (7, 8, 9, 10 décembre)

Le but de Chanzy était double : contenir les allemands qui ne pouvaient manquer de le poursuivre, et demeurer à même de se reporter sur Paris, quand la première armée de la Loire réorganisée pourrait collaborer à l'offensive. Voici quelles étaient les dispositions prises dès le soir du 5 décembre : le 21e corps, aux ordres de Jaurès, devait occuper Marchenoir sur la gauche, avec l'appui des francs-tireurs de Lipowsky pour éclairer les débouchés ; le 17e corps s'étendait de Villejouan jusqu'à Loynes ; le 16e corps formait la droite et protégeait Beaugency concurremment avec la division Camô.

Le 6, au matin, le général en chef se porta au secours d'un régiment de gendarmerie qui, surpris par une forte reconnaissance, se repliait de Meung ; mais son arrivée rétablit nos affaires, et l'ennemi n'osa pas s'aventurer au delà de Foinard.

Le 7, dans la matinée, une division du 21e corps repoussait à Vallières une reconnaissance de 5,000 hommes et s'emparait de Binas ; sur la droite, la division Deplanque du 16e corps, reprenait Langlochère, Baulle, et dégageait Foinard ; la lutte dura jusqu'à la nuit ; nos canonniers, réattaqués en pleine obscurité, se défendirent à coups de crosse et restèrent en possession de leurs pièces. Au centre, la division Roquebrune s'emparait de Cravant et Beaumont, prête à poursuivre ses avantages, si le général en chef, la jugeant trop en flèche, n'eût donné l'ordre de s'arrêter ; tous les corps engagés reprirent les positions du matin.

BEAUGENCY. — Le 8, avant le jour, nos troupes avaient à repousser une attaque sur tout le front ; sur la gauche, le 21e corps contint vigoureusement les mecklembourgeois ; les mobiles de l'Orne se maintinrent dans la ferme de La Motte ; vers 2 heures, les mobilisés de la Sarthe forcèrent l'ennemi à reculer ; au centre, Jauréguiberry portait ses troupes jusqu'à Cravant, jusqu'à Mée, puis, vers 3 heures, appelant à lui les mobiles de l'Yonne et du Cantal, s'emparait de Beaumont en faisant un assez grand nombre de prisonniers. Sur la droite, les résultats défavorables compromettaient le succès de la journée ; la division Camô avait fléchi, abandonné Vernon, puis, vers 4 heures, Beaugency. Toutefois, cette petite ville fut, dans la soirée du 8, réoccupée et défendue avec vigueur par les francs-tireurs des Deux-Sèvres ; les prussiens, croyant avoir affaire à des troupes plus nombreuses, battirent en retraite en laissant aux mains de nos compatriotes quelques prisonniers.

Somme toute, l'armée française avait opposé une telle résistance au grand duc de Mecklembourg qu'il appela le soir même à son aide le prince Frédéric-Charles. Ce dernier, laissant seulement en Sologne quelques escadrons que Bourbaki aurait pu facilement forcer, donna immédiatement l'ordre au Xe corps de gagner Meung; le lendemain il était investi par le grand état-major du commandement de toutes les troupes sur la Loire.

Le 9, toute la matinée fut occupée à rectifier la ligne de bataille, brisée par le recul de la division Camô ; la droite s'établit sur les hauteurs qui dominent le ruisseau de Tavers, la gauche s'installa à Lorges ; quant au centre, vivement pressé par le général Wittich, il se replia lentement sur Villejouan ; le calme était à peu près complet, quand vers trois heures, Chanzy et Jauréguiberry, qui organisaient des travaux de défense, virent des masses profondes d'allemands s'avancer sur le ravin de Tavers ; la brigade Bourdillon les contint jusqu'à la nuit ; deux régiments prussiens multiplièrent les attaques sans effet appréciable. Vers le centre, l'effort combiné des bavarois et des prussiens refoulait le 17e corps de Cernay, Villorceau, Villemarceau et Villejouan ; même Origny nous était enlevé, et le quartier général de Josnes se trouvait à découvert. Le soir même, Chanzy donnait l'ordre de reprendre Origny qui fut conquis par la 2e division du 17e corps ; les prussiens surpris laissèrent entre nos mains 200 prisonniers.

Ce même jour, à six heures du soir, le Ministre de l'intérieur et de la guerre, Gambetta, était arrivé au quartier général de Josnes où il passa la nuit. Il assista à une partie de la bataille et se rendit compte de l'énergie avec laquelle l'armée de la Loire enrayait les progrès de l'ennemi ; la sympathie s'accrut encore entre le général et le Ministre qu'animait le même espoir et qui devaient, à peu près seuls, conserver jusqu'au bout, jusqu'après le Mans et Héricourt, le souci irréductible de la défense.

Pour l'heure présente, deux solutions se présentaient ; continuer la lutte sur les positions occupées en escomptant une diversion tentée par le général Bourbaki, ou bien battre en retraite pour se reconstituer derrière le Loir ou la Sarthe. Malheureusement, les renseignements donnés par Gambetta sur la première armée de la Loire et sur les dispositions négatives de son général en chef excluaient toute idée d'un concours prochain ; d'autre part, le gouvernement de Tours avait déjà résolu de se reporter à Bordeaux ; dans ces conditions, Chanzy,

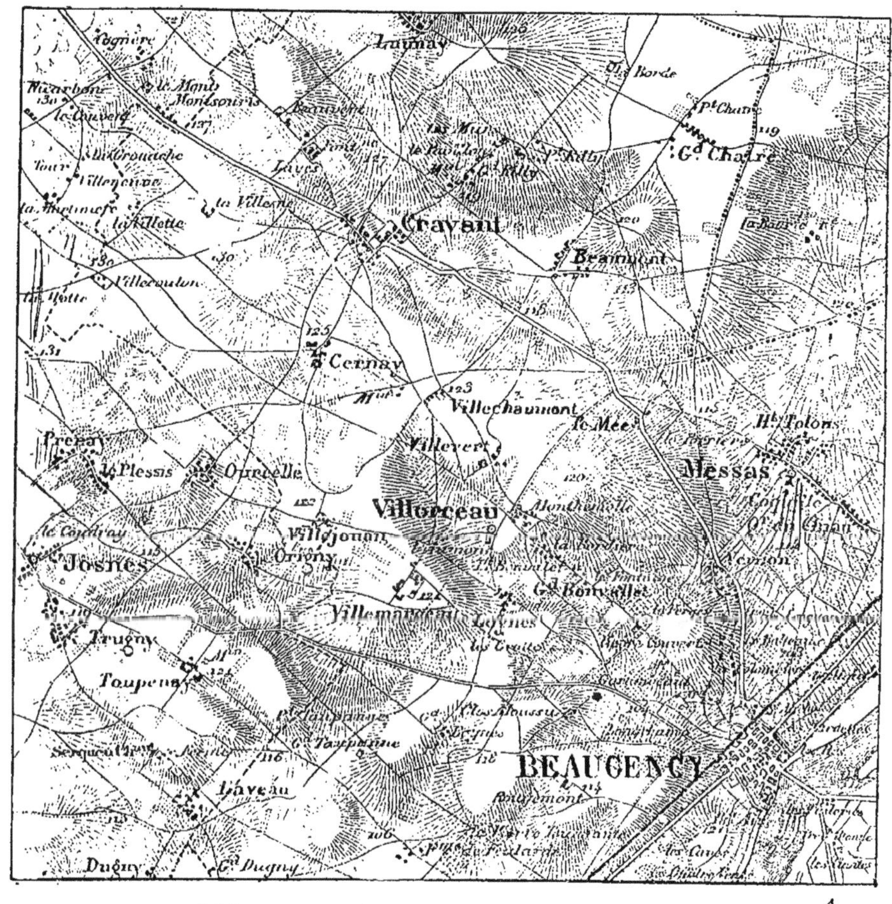

JOSNES — VILLORCEAU — BEAUGENCY $\frac{1}{80.000}$

craignant d'être tourné vers la droite, décida la retraite derrière le Loir, tout en préparant une dernière journée de résistance d'où sortirait peut être le salut.

Le 10, l'ordre du jour portait que l'amiral Jauréguiberry (16e corps) se maintiendrait à Tavers dont la position était solide, que le 17e corps au centre défendrait Origny, qu'enfin le 21e corps, trop en flèche se reporterait sur Poisly-Lorges. Toute la matinée et l'après-midi, le colonel de Jouffroy se maintint à Origny, malgré le feu des batteries allemandes établies à Villorceau et Villechaumont (1) ; le général Rousseau, sur la gauche, poussa jusqu'à Ouzouër-le-Marché que les allemands durent évacuer ; l'amiral, comme de coutume, ne fléchit pas d'une ligne. La journée avait été si ferme, les troupes avaient montré un tel entrain que Chanzy, recouvrant l'intégrité de sa confiance, envoya le 10 au soir, à Gambetta, qui se trouvait alors à Bourges, le télégramme suivant : « Le mouvement qui s'impose est le suivant : marcher de Bourges sur Vierzon ; pousser le gros de la première armée par Romorantin sur Blois ; prendre position entre la Loire et le Cher pour couper les communications de l'ennemi entre Orléans et son armée engagée sur Tours. Si ce mouvement se fait, je me charge de tenir sur la rive droite de la Loire. » Gambetta, qui n'avait pu communiquer à Bourbaki sa fièvre d'enthousiasme et d'activité répondit que le général en chef ne croyait pas son armée en état d'entreprendre une opération importante. La retraite s'imposait, d'autant plus que la crainte d'être tourné par les allemands se confirmait à la lecture d'une dépêche du général Maurandy, annonçant le 10 au soir, l'occupation de Chambord par un régiment hessois (2).

Avant de quitter les lignes de Josnes, ce terrible « corps à corps » de quatre jours que les allemands appellent bataille de Beaugency, nous devons signaler la résistance tenace, indomptable, d'une armée souvent débordée et toujours prête, brisée sur une aile et victorieuse sur une autre, animée d'une telle vitalité que l'échec de la veille se trouve réparé le lendemain. En quatre jours, par une exceptionnelle entente du chef, des colonels et des soldats, la deuxième armée de la Loire avait cédé aux troupes du grand duc de Mecklembourg six kilomètres et en avait regagné deux ; et sans la surprise de Chambord et Blois découvert, sans l'inaction obstinée de Bourbaki, Chanzy, comme il l'écrit lui-même, aurait prolongé une défensive si bien concertée qu'elle usait tous les ressorts de l'attaque.

(1) Le colonel américain Burr-Porter, arrivé la veille comme chef d'état-major de la 3e division du 17e corps, fut blessé mortellement en entraînant les troupes. Il expira dans la nuit.

(2) « Dans la nuit, toutes les troupes évacuèrent Blois, se repliant sur Amboise. Nous partîmes les derniers.

» Commandant POINSIGNON. »

Vendôme (13, 14, 15 décembre)

Le 11, la retraite commenca à deux heures du matin ; l'ennemi, qui n'avait rien deviné, demeura à peu près immobile. Vers trois heures, toutes les troupes étaient sur les positions assignées. Le 21e corps devait gagner Vendôme par Fréteval, le 17e corps par Oucques, le 16e par Selommes ; la colonne mobile de Tours, général Camô, devait tenir Blois le plus longtemps possible et se reporter sur Saint-Calais par Montoire. Le 11, Chanzy, qui sentait le péril d'une retraite en pays plat et dont l'espoir d'offensive était toujours vivace, télégraphiait à Bourbaki : « Nous nous battons depuis onze jours, et nous tenons ici depuis le 6, contre le gros des forces ennemies. Les prussiens menaçent Blois et Tours, et cherchent à tomber sur le flanc de mon armée. Une marche de vous sur Blois peut me dégager de cette situation critique. Je vous demande instamment de la faire. Prévenez-moi. » Bourbaki continua de se retrancher derrière l'état de ses troupes auxquelles la marche et la lutte valaient cependant mieux, comme elles le montrèrent à Villersexel, que de croupir dans les marais du Berry, de s'énerver au choc multiplié des mauvaises nouvelles.

En se reportant sur Vendôme, Chanzy comptait refaire l'armée et surveiller Chartres ; l'idée de contribuer au déblocus de Paris ne le quittait pas. Le 13 au soir, l'armée bivouaquait sur un large front de 30 kilomètres, du côté d'Oucques et de Fréteval. Le premier soin du général en chef fut d'évacuer les malades sur le Mans, et de faire cantonner les troupes, conformément à une décision tardive du gouvernement de Bordeaux. Mais les malades occupant la majeure partie des villages et des fermes, les soldats indemnes durent continuer à bivouaquer sur un terrain glacé ou boueux tour à tour, à subir des intempéries qui devaient épuiser finalement toutes les réserves du courage.

FRÉTEVAL. — Jusqu'au 13, le chef de l'armée allemande, le prince Frédéric-Charles, dont le quartier général était à Orléans, avait été en proie à de grandes perplexités, il n'osait donner de toutes ses forces contre Chanzy dans la crainte malheureusement vaine que Bourbaki ne le surprît de flanc ou d'arrière. Rassuré sur les intentions du commandant en chef de la 1re armée de la Loire, il ordonna, le 14, de porter toutes les troupes en avant sur la ligne Morée-Fréteval-Lignères. Lignères fut perdu, puis Fréteval, malgré l'énergie du commandant Collet, blessé à mort vers le soir; Morée, défendu par le général Rousseau, ne fut pas entamé.

Le 15, la position importante de Fréteval, sur la gauche, était reconquise par le 21e corps (Jaurès); la position de Saint-Amand, sur la droite, vigoureusement maintenue par le 16e corps (Jauréguiberry); mais, au centre, le 17e corps (de Colomb) perdait Bel-Essort et compromettait Vendôme. D'ailleurs, nos meilleures troupes des deux ailes étaient recrues de fatigue, se soutenaient par miracle; il paraissait difficile de leur imposer à nouveau l'effort des lignes de Josnes. Cependant Chanzy ne voulait pas reculer : « le commandant en chef était tellement convaincu que les allemands étaient eux-mêmes à bout de forces, et qu'il n'y avait pas à craindre de leur part d'effort sérieux pour le lendemain, qu'il résolut de se maintenir sur ses positions, préoccupé d'ailleurs des effets d'une retraite précipitée qui, dans la situation présente, pouvait amener un désastre en donnant aux troupes la possibilité d'une nouvelle débandade. » Les ordres donnés le 15 au soir répondaient à la double éventualité de la résistance et de la retraite.

Le 16, à cinq heures du matin, les généraux de division impressionnés par l'aspect des soldats qu'une nouvelle nuit glaciale avait plus affectés qu'une bataille, insistèrent pour une marche rétrograde dont il leur paraissait dangereux de reculer l'échéance. Conformément aux instructions éventuelles qui avaient été rédigées la veille, le 21e corps se porta sur Vibraye; le 17e sur Saint-Calais, et le 16e sur Montoire; tous les ponts au-dessus de Fréteval et de Vendôme devaient être détruits. Le 16 au soir, toute l'armée était repliée sur la ligne Montoire-Mondoubleau; le Xe corps allemand occupait Vendôme.

Le 17, le 16e corps gagnait Grand-Lucé, le 17e Ardenay, le 21e Breil et Thorigné. A l'extrême gauche, vers Droué, la division Gougeard, brusquement attaquée par une division de cavalerie et d'abord prise de panique, se ressaisit d'une telle vigueur, sous l'influence de son chef, qu'elle bouscula les allemands et leur prit tout leur butin. Le 18, la retraite continua par un temps favorable; le 19, l'armée atteignait le Mans où Chanzy établissait son quartier général, ne gardant que les régiments de gendarmerie dans l'intérieur de la ville, et répartissant les troupes en avant de Montfort à Jupilles. Le prince Frédéric-Charles, toujours inquiet sur les mouvements intestins de la Sologne, avait repris le chemin d'Orléans avec la presque totalité de ses corps d'armée, plus soucieux d'occuper fortement Blois et Tours que de poursuivre une armée décidément inexpugnable. Voici l'appréciation concordante que nous empruntons à Chanzy et à von der Goltz : « L'ennemi, dit le général français, était devenu de moins en moins entreprenant ; il était facile de voir que, pas plus que les nôtres, ses troupes n'avaient pu résister à la fatigue ; ses hommes étaient, eux aussi, grandement démoralisés par cette persistance d'une lutte qui se reproduisait constamment alors qu'ils la croyaient terminée ; le désordre se mettait parfois dans ses colonnes, malgré sa solide organisation et sa discipline..... Il y avait dans ces circonstances les chances d'un succès certain si nous avions eu alors, sur nos derrières, quelques troupes fraîches et une réserve solidement organisée, ou bien s'il eût été possible au général Bourbaki de faire une diversion qui eût maintenu sur la Loire une partie des corps avec lesquels le prince Frédéric-Charles s'acharnait contre la deuxième armée. »

D'autre part, nous lisons dans la relation de von der Goltz : « La lutte toujours fatigante et souvent indécise traînait en longueur épuisant les troupes tout autant que les chaudes affaires soutenues contre l'armée impériale..... les cadres fondaient à vue d'œil ; un corps d'armée comptait en infanterie à peine autant qu'une division au début, et les meilleurs éléments avaient disparu, fauchés par les balles ou détruits par les fatigues..... dans beaucoup de bataillons on voyait déjà des hommes nu-pieds ou chaussés de sabots et vêtus de pantalons de toile.... qu'on suppose que l'armée, en poursuivant l'ennemi, soit arrivée de marche en marche jusqu'à la Sarthe, et qu'alors, forcée par un mouvement de Bourbaki, elle ait été obligée de revenir en arrière en arpentant une fois de plus tous ces chemins, et puis on se demandera, non sans raison, si après de nouvelles marches ininterrompues près d'Orléans et sur la Loire supérieure, elle serait arrivée encore en état de combattre..... »

De part et d'autre une trêve était la bienvenue ; mais tandis que les allemands purent, dans des cantonnements spacieux, refaire leurs forces et se gorger des vivres qu'une méthode implacable arrachait aux habitants, nos malheureux soldats, campés sous des tentes misérables, entassés dans les bivouacs pour faciliter les approvisionnements, ne reconstituèrent qu'à demi leur énergie physique et morale abattue par tant de revers. Les fêtes de Noël et du nouvel An passèrent pour les nôtres avec un surcroît d'amertume ; elles furent célébrées par nos adversaires aux bords de la Loire, avec un redoublement d'hymnes et de confort, dans la double ivresse de la bonne chère et de la victoire également nécessaires au génie complexe des allemands.

LES COLONNES MOBILES. — Le plan de Chanzy était net : reconstituer l'armée au moral et au physique, puis la reporter du côté de Paris. Mais il fallait se hâter, car les dépêches fixaient au 20 janvier la limite des approvisionnements de la capitale. Sans doute, dans la pensée du général, la chute de Paris ne devait pas amener la fin de la lutte, mais en libérant les forces allemandes occupées au siège, ce désastre aurait encore diminué nos chances de résurrection.

Pour réaliser le déblocus, il fallait à Chanzy le concours de Faidherbe et de Bourbaki, assurer de plus ses lignes de communication et de retraite. Il écrivit dans ce sens une longue lettre à Gambetta, qui organisait alors la défense à Lyon (23 décembre). Le 29, il reçut une réponse du Ministre de la guerre qui lui annonçait la transformation de la première armée de la Loire en armée de l'Est destinée à délivrer Belfort et à couper les communications de l'ennemi. Chanzy, sentant ce que le mouvement de Bourbaki avait de chanceux, d'excentrique et de dilatoire, demanda avec insistance qu'il fût ramené et resserré sur Châtillon-sur-Seine. Mais au moment où le commandant de Boisdeffre, porteur de la lettre et d'instructions verbales complémentaires arrivait à Bordeaux le 2 janvier, le général Bourbaki s'installait à Dôle, et le 3 janvier Faidherbe, bien que vainqueur à Bapaume, donna l'ordre de la retraite dans la crainte d'être enveloppé. Six jours après, Péronne, la clef de la Somme, capitulait.

Le mouvement simultané sur Paris devenait inexécutable ; la deuxième armée de la Loire n'avait plus qu'à se réorganiser sur les positions du Mans, soit pour y tenir tête à l'ennemi, soit pour tenter dans la direction de Paris, si les circonstances le permettaient, une pointe rapide et vigoureuse.

En attendant, il fallait éviter tous les dissolvants de l'inaction, maintenir la tension des troupes, pratiquer une offensive habile et circonscrite, d'où la conception et l'emploi des colonnes mobiles.

Dès le 23 décembre, Chanzy avait constitué deux fortes colonnes, l'une que le général Jouffroy-d'Abbans devait porter le long du Loir jusqu'à Vendôme, l'autre qui devait avec le général Rousseau gagner Nogent-le-Rotrou. La colonne Jouffroy livra avec succès, le 27, les combats de Saint-Quentin et de Troo ; comme les allemands se retiraient précipitamment dans la direction de Montoire, les trois bataillons du 70e mobiles (Lot) se mirent à leur poursuite, traversèrent Montoire au pas de charge et capturèrent deux caissons, sept voitures et quelques prisonniers.

Dès le lendemain, le général Jouffroy continuait sa marche sur Vendôme, et le 31, s'emparait de la gare et des premières maisons ; nous campions le soir sur les positions conquises ; mais, vers deux heures du matin, apprenant l'échec sur la gauche des troupes du colonel Thierry et craignant de ne pouvoir résister avec avantage, il donna l'ordre peut être prématuré et certainement désastreux de la retraite, car les colonnes des généraux Barry et de Curten dont on pouvait utiliser le voisinage durent se replier à leur tour.

D'autre part, la colonne Rousseau arrivait le 31 décembre devant Courtalin et enlevait le village avec un élan remarquable. Les allemands s'enfuirent dans un tel désordre qu'ils abandonnèrent leurs sacs et leurs armes. Quant au général de Curten, il refoulait vigoureusement à Lancé une reconnaissance ennemie trop entreprenante et faisait 19 prisonniers. En résumé, le 3 janvier, nous étions maîtres de la ligne Montoire-Authon, avec l'avant-garde du général Rousseau à La Fourche, du général Jouffroy sur la Braye, et la division de Curten à Château-Renault. Le prince Frédéric-Charles, appelant à lui dès le 1er janvier toutes les troupes réparties sur la Loire en les remplaçant par des emprunts aux IIe et VIIe corps, décidait de porter sur le Mans, en quatre colonnes, son armée de 58,000 fantassins, 16,000 cavaliers, 324 bouches à feu. Les destinations pour le 6 étaient Brou, Vendôme, Montoire et Morée ; pour le 9, Parigné, Ardenay, Bouloire, Saint-Mars-le-Baupré.

La Fourche (3 janvier) — **Saint-Amand** (6 janvier)

Le 3 janvier, les troupes du général Rousseau, renforcées du 4e bataillon de mobiles des Deux-Sèvres, arrivé du Mans par le chemin de fer, s'établirent autour de Nogent. Elles gardaient les positions de La Fourche (1), de La Gaudaine et de Souancé ; sur la droite, étaient les francs-tireurs de Cathelineau et, sur la gauche, ceux de Lipowski.

Le 5 janvier, une reconnaissance ennemie, forte d'un régiment d'infanterie et d'une batterie, se heurta à nos positions de La Fourche et dut, après un combat de deux heures, se retirer avec des pertes sensibles. Le 6, dès neuf heures du matin, une avant-garde prussienne recommença l'attaque et fut repoussée (2) ; les têtes de colonne qui suivaient n'eurent pas plus de succès ; mais, vers deux heures, les mecklembourgeois, forts enfin de 14,000 hommes et de 3 batteries, réussirent à déloger le général Rousseau sur la gauche après nous avoir enlevé trois pièces. Pour les reconquérir, le général envoie successivement le 13e bataillon de chasseurs à pied, trois compagnies du bataillon des Deux-Sèvres, deux du 58e, les francs-tireurs qui sont dans le voisinage. Ces efforts multipliés, l'énergie des chasseurs à pied et des mobiles des Deux-Sèvres n'aboutissent pas à refouler la masse puissante de l'ennemi ; il faut abandonner les canons. En revanche, l'effort des mecklembourgeois pour dépasser La Fourche est également enrayé. La nuit venue, le général Rousseau se retira à hauteur de Margon, en avant de Nogent-le-Rotrou.

Ce qui montre bien la vigueur déployée au combat de La Fourche par nos compatriotes, c'est le chiffre élevé des pertes éprouvées par le 4e bataillon. Nous comptions 1 officier tué, 3 blessés ; 11 soldats tués (3), 56 blessés. L'officier atteint mortelle-

(1) La Fourche est un village situé à l'embranchement des routes de Chartres et de La Loupe à Nogent-le-Rotrou, à 20 kilomètres de Nogent.

(2) Nos avant-postes se composaient de 3 compagnies du 4e bataillon des Deux-Sèvres, du 13e bataillon de chasseurs à pied appuyés de 3 petites pièces d'artillerie.

(3) Nous trouvons le capitaine Leblanc, le sous-lieutenant Tachet, de la 6e compagnie, grièvement blessés et, au nombre des tués, le sergent-major Fillion.

ment était l'aide-major Festy, frappé d'une balle au chevet d'un blessé, dans son ambulance, pendant l'attaque de La Fourche. On rapprochera tout naturellement les noms de l'aide-major Moreau, tombé à La Bourgonce, et de l'aide-major Festy, tombé à La Fourche, dans des conditions analogues de fidélité au devoir et de dévouement.

Tandis que la colonne Rousseau avait, somme toute, vaillamment résisté sur la gauche, la colonne de Curten, sur la droite, ne montrait pas une moindre vigueur. Le 6, elle s'engageait tout entière sur la ligne de Villechauve à Saint-Cyr-du-Gault ; la colonne Jobey, longtemps arrêtée devant Villethion, l'emportait enfin à la baïonnette, aidée d'un côté par la batterie du capitaine Desvallons, et de l'autre par la cavalerie du colonel Lacombe. Le duc Guillaume de Mecklembourg ordonna la retraite générale et nous occupâmes Saint-Amand.

Nous pouvons même ajouter que ce sont les francs-tireurs des Deux-Sèvres qui entrèrent les premiers. Après avoir, toute la journée, pris part à la bataille, aux côtés des mobiles de l'Isère et des francs-tireurs de la Sarthe, se trouvant à la nuit tombante à 3 kilomètres de Saint-Amand, ils résolurent d'occuper la ville sans attendre le lendemain. Les francs-tireurs éclairaient la marche et les bataillons de l'Isère marchaient en colonne sur la route. A 200 mètres des premières maisons, les clairons sonnèrent la charge et la colonne entra dans Saint-Amand où elle captura l'arrière-garde et les traînards. Vers deux heures du matin, le colonel Jobey, craignant un retour offensif pour le lendemain, donna l'ordre de se replier. Ainsi dans la vallée du Loir comme dans celle de l'Huisne nos avantages n'étaient pas poursuivis ; de brillants épisodes dans lesquels s'affirmait le ressort de la race n'aboutissaient qu'au recul par l'absence de cohésion. Il eût fallu, comme aux lignes de Josnes, la présence et le contact permanent du général en chef pour soutenir et concerter les énergies incontestables, mais trop courtes ou trop décousues, des généraux divisionnaires.

Le 7, à droite, de Curten maintint toute la journée ses positions de Villechauve et de Villeporcher ; mais le 8, au matin, il se reportait à Château-la-Vallière, point excentrique qui le tenait en dehors de la défense du Mans ; au centre, de Jouffroy dut abandonner Epuisay, puis Sargé ; enfin, Rousseau céda Nogent-le-Rotrou, puis le Theil, puis la Ferté-Bernard, non sans avoir, au Theil, infligé des pertes lourdes à l'ennemi. Vers une heure du matin, le ralliement s'effectuait à Connerré.

Le 8, de Curten et Barry, malgré la vigueur du 8e mobiles à Ruillé, abandonnaient les ponts du Loir, les arrière-gardes de Rousseau n'aboutissaient qu'à ralentir, vers Bellême, la poursuite des Mecklembourgeois, mais, en cours de retraite, la cavalerie de Jouffroy (éclaireurs algériens et 3e cuirassiers de marche) serrée de trop près par la cavalerie de Voigts-Rhetz, la refoula d'une si vive allure que toute la brigade tourna court et rétrograda jusqu'à Vancé. Ainsi nos différentes colonnes avaient, tour à tour, leur journée, sans jamais obtenir le succès collectif qui aurait apporté le salut.

CONNERRÉ. — Le 9, Chanzy sentant se rapprocher l'étreinte de Frédéric-Charles, dont les troupes abordaient enfin le Mans par trois directions définies, la vallée de l'Huisne, la route de Saint-Calais, la route du Grand-Lucé, résolut de retarder la marche de l'ennemi et l'échéance d'une bataille générale. Il reporta en avant le 21e corps, dont la première division occupa Connerré, le 17e corps, dont la deuxième division s'installa autour d'Ardenay, le 16e corps, qui devait établir à Château-du-Loir son quartier général et tenir fortement la route de Grand-Lucé.

La neige tombait abondamment; la vision des choses et les mouvements étaient en grande partie paralysés, l'intelligence cédait la plus large part au destin. Mais la volonté de vaincre était si forte encore chez nos mobiles, mal vêtus, mal nourris, et brisés de fatigue, qu'ils soutinrent jusqu'au soir une lutte décidément inégale (1). Tandis que la division Paris, épuisée par avance de marches et de contre-marches, ne quittait Ardenay qu'à la nuit, après une journée de fière défense, la division Rousseau, qui comprend les mobiles de la Sarthe, de la Corrèze, le 4e bataillon des Deux-Sèvres, le 13e chasseurs à pied, se maintiendra dans Connerré avec la même et solide bravoure qu'à La Fourche.

Vers le matin, le 26e de ligne, de la division Gougeard, rejeté d'abord de Thorigné, prend sa revanche en commençant d'arrêter les allemands sur la route de Connerré, puis les mobiles, sou-

(1) Pendant cette partie de la guerre, nos adversaires ne se mettaient en marche qu'après un repas aussi substantiel que possible. On leur distribuait abondamment le vin et l'eau-de-vie.

tenus par l'énergie du colonel Feugeas, résistent dans le village jusqu'à la nuit.

Sur la route de La Ferté-Bernard, les mobiles de l'Aude, postés à Vouvray, ayant fléchi sur le soir, les allemands menacent notre flanc droit. Le lieutenant-colonel Roux, le commandant Lombard, du 13e chasseurs à pied, le chef d'escadrons Dubuquoy, du 6e dragons, se mettent à la tête de leurs troupes et refoulent l'ennemi, baïonnette aux reins, jusque dans les bois. A la nuit tombante, les fusiliers marins et le 19e de ligne essaient de reprendre Thorigné ; ils échouent, mais, à neuf heures du soir, la tentative des allemands sur la route de La Ferté est arrêtée net. La retraite commença dans la nuit sur Montfort et Pont-de-Gennes, avec de telles réserves encore de courage que, le lendemain, il fallut toute la journée à la 22e division du XIIIe corps pour s'emparer de la station de Connerré que nous occupions ; quant à la 17e division, elle ne put, avec toute son artillerie, ébranler nos soldats postés à Montfort et à Pont-de-Gennes.

Le 9, sur notre droite, la division Barry, après avoir tenu bon à Chahaignes, écrasée par le nombre et la mitraille, se rejeta sur Le Mans par la route d'Ecommoy ; la division de Jouffroy, d'abord ferme et inébranlée à Maisoncelle, à Saint-Pierre-du-Lorouer, effectua sa retraite sur Grand-Lucé. Le 10, conformément aux ordres du général Chanzy qui prescrivait d'occuper et de tenir fortement les points importants de Parigné-l'Evêque et de Grand-Lucé, la brigade Pereira prend Parigné, s'y cramponne et finalement se retire ; la brigade Ribell, à Changé, se montre également vigoureuse jusqu'à cinq heures du soir, où des forces imposantes la rejettent du village ; la division de Bretagne, commandée par Gougeard, arrête net l'offensive de l'ennemi, mais ne se sentant pas soutenue, évacue Champagné, se reporte à Yvré-l'Evêque. Ainsi, le 10 au soir, le centre de l'armée allemande, à Changé-Saint-Hubert, touchait nos avant-postes, les deux ailes étaient en arrière et en retard dans un éloignement moyen de 20 kilomètres. Nous pouvions opposer à 95,000 allemands 120,000 français appuyés d'assez bonnes positions : tranchées-abris et barricades. L'espoir de vaincre était encore permis si, à tant de causes de dépression physique et morale, ne venait pas s'ajouter l'hostilité du destin (1).

(1) Du 25 novembre au 12 janvier, soit 49 jours, la colonne de

Bataille du Mans (11 et 12 janvier)

C'est l'aboutissant d'une longue période de luttes, commencée aux lignes de Josnes, poursuivie aux alentours de Vendôme, avec des succès et des revers alternés où la mauvaise chance s'obstine contre nous. Le 11, nous sommes victorieux ; le 12, nous sommes repoussés et battus ; dans la nuit du 11 au 12, l'incident de la Tuilerie déclanche en quelque sorte toutes les causes de la défaite jusque-là contenues et réprimées.

Le général Chanzy confiait l'aile droite, en avant de Pontlieue, à Jauréguiberry ; le centre (plateau d'Auvours), à de Colomb ; l'aile gauche à Jaurès, d'Yvré-l'Evêque à Sargé. Dans ses instructions du 10 au soir, sentant la partie définitive, Chanzy multipliait ses appels au courage de tous et ses précautions contre des défaillances que tant de fatigues accumulées rendaient trop faciles à prévoir : « Il faut résister à l'ennemi aussi longtemps que dureront ses efforts, avec la tenacité que la deuxième armée a mise à défendre ses lignes de Josnes... l'accès du Mans est formellement interdit à la troupe et aux officiers de tout grade. Chaque corps d'armée fera garder ses derrières par de la cavalerie pour ramasser les fuyards et empêcher toute débandade..... les fuyards seront fusillés s'ils cherchent à fuir. »

Le 11 au matin, par un temps sec et froid, Chanzy, suivi de son ordinaire escorte de spahis aux longs burnous rouges, parcourut les lignes, inspectant les positions, semant la confiance. L'action générale s'engagea lentement et isolément par suite de l'espacement des troupes allemandes ou françaises ; à l'aile gauche, Jaurès se maintint toute la journée contre les attaques réitérées du duc de Mecklembourg qui ne put s'emparer de Montfort et de Pont-de-Gennes ; une colonne allemande ayant réussi a passer l'Huisne, Jaurès la chargea et refoula en personne, à la tête du 94e de marche et des fusilliers marins ; au centre, Gougeard, ralliant la division Paris qui venait d'abandonner le plateau d'Auvours, véritable clé de notre défense, faisait sonner la charge, et, prenant la tête d'une colonne de

Jouffroy a eu 35 jours de marche, 10 jours de combat, 4 jours de repos. Du 7 décembre au 12 janvier, soit 37 jours, la colonne Rousseau a eu 27 jours de marche, 7 de combat, 3 de repos : on sait par quelle température et quelles privations !!

2,000 hommes (mobiles du Gers, mobiles des Côtes-du-Nord, zouaves pontificaux), conquérait tout le plateau malgré une fusillade à vingt pas qui abattait les premiers rangs ; sur la droite des lignes, dans le secteur Jauréguiberry, la situation était également bonne ; l'amiral avait défendu avec son habituelle vigueur Parigné-l'Evêque et Changé ; un fléchissement momentané de la division Roquebrune, vers 3 heures, avait été rapidement rectifié par la brigade Bérard qui bouscula les assaillants à la baïonnette et tint bon jusqu'au soir contre les nouvelles attaques.

La journée était bonne, meilleure même qu'on ne pouvait l'espérer ; le grand-duc, à gauche, n'avait pas gagné une ligne ; Alvensleben, au centre, se trouvait en flèche vers Changé ; Voigts-Rhetz, à droite, n'avait sous la main qu'une portion de son corps d'armée ; les soldats allemands paraissaient à bout d'énergie ; on dit que le prince Frédéric-Charles eut un instant l'idée de renoncer à la lutte. Les instructions et les encouragements du général Chanzy pour le lendemain devenaient malheureusement inutiles au moment même où il les écrivait. Vers 8 heures 1/2 du soir, une compagnie prussienne, commandée par le lieutenant de Casimir, glissée en silence à travers bois, tombait brusquement sur les mobilisés bretons en train de faire la soupe et provoquait une panique incoercible. Ces malheureux à peine échappés des boues du camp de Conlie et que le général en chef avait cru mettre à l'abri, s'enfuirent au Mans entraînant dans une sorte de vertige les compagnies voisines, déchaînant la débâcle.

L'amiral Jauréguiberry, sentant le péril du poste abandonné de la Tuilerie qu'occupaient déjà trois compagnies prussiennes, le péril plus grand encore d'une désertion contagieuse, chercha à reconquérir la position. Toute la nuit, l'amiral s'appliqua à reformer les compagnies, provoquer les retours offensifs, galvaniser les courages ; les généraux Le Bouédec, Roquebrune, Deplanque, le colonel Marty l'aidaient de tout leur entrain sans pouvoir consolider une colonne d'attaque ; les hommes succombant sous le poids de tant de détresses accumulées, usés par la faim, l'insomnie, la défaite, n'avançaient pas, préféraient se coucher dans la neige. A 7 heures 55 du matin, le 12, l'amiral désespéré télégraphiait à Chanzy : « Tout mon état-major est sur place depuis quatre heures du matin, occupé à réorganiser les fuyards, mais n'y réussit pas. Je suis désolé d'être obligé de dire qu'une prompte retraite me semble impérieusement commandée. »

Le général Chanzy, qui savait d'autre part le plateau capital d'Auvours enlevé par l'ennemi, répondit à 8 heures : « Le cœur me saigne, mais quand vous, sur qui je compte le plus, vous déclarez la lutte impossible et la retraite indispensable, je cède. Préparez tout pour cette retraite ; qu'elle se fasse le plus lentement et avec le plus d'ordre possible. Faites tout pour détruire le pont de l'Huisne, dès qu'il ne vous sera plus nécessaire. Mais disputez, je le répète, le plus longtemps possible l'entrée de la ville à l'ennemi. Il faut que nous ayons le temps de sauver les autres corps d'armée. »

La retraite s'effectua dans de meilleures conditions qu'on ne pouvait le supposer, grâce surtout à l'amiral Jauréguiberry et au général Bourdillon qui masquèrent d'abord le passage du pont de Pontlieue, en défendirent courageusement l'accès et le firent sauter au bon moment. D'ailleurs, la poursuite de l'ennemi était dans l'ensemble hésitante et timide ; pendant que les divisions Paris et de Jouffroy passaient la Sarthe sans trop d'encombre, la division Roquebrune tenait tête à la 20e division prussienne jusqu'à 11 heures du matin, puis se repliait sans être poursuivie ; cependant, vers 3 heures, les Allemands commençaient à pénétrer en foule au Mans pendant que les derniers trains partaient au milieu de la fusillade.

Sur la place des Jacobins, sur la place des Halles se prolongeaient les sursauts désespérés de la résistance. Des arrière-gardes protégeant les convois attardés, des fantassins postés dans les maisons usaient vaillamment leurs dernières cartouches ; le capitaine Joly, du 1er génie, qui n'avait pu achever la destruction du pont Napoléon, sur la Sarthe, chargea les allemands à la tête de sa compagnie, les repoussa jusqu'au delà de la place des Halles ; sur cette même place, le café de l'Univers, rempli de soldats de divers régiments, fit une défense exaspérée ; il fallut, pour les réduire, pointer une pièce de canon. Toute l'après-midi, du mamelon Chapelle-Saint-Aubin, Chanzy surveilla le défilé de ses colonnes, le cœur serré de ne point tenir la victoire bien due à la tenacité de son effort, aux justes espérances de la patrie.

Pendant cette lutte acharnée de sept jours, de la Fourche et de Saint-Amand à Parigné-l'Evêque, Auvours et Pont-de-Gennes, les allemands avaient perdu 200 officiers, 3,200 hommes ; l'armée de Chanzy : 6,000 hommes par le feu, 17 canons, un matériel considérable, près de 20,000 prisonniers. Si ce dernier fait atteste l'épuisement physique et moral où se trouvaient réduits beaucoup des nôtres, les allemands étaient également hors d'haleine, à bout de ressort ; la confiance inaltérable de Chanzy s'appuyait sur le sentiment exact et concret qu'un seul sursaut, un frisson suprême d'énergie pouvait détruire l'armée du prince Frédéric-Charles, retourner la série des évènements.

RETRAITE DU 21e CORPS (Sillé-le-Guillaume, 15 janvier). — Le 21e corps, qui combattait au nord, effectua sa retraite en contournant la ville ; la division Villeneuve lutta jusqu'au soir, du côté de Chanteloup ; la division Collin contint l'ennemi à Courcebeuf ; la division Rousseau, qui avait pris, avec les troupes de Bretagne, la route de Fatines, puis celle de Sargé, défendit vigoureusement son artillerie menacée et sut la conserver. Dans la nuit, le 21e corps passa la Sarthe, aux ponts de La Guerche, de Montbizot et de Beaumont.

Dès le 12, au matin, le général Chanzy, toujours attaché à sa double méthode de préparer l'offensive et la retraite, fixa comme but à son armée Alençon d'où l'on pouvait, dans le cas de chances favorables, marcher rapidement sur Paris, et, dans le cas contraire, gagner la presqu'île du Cotentin solidement fortifiée vers le sud. Mais le gouvernement de la Défense nationale savait Paris à la limite de ses vivres ; Gambetta, prévoyant la reddition prochaine, préférait continuer la lutte dans le centre et le midi de la France ; aussi demanda-t-il à Chanzy de reconstituer ses forces derrière la Mayenne et de repasser ensuite la Loire. Cette divergence de points de vue recouvrait une même volonté indéracinable de continuer la lutte, de ne pas lier le sort de toute la France à la capitulation désormais certaine de Paris.

La confiance de Gambetta dans l'avenir se trouvait justifiée, le 15 janvier, par deux combats tout à fait honorables pour des troupes si éprouvées. A Saint-Jean-sur-Erve, l'amiral Jauréguiberry qui, dès la veille, avait fait occuper les hauteurs de l'ouest, soutint toute la journée une lutte vigoureuse ; à six heures du soir seulement, une compagnie allemande se glissa dans le village qu'elle dut bientôt abandonner. Le même jour, à Sillé-le-

Guillaume, Jaurès repoussait une forte colonne d'infanterie, qu'une brigade entière de cavalerie vint soutenir sans succès. La division Villeneuve dispersait l'ennemi sur la gauche, à coups de mitrailleuse ; la division Rousseau, à droite, exécutait un mouvement offensif qui rejetait « promptement et vigoureusement » l'ennemi en arrière et commençait à le tourner quand elle reçut l'ordre de s'arrêter, le 17e corps ayant continué sa retraite et par là dégarni notre flanc droit. Les allemands perdaient 8 officiers et 150 hommes, dont 30 prisonniers.

Le rôle de la deuxième armée de la Loire est virtuellement terminé. Chanzy se fortifie dans Laval ; Gambetta organise les 19e, 25e et 26e corps. Une revue d'effectif, passée le 8 février 1871, donne un total de 4,952 officiers, 227,261 hommes et 26,797 chevaux ; la fraction de l'armée qui allait franchir la Loire comptait, dans ce chiffre, pour 128,733 hommes, 20,058 chevaux, 324 pièces. L'idée de lutte à outrance était hardie, mais non chimérique.

ANNEXES DU CHAPITRE V

Les francs-tireurs des Deux-Sèvres à Beaugency (8 décembre)

« Le 8, au petit jour, un grand mouvement de troupes s'opérait dans la ville. Ne recevant aucun ordre et un général venant à passer, accompagné de son état-major, je lui demandai si le concours de ma compagnie pouvait lui être de quelque utilité Le général ayant donné l'ordre d'évacuer Beaugency, m'envoya établir une ligne de tirailleurs en arrière de la ville à partir du pont, et s'étendant le long du fleuve dans le prolongement de la route de Tavers. Pendant la matinée, nous échangeâmes quelques coups de feu avec l'ennemi qui se trouvait de l'autre côté de la Loire. Ce ne fut que dans la soirée que trois batteries d'artillerie vinrent prendre position sur la rive gauche de la Loire et nous mitrailler à une petite distance ; elles bombardèrent en même temps la ville par un feu vif et soutenu. Le sauve-qui-peut général se fit entendre ; toute la population, effrayée, se précipita sur la route qui conduit à Tavers. Ces cris firent une certaine impression sur la compagnie et, je dois le dire à sa louange, malgré la mitraille et la vue des fuyards, elle n'abandonna pas une seule de ses positions...

» Vers six heures du soir, nous entrâmes dans Beaugency ; je divisai mes troupes en deux colonnes, fis fouiller les premières maisons ainsi que toutes les rues donnant du côté de Mer, et enfin la gare. La gare fut déblayée, des mobiles prisonniers furent dégagés. Je réunis la compagnie au centre de la ville, et je fus rejoint par le capitaine adjudant-major Martin, de la gendarmerie, qui reçut au même instant un coup de feu dans le bas-ventre, blessure dont il mourut deux jours plus tard.

» La compagnie était à peine réunie, un peu au-dessus de l'église, à l'endroit où la route de Josnes vient s'embrancher sur la route d'Orléans, que j'aperçus une colonne profonde se dirigeant sur nous, et dont la tête se trouvait à peine à 30 mètres. Je crus d'abord à une colonne française, je criai « Qui vive ? » Nous reçûmes une grêle de balles ; la compagnie était heureusement armée de spincers. Je commandai le feu ; les prussiens battirent en retraite, évacuèrent la ville aprés avoir laissé entre nos mains quatre prisonniers, sept mulets, une voiture attelée. Dans la crainte d'une nouvelle offensive, nous quittâmes Beaugency dans la nuit.

» Commandant Auguste POINSIGNON. »

*
* *

Les francs-tireurs des Deux-Sèvres à Ecommoy (11 janvier)

« La nuit était noire ; une colonne prussienne descendait dans Ecommoy par la route du Mans ; la compagnie, embusquée à l'angle de la place les reçut énergiquement et tint cette position pendant 35 minutes à peu près ; les prussiens envoyèrent alors une deuxième colonne qui essaya de tourner la place en passant derrière l'église. Craignant d'être pris entre deux feux, je me retirai à l'autre extrémité de la place ; les tirailleurs se mirent à terre et ouvrirent un feu continu. Les prussiens débouchèrent alors des deux côtés poussant des hurrahs formidables ; les voyant très compacts nous fîmes plusieurs décharges successives et nous nous repliâmes, ayant occupé cette position 12 minutes environ. Nous reculâmes de 40 mètres : même tactique. Les prussiens, pour nous poursuivre, étaient forcés de passer sous les reverbères ; à chaque fois qu'ils essayaient de les dépasser, ils recevaient une décharge meurtrière... N'étant pas secouru par les chasseurs à pied, je me repliai sur la gare. J'avais tenu 50 minutes, n'ayant environ que 80 hommes contre 600, au dire des prisonniers.

» Commandant Auguste POINSIGNON. »

La compagnie des francs-tireurs des Deux-Sèvres comprenait 158 hommes. Elle était commandée par M. Auguste Poinsignon, capitaine-commandant à la date du 13 octobre 1870. Elle avait pour lieutenant le comte Jacques de Liniers, pour sous-lieutenant M. Delamarre, ex-adjudant de cavalerie retraité ; pour aide-major M. Cartron, médecin auxiliaire de la marine. La compagnie quitta Niort le 25 novembre, pour se rendre à Tours ; dès le 29, elle chassait de Mondoubleau une arrière-garde prussienne, faisait douze prisonniers, capturait des fourgons chargés d'armes et de munitions ; le 18 janvier, à Laval, elle appuyait les mitrailleuses qui protégèrent cette ville contre une tentative de l'ennemi.

*
* *

Général de Curten à général Chanzy

« Aubigné, 12 janvier 1871.

» Après trois jours de marches forcées, je suis arrivé aujourd'hui à deux heures et demie à Mayet. Avant de me diriger sur Ecommoy, où j'avais appris la présence de l'ennemi, j'ai fait reconnaître cette position par le 23e chasseurs à pied, les francs-tireurs des Deux-Sèvres et les escadrons de cavalerie du général de Tucé. Après un combat qui ne s'est terminé qu'à la nuit close, ces troupes sont entrées dans Ecommoy, qu'elles occupent.

» DE CURTEN. »

*
* *

16e CORPS D'ARMÉE
—
3e DIVISION

ORDRE

« Le général voit avec regret les francs-tireurs des Deux-Sèvres quitter la division. Il n'oubliera pas que, dans toutes les circonstances, ils se sont montrés disciplinés et valeureux ; à Château-Renaud, à Saint-Amand, à Ecommoy, à Laval, ils se sont conduits en vaillants soldats.

» *Le général*, DE CURTEN.

» 24 février. »

*
* *

Chanzy à Bourbaki

« 11 décembre.

» Marchez donc carrément et sans perdre une minute. Ma situation est des plus critiques et vous pouvez me sauver. »

*
* *

Bourbaki à Chanzy

« 11 décembre.

» Mes troupes finiront d'arriver ce soir à Bourges, exténuées de fatigue, avec l'état actuel des routes qui sont couvertes de verglas. Je suis à six jours de Blois. Si nous avions à livrer combat, même avec des résultats heureux, je ne pourrais vous rejoindre que dans huit jours... A votre place, je battrais en retraite la nuit sur Vendôme et le Mans, ou sur Blois et Tours. Prévenez-moi. »

*
* *

ORDRE DE CHANZY

« ... Le général en chef a fait constater par des officiers envoyés aujourd'hui dans toutes les directions, que nulle part le service d'avant-postes n'est fait convenablement. Les officiers supérieurs de jour devront être personnellement responsables de ce service, qu'ils ont à surveiller... Il n'y a point à alléguer le mauvais temps : il est le même pour tous, et les prussiens ne s'en préoccupent pas.

» 9 janvier. »

*
* *

Chanzy au Ministre

« 12 janvier, 7 h. matin.

» Notre position était bonne hier au soir. La panique des mobilisés de Bretagne a été le signal de la débandade sur toute la rive gauche de l'Huisne. Le cœur me saigne ; je suis contraint de céder. »

*
* *

Gambetta à Chanzy

« 13 janvier.

» Quelle que soit la cruauté de la fortune à notre égard, elle est impuissante à lasser des hommes tels que vous, qui sont résolus à soutenir jusqu'à épuisement total la guerre sainte contre l'étranger. La confiance du gouvernement en vous n'est en rien diminuée, et l'échec, quelque grave qu'il soit, que vous avez subi, ne doit être qu'une leçon et une excitation de plus à bien faire. »

CHAPITRE VI

PREMIÈRE ARMEE DE LA LOIRE
ARMÉE DE L'EST

Le 19 décembre 1870, le jour même où l'amiral Gougeard, en retraite sur le Mans, battait les allemands à Droué, le général Bourbaki se décidant avec peine à répondre aux télégrammes de Chanzy et aux invitations verbales de Gambetta, accouru de Bordeaux, poussait une partie de ses troupes de Bourges sur Nevers. Il s'agissait d'opérer une diversion, d'appeler à soi une partie de l'armée de Frédéric-Charles, de permettre enfin à Chanzy de reprendre l'offensive. On a vu plus haut à quel point le prince et le grand état-major redoutaient cette diversion qui était dans la logique de la situation.

Bourbaki qui n'avait eu confiance ni dans les forces de résistance de Metz, ni dans l'armée du Nord, déclarait son armée beaucoup plus inapte à combattre qu'elle ne l'était réellement. Pourtant l'exemple tout proche du général de la deuxième armée de la Loire était encourageant ; à la tête de 3 corps d'armée qui ne valaient certes pas les siens (16e, 17e, 21e, ce dernier de formation récente) il avait tenu en échec pendant 15 jours 90,000 allemands commandés par leur meilleur capitaine.

Bourbaki avait à sa disposition 3 corps, le 18e (Billot), le 20e (Clinchant), le 24e (Bressolles). Les deux premiers étaient de formation relativement ancienne et avaient fait leurs preuves à Beaune-la-Rolande ; le 24e n'avait pas la cohésion des deux autres, mais sa composition était certainement supérieure à celle du 21e corps qui comprenait un bon tiers de mobilisés.

Le projet de Gambetta était immédiat et simple : dégager Chanzy, puis débloquer Paris par l'effort combiné des deux armées de la Loire. M. de Freycinet parvint à y substituer un plan de belle envergure, mais où les chances d'erreur se multipliaient à proportion de la distance : transporter rapidement dans l'est l'armée de Bourbaki, la renforcer de tous les éléments disponibles du côté de Dijon, débloquer Belfort, couper les communications de l'ennemi, se rabattre sur Paris. Ce plan qui eut quelque temps Dijon pour objectif, ce qui en diminuait sagement l'ampleur, présentait de grandes difficultés d'exécution qui paraissent n'avoir pas été toutes prévues ; mais il n'était pas chimérique, et le soir même de Villersexel on sent qu'il aurait pu réussir.

D'ailleurs, à moins de laisser l'armée se désorganiser plus complètement encore dans la boue et la fièvre, il fallait agir. Bourbaki, consulté, multipliait les objections à une marche directe sur Paris. Finalement, mis en demeure de choisir entre le plan Gambetta et le plan Freycinet, il opta pour ce dernier sans entrain : « Si l'armée périt dans l'entreprise, disait-il, elle périra utilement. » C'était encore trop d'optimisme.

Une pareille disposition d'âme était inquiétante dans une entreprise hasardeuse, risquée, où le moral du général en chef aurait dû soutenir celui des soldats. Mais Bourbaki avait 60 ans ; l'ancien commandant de la garde impériale ne soupçonnait pas qu'il se cachait, sous la bigarrure des uniformes, l'âme des héros de Saint-Privat ; d'un courage physique incontestable, il n'avait pas ce courage supérieur de la volonté, qu'on appelle l'espérance, et qui maîtrise la destinée en forçant la victoire ou en limitant la défaite. Des trois généraux qui tenaient alors entre leurs mains le salut du pays, Chanzy, Faidherbe et Bourbaki, l'opération la plus hardie était confiée au plus timide, au moins capable de trouver dans son esprit les ressources à même de combler les lacunes forcées d'un aussi vaste projet. M. de Freycinet, sentant le danger, aurait souhaité un autre commandant en chef ; mais Gambetta, âme généreuse et loyale, qui avait soutenu Cambriels, maintint Bourbaki.

La première condition du succès était la rapidité des transports ; la compagnie de Paris-Lyon-Méditerranée prévenue le 20 décembre, répondit qu'elle n'avait pas de wagons disponibles, l'Orléans ne put en fournir que le 23 ; en attendant, le 20e corps campait dans la plaine de Saincaize par un froid de 14°, le 24e corps attendit huit jours à Lyon son embarquement ; de plus la compagnie de Paris-Lyon-Méditerranée n'avait pas dégagé la ligne Saincaize-Nevers-Decize-Chagny sur laquelle devaient marcher les trains chargés pendant que celle de Chagny-Moulins-Nevers aurait ramené les wagons vides ; la confusion s'aggrava du transport d'immenses approvisionnements réunis par les

VILLERSEXEL - Le Château, façade principale

(Détruit en 1870 et reconstruit à neuf aux frais de l'État)

soins des intendants généraux Friant et Lebleu. Ajoutez la lenteur additionnelle due à une neige abondante qui couvrait les voies.

Cependant le 30 décembre, le 18e corps était à Chagny, le 20e corps à Chalon-sur-Saône (1) ; le 24e corps arrive à Besançon ; le 15e réclamé directement par Bourbaki contrairement aux instructions de M. de Freycinet qui le destinait justement à protéger le flanc de l'armée de l'Est, va se mettre en route ; Cremer, égalcment soustrait à la même mission, rejoindra l'armée de l'Est après Villersexel.

Pendant que les troupes débarquaient péniblement à Clerval, station sans quais ni voies de garage, Bourbaki cherchait à asseoir un projet. Prenant d'abord Vesoul pour objectif, il poussait sur la rive droite de l'Ognon, entre Pesmes et Marnay, les 18e et 20e corps ; puis le 5 janvier, changeant brusquement d'avis, il reportait son armée à l'est du côté de Villersexel pour se placer entre le XIVe corps allemand et Belfort.

Les mouvements exécutés entre le 28 décembre et le 5 janvier avaient complétement échappé à l'ennemi ; le 25 cependant, un télégramme annonçait au général de Tresckow que 25,000 hommes venaient de quitter Lyon ; le 26, de Werder apprenait le débarquement de Clerval ; enfin de Moltke, ignorant l'objectif précis de l'armée française, informait Werder de se tenir sur ses gardes et décidait de le renforcer du VIIe corps. Le 1er janvier, Werder rassemblait toutes ses troupes à Vesoul avec une réserve à Villersexel. Il avait choisi une position centrale qui lui permettait d'attendre des indications plus claires. Toutefois, l'indécision de l'état-major était grande ; le 1er janvier, de Moltke,

(1) Le 14 décembre, le 34e Mobiles des Deux-Sèvres gagnait les bois d'Allogny où il restait campé pendant 4 jours. Le 18, il part pour Soye, la Chapelle-Hugon, arrive à Saincaize le 21 où il est campé dans la neige pendant 2 jours, puis repart pour Imphy où il parvient le 24 au soir. Il y est enfin cantonné et gagne, le lendemain, Saint-Léger-des-Vignes, où il cantonne pendant 2 jours, puis s'embarque à Decize pour Chagny et Chalon-sur-Saône, où le train bloqué par les neiges reste en panne pendant 24 heures, enfin arrive à Dôle le 29 décembre et y séjourne les 30, 31 décembre et 1er janvier. Ce jour là, il reçoit 27 mobiles de la Corrèze venant de Niort. Le 2, le mouvement en avant commence par Pagney, Bussières, Hyet, Courbans, Fontenoy-lès-Montbozon, Chassey ; le 9, le régiment assiste en réserve au combat de Villersexel, le 13, il est à Saulnot, du 15 au 18 au bivouac dans les bois devant Héricourt (Journal de marche du 34e mobile).

attentif surtout aux colonnes mobiles que Chanzy lançait du Mans sur le Loir, averti de la présence d'un corps d'armée à Vierzon (le 25e corps en formation) arrêtait à Montbard la marche du VIIe corps et prescrivait à Werder de réoccuper Dijon, « attendu que l'ennemi ne paraît pas avoir l'intention de percer entre Besançon et Belfort », mais Werder, mieux renseigné, déjà en lutte avec des francs-tireurs d'avant-garde, concentra toutes ses troupes sur la ligne Villersexel-Saint-Ferjeux, après avoir envoyé une brigade de renfort à Tresckow qui assiégeait Belfort. D'autre part, de Moltke prévenu, sans perdre un instant, constituait une armée avec les IIe et VIIe corps enlevés à la surveillance désormais inutile de Gien et de Montargis, et leur donnait pour chef Manteuffel, accouru de Rouen, tout chaud encore des rudes coups que Faidherbe lui avait portés à Pont-Noyelles et à Bapaume, et qui allait quinze jours plus tard, par une marche audacieuse que l'armée de Garibaldi (1) ne saura pas entraver, consommer notre déroute.

Villersexel (9 janvier)

Le 5 janvier, quelques escarmouches entre reconnaissances confirmèrent dans l'esprit de Werder la présence de l'armée française ; le 7, un avis venu de Bâle annonçait la marche sur Belfort ; le 8, une reconnaissance prussienne aperçut une division qui se dirigeait sur Montbozon. Werder, désormais fixé, résolut de prendre l'offensive dans la direction de Villersexel et donna, pour la journée du 9, les ordres suivants : une division sur Aillevans et Villersexel, une division sur Athesans pour couper Belfort ; la brigade Von der Goltz en réserve. Bourbaki, d'autre part, installé sur la ligne Lure-Montbozon, jetait le 18e corps à l'ouest par Esprels, le 24e corps à l'est par Villargent et le 20e corps droit à Villersexel par Les Magny. Le froid était vif ; la neige abondante.

Les allemands, en marche dès le matin, arrivaient d'Aillevans sur le bois du Grand-Fougeret vers neuf heures, quand ils furent reçus à coups de fusil par les mobiles de la Corse et des Vosges,

(1) Garibaldi, commandant l'armée des Vosges, était un brave soldat et beaucoup de garibaldiens luttèrent courageusement pour la France ; mais ses compagnons étaient très mêlés et lui-même était trop âgé et trop malade pour exercer une direction efficace.

tète de colonne du 20e corps, qui occupaient la ville depuis la veille ; le général de Tresckow veut s'emparer du pont qui sépare la partie basse et la partie haute, ses soldats mitraillés des maisons de la ville haute reculent ; mais, par une négligence grave, la passerelle d'une forge est à peine gardée, les prussiens s'y engagent, se renforcent, occupent le parc, le château et finalement tout Villersexel ; la plupart de nos mobiles sont tués ou faits prisonniers ; il est une heure ; de Werder croit l'affaire terminée.

Cependant, vers deux heures, les têtes de colonne du 18e corps commencèrent à déboucher vers Esprels, pendant que le gros du 20e atteignait le Petit-Magny. La véritable bataille allait commencer. Von der Goltz accourt, veut s'emparer de Moimay et de Marast à l'ouest pour garantir Villersexel ; il s'empare de Moimay mal gardé, mais ne peut déloger de Marast la division Feillet-Pilatrie qui résiste avec acharnement. En revanche, nous échouons devant Moimay que de Goltz défend avec ténacité. Du côté est, le 24e corps (général Bressolles) « auquel aucun ordre spécial ne fut donné de toute la journée » combattit au petit bonheur, prenant, perdant Corcelles, se repliant devant Bredow qui en faisait autant.

Quant au 20e corps (général Clinchant) vers deux heures, il marchait avec entrain sur Villers-la-Ville, de là sur Villersexel, bousculant les prussiens, s'emparant de la partie sud de la ville pendant qu'une brigade du 18e corps occupait à l'ouest le château. Tresckow, craignant d'être cerné, commençait l'évacuation, quand survint un ordre de Werder de tenir à tout prix. Dans la nuit qui tombait, le mouvement se fit d'abord en désordre, puis tout un régiment badois enfin rallié se porta vigoureusement vers le sud où les divisions Penhoat et Segard lui opposèrent une barrière infranchissable ; toute la nuit, la lutte continua, rue par rue, maison par maison, sauvage, effrénée ; ni les badois ne purent chasser les français du quartier sud, ni les français ne purent s'emparer du quartier nord ; le duel s'obstina jusqu'au matin dans le fracas et la rouge lueur des maisons incendiées.

Du côté ouest, la lutte n'était pas moins atroce, les bataillons de landwehr qui devaient s'emparer du château furent reçus par une vigoureuse fusillade et s'enfuirent en désordre ; ramenés à l'assaut par le major Wussow, ils réussirent à s'emparer du rez-de-chaussée ainsi que des communs, pendant que le 92e de ligne (de la brigade Perreaux) se rejetait au premier et dans les caves. Un nouvel et furieux effort conquérait à Wussow l'escalier et une pièce du premier, mais il lui fut impossible de gagner davantage ; à dix heures du soir, désespérant de s'emparer du château, le général de Schmeling donna l'ordre de l'évacuer en y mettant le feu. Ce fut une véritable déroute ; les landwehriens qui voulurent passer l'Ognon à la nage se noyérent ; d'autres, enfuis par les ruelles, tombèrent sous le tir des français embusqués. A trois heures du matin, Werder ordonnait l'évacuation totale de Villersexel.

La bataille de Villersexel fut l'une des plus longues, des plus tenaces, des plus meurtrières de toute la campagne. L'ennemi avait engagé 15,000 hommes et 54 pièces ; il eut 26 officiers et 553 hommes hors de combat. Nous perdions, de notre côté, 27 officiers, 627 tués ou blessés et près de 700 prisonniers. L'armée française avait une énorme supériorité numérique puisqu'elle comptait 100,000 hommes pour le moins ; mais seules les têtes de colonne avaient été engagées : une division du 20e corps, deux divisions du 18e, et leur réserve d'artillerie. Toute la journée nous combattîmes par petits paquets, inférieurs en nombre sur chaque point de la lutte. Le commandant en chef, toujours brave comme un soldat, ne sut pas utiliser son armée pour menacer les flancs de l'adversaire et finalement l'envelopper. Le 24e corps, à l'est, ne reçut pas d'ordre ; le 18e corps, à l'ouest, eut une division immobile ; le 20e corps, au centre, n'engagea que la division Segard. On ne comprend d'ailleurs pas qu'au lieu de chercher à tourner l'ennemi vers l'est, du côté de Belfort qui était l'objectif, nous ayons agi précisément de façon à refouler Werder dans cette direction. Cette bataille qui pouvait être décisive, si elle avait été concertée, se réduisait à un incident de marche, à une rencontre qui diminuait plutôt nos chances finales de succès. Sans doute nous étions victorieux puisque nous restions maîtres de Villersexel, mais Belfort n'était pas délivré, et Manteuffel accourait à toutes brides.

Nos soldats, régiments de marche ou régiments de mobiles, s'étaient montrés admirables d'élan et de ténacité ; la résistance à Marat, à Villersexel, dans le château, égalait cette longue journée aux plus héroïques de notre histoire. Et pourtant c'était là les troupes de Bourges, de Chagny, de Clerval, épuisées par le voyage, les nuits sans sommeil, les stationnements dans la neige ou dans la boue, et dont une bonne part ne fut pas ravitaillée avant le combat ; « elles sont battues d'avance à les voir », disait un témoin de Clerval. Mais, en face de l'envahisseur, toutes les vitalités latentes de la race et du bon droit reprenaient un essor dont Coulmiers, Villepion, Nuits et Bapaume se portaient garants pour l'avenir, et qui nous eut certainement sauvés du désastre, si tous nos généraux avaient su le comprendre et l'utiliser.

Le 10 janvier, nos chances étaient encore considérables ; les trois corps d'armée français étaient aussi près de Belfort que les troupes allemandes chargées de couvrir le siège. Ce que craignait surtout Werder, c'était d'être coupé de la place forte ; aussi s'empressa-t-il de ramasser ses troupes et de choisir une position redoutable où il pût, avec des forces moindres, barrer la route. Cette position, il la trouva sur les bords de la Lisaine.

Avant le choc décisif des 15, 16 et 17 janvier, des engagements eurent lieu, plutôt favorables pris en eux-mêmes, mais qui faisaient gagner du temps à Werder pour se fortifier, à Manteuffel pour accourir. L'état-major français paraissait oublier son objectif et n'avait d'ailleurs aucune lumière sur l'ennemi ; il croyait Vesoul occupé, ordonnait à Cremer de le reprendre, laissait la cavalerie à l'arrière-garde, ignorait la constitution de l'armée de Manteuffel. Le délégué à la guerre, M. de Freycinet, mieux renseigné et plus pénétrant, pressait Bourbaki d'agir, le détournait de se rabattre sur Arcey dont la prise n'apportait aucun avantage. Bourbaki objectait la nécessité de se ravitailler à Clerval, et le verglas. Mais, comme l'écrivait Chanzy à cette date, le verglas est le même pour les allemands et pour les français.

Le 10, une division du 24e corps canonne Arcey ; le 11, elle recommence d'autant plus aisément que Bredow se dérobe ; le 13, l'attaque d'Arcey est résolue. Les allemands, qui ont d'autres visées, ne nous opposent sur ce point que six bataillons et trois batteries ; nous portons en avant, sur la droite, la division Peytavin, du 15e corps, qui a rejoint l'armée ; le 24e corps au centre ; le 20e corps à gauche, du côté de Saulnot ; le 18e corps garde Villersexel. Rapidement débordée aux deux ailes, la position d'Arcey était occupée par nos troupes vers trois heures. Au nord d'Arcey, du côté de Saulnot, la division Thornton, du 20e corps avait engagé avec Von der Goltz un vigoureux combat qui le força à la retraite ; au sud d'Arcey, le corps franc Bourras, bien entraîné, infligeait également un recul à l'ennemi ; mais tous ces avantages épisodiques n'avançaient pas d'une ligne nos affaires. Toute la journée du 14 fut consacrée à l'attente du 18e corps maintenu à Villersexel d'une façon d'autant plus malencontreuse qu'il avait le plus de chemin à faire, puisqu'il devait former l'aile gauche et tourner les positions de l'ennemi sur la Lisaine. Ces pertes de temps, jointes à la persistance d'un hiver atroce et à l'imperfection du ravitaillement, épuisaient jour par jour nos dernières chances de succès (1).

Batailles sur la Lisaine (15, 16, 17 janvier)

Dans la matinée du 10 janvier, Werder étudiait les moyens de défense de la Lisaine quand une estafette, envoyée par de Moltke vint lui apporter des instructions qui ne faisaient que renforcer ses propres dispositions. Il fallait à tout prix couvrir Belfort, ramasser à cet effet toutes les troupes dispersées dans la région, puis les porter sur un point de la Lisaine facile à défendre. Werder choisit une série de massifs s'élevant sur la rive gauche de Montbéliard à Frahier. Les principaux massifs étaient ceux de Chalonvillars dominant Chenebier et Frahier, au nord, celui du Vaudois commandant Héricourt, au centre, celui de Grand-Bois et de Grange-Dame surplombant la vallée autour de Montbéliard ; 18 pièces furent disposées sur les massifs, plus 16 pièces, face au sud, entre Charmont et Delle ; des tranchées-abris reliaient les batteries entre elles ; de Frahier à Montbéliard tous les villages furent fortifiés ; les ponts de la Lisaine furent détruits ; le ravitaillement en munitions et en vivres soigneusement assuré. Malgré tout, la situation de Werder était précaire, puisqu'il ne disposait que de 52,000 hommes et 132 pièces répartis sur 20 kilomètres, contre 140,000 hommes (y compris la division Cremer) 60 escadrons et 336 pièces, de plus, il ignorait sur quelle partie de la défense se porterait le principal effort d'une armée dont il avait senti la vigueur à Villersexel et à Saulnot. Le 14, au soir, il télégraphiait à Versailles, de la façon la plus

(1) Les soldats transis de froid, ne couchaient plus sous leurs tentes, ils les dressaient contre le vent et s'accroupissaient derrière auprès de feux plutôt maigres. Ici, comme sur la Loire, le stationnement a été désastreux pour nous.

instante, pour être relevé de sa mission : « En présence de ces mouvements convergents de forces supérieures, je vous prie instamment d'examiner s'il y a lieu de continuer à tenir devant Belfort, à moins de risquer l'existence même du corps d'armée. L'obligation de tenir devant Belfort m'enlève toute liberté de mouvement. La gelée permet de franchir les cours d'eau. » De Moltke répondit par un ordre formel d'accepter la bataille. « Un nouveau mouvement rétrograde du XIVe corps, dit à ce sujet l'ouvrage du grand état-major allemand, eût-il été volontaire, aurait eu les mêmes conséquences qu'une bataille perdue : l'inutilité de tous les efforts dirigés jusque là contre Belfort, la perte totale du matériel de siège, le découragement jeté dans les troupes, une vigueur nouvelle imprimée à la résistance, à Paris comme à Bordeaux. » Ces deux dépêches ne sont-elles pas la justification au moins partielle du plan si souvent critiqué de M. de Freycinet ?

Voici quelles étaient les dispositions allemandes : à l'extrême droite, sur la route de Lure, Willissen, à droite Degenfeld ; au pied du Mont-Vaudois, Von der Goltz ; tout au centre, à Héricourt, à Tavey, Knappstœdt ; à Bussurel, Zimmermann ; Debschitz, au sud de l'Allaine ; en réserve Glümer : au total 52,000 hommes et 134 pièces, plus 34 pièces de position. Le principal effort de Werder était donné sur la ligne Chagey-Montbéliard, à l'aile gauche, tandis que l'aile droite était relativement dégarnie. C'est précisément de ce côté là, du côté de la meilleure route sur Belfort qu'aurait dû se produire notre offensive la plus vigoureuse, si nous avions été tant soit peu renseignés.

L'armée française avait reçu les ordres suivants : le 15e corps devait attaquer Montbéliard sans brusquer le mouvement ; le 24e corps se portait sur Tavey sans trop hâter la marche en avant ; le 20e corps avait pour objectif Héricourt, mais ne devait s'en emparer que quand le 18e corps et la division Cremer, à notre gauche, auraient produit l'effet voulu. La division Cremer était destinée à déborder les positions ennemies du côté de Chagey. A l'ambiguïté de ces ordres, qui paraissaient plutôt destinés à ralentir l'élan des troupes qu'à le provoquer, s'ajoutait une erreur grave. Ce n'était pas à Chagey, poste central et solidement fortifié qu'on pouvait tourner l'ennemi, mais à Chenebier, sur la route de Lure à Belfort. Cette erreur sera décisive ; on se heurtera trois jours durant contre le centre même de la défense au lieu de se porter en masse contre la droite mal gardée. Au lieu de déborder les lignes prussiennes, nos troupes viendront briser contre le Mont-Vaudois, hérissé de canons, la fine pointe d'un courage que tant d'épreuves n'avaient encore pu émousser.

La bataille de la Lisaine dura trois jours ; on pourrait donner un nom à chaque journée, ce qui montre l'imperfection de l'offensive ; le 15, c'est la journée de Montbéliard avec le 15e corps ; le 16, de Chenebier avec la division Cremer ; le 17, d'Héricourt avec le 20e corps.

Le matin du 15, la division Peytavin, du 15e corps, refoule les prussiens du Mont-Chevis, de Sainte-Suzanne, renforcée de la division d'Astugue, à deux heures, les bouscule sur Montbéliard, et finalement, à trois heures, s'empare de la ville dans un élan superbe où les régiments de marche de Peytavin et les mobiles de d'Astugue (Nièvre, Charente et Savoie) rivalisent d'entraînement. Cependant le château, muni de grosse artillerie, ne put être emporté. Du côté de Bethoncourt, le 1er zouaves de marche menait vigoureusement l'attaque, chassant les prussiens des bois et des fourrés, les poursuivant sur un terrain découvert où il fut décimé par l'artillerie de Bethoncourt.

Un peu plus au nord, devant Bussurel, le 24e corps avait marché lentement, retenu par le terrain et par l'ordre de se laisser devancer par le 15e corps. Toutefois la division Busserolles prenait vaillamment Bussurel, mais on dut s'en tenir là ; les mouvements offensifs tentés jusqu'à la nuit par les mobiles de la Loire, de la Gironde et du Rhône furent brisés par la mitraille qui tombait de flanc et de front. La vigoureuse division Busserolles bivouaqua aux Grands-Bois, ayant à droite la division d'Ariès qui n'avait tiré que quelques coups de fusil, et à gauche la division Comagny qui n'en avait pas tiré du tout.

Au centre, le 20e corps, que commandait Clinchant, le corps de Beaune-la-Rolande, était chargé de la plus difficile besogne, se porter droit au centre de la défense, sur Héricourt et Chagey ; c'était la région la plus hérissée, la plus défendue, la plus garnie de troupes avec, en plus, 16 grosses pièces de canon. Dès la matinée, tous les avant-postes étaient conquis (Byans, Tavey). Il fallait ensuite aborder la position principale, besogne délicate qui ne fut pas tentée ce jour là, en vertu des prescriptions de l'état-major, qui imposait d'attendre l'entrée en jeu du 18e corps et de la division Cremer. Or, de ce côté rien n'apparais-

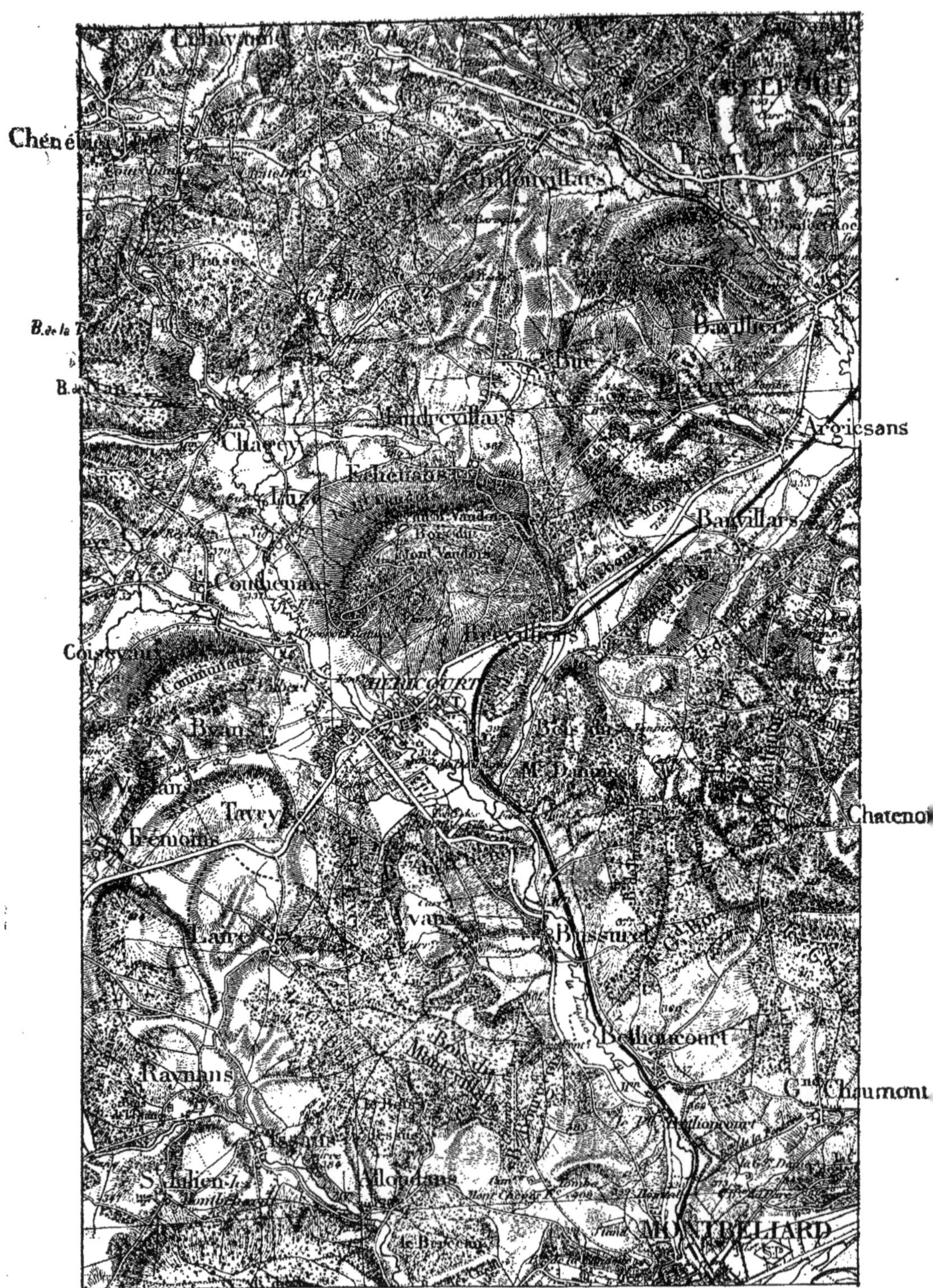

HÉRICOURT — BELFORT

$\frac{1}{80.000}$

sait encore, de telle sorte que l'élan de nos meilleures troupes, dont on pouvait espérer plus d'effet, fut enrayé par « la lettre » des instructions reçues.

Le 18e corps, qui avait perdu une journée à Villersexel, fut encore retardé par l'encombrement des routes que la division Cremer parcourait à toute vitesse ; le 18e corps ne put se déployer que l'après-midi ; il se heurta à la position formidable de Chagey et du Mont-Vaudois dont l'artillerie eut finalement raison de la vigueur déployée par la division Bonnet, la seule qui ait été véritablement engagée.

Quant à la division Cremer, elle arriva trop tard pour influencer cette première journée plutôt négative ; notre meilleur succès était à la droite et au sud qui importaient peu ; au nord, vers Belfort, nous n'avions rien conquis. Tout était à recommencer avec des troupes dont les meilleures s'étaient fatiguées à combattre sans liaison et sans soutien.

Le 16 fut la journée de Chenebier (Cremer et Penhoat). Au sud, le 15e corps, après une tentative infructueuse pour s'emparer du château de Montbéliard, engagea un duel d'artillerie qui n'eut aucune répercussion sur l'ensemble de la lutte ; le 24e corps chercha à s'emparer de Bethoncourt sans y parvenir ; le 20e corps se porta en avant de Tavey ; la division Thornton, à deux reprises, essaya de forcer la position du Mougnot ; le 3e zouaves gagna quelques centaines de mètres sous les obus, mais fusillé sur les côtés et mitraillé par les batteries du Salamon il dut se replier ; à quatre heures la division Thornton tenta un nouvel effort qui se heurta aux mêmes obstacles.

Le 18e corps, devant Luze et devant Chagey s'était borné à une canonnade lointaine et à des escarmouches sans insistance. Le général Billot déclarait, dans un billet au crayon, « qu'il fallait tourner l'ennemi par la gauche avant de songer à l'attaquer de front ». C'est, précisément, ce qu'essaya Cremer, de concert avec l'amiral Penhoat ; et l'on peut penser que l'issue aurait été tout autre, si Cremer, moins scrupuleux observateur du plan d'ensemble, avait poursuivi son offensive.

Appliquant dans leur rayon particulier la tactique qu'aurait dû pratiquer le général en chef, Cremer et Penhoat qui avaient affaire à Degenfeld, résolurent de le fixer sur le front, et de le tourner sur la gauche ; Cremer s'élança vers le moulin Colin, en bousculant toutes les résistances, grâce surtout à la vigueur des mobiles de la Gironde, entraînés par Carayon-Latour ; Penhoat s'empara du bois de Montédin, et les deux troupes, enserrant Degenfeld, le forcèrent à évacuer le village de Chenebier ; à trois heures les allemands s'enfuyaient vers Frahier ; nous n'étions plus qu'à 8 kilomètres de Belfort. Il fallait, à ce moment décisif, renforcer Cremer, poursuivre Degenfeld, tourner à gauche la redoute de la Lisaine. Le succès était d'autant plus certain que Werder trompé par l'attaque du premier jour sur Montbéliard avait transporté de ce côté toutes ses réserves ; à huit heures du soir, le 16, apprenant l'échec de Degenfeld et sentant le péril, il leur ordonna de se reporter au nord, vers Frahier. D'autre part, Cremer et Penhoat, au lieu de conserver au moins les positions conquises se reportèrent sur le bois de la Thure, faisant en arrière le chemin qui, fait en avant, leur donnait le contact de Belfort. On peut penser qu'ils voulurent s'en tenir, par discipline, aux instructions générales qui ordonnaient à tous les corps d'armée de s'attendre les uns les autres pour une offensive générale tout à fait inadaptée aux conditions formidables de la défensive ennemie. Somme toute, malgré un brillant succès local, nous étions encore plus compromis le soir du 16 janvier que la veille. Chaque journée de combat, chaque nuit de bivouac, par un froid sans merci, diminuait les réserves de force physique et morale de nos malheureux soldats.

Le 17, la bataille recommence, mais Werder, conscient du péril, a renforcé l'aile menacée, garni le village de Frahier de troupes empruntées à toute sa ligne de défense et même au siège de Belfort ; dès quatre heures du matin, deux colonnes allemandes se portaient sur Chenebier ; la première à gauche, fut repoussée par nos grand'gardes bientôt renforcées, la seconde, plus heureuse, nous surprit à droite, et nous rejeta jusqu'au delà de Courchamp. Le jour commençait à paraître ; la division Keller résolut alors de conquérir Chenebier, mais elle fut arrêtée net par les troupes de Penhoat ; d'autre part, Cremer occupait Etobon ; les allemands étaient recrus de fatigue et une offensive décidée nous donnait peut être la victoire.

Tout au contraire, en conformité avec le plan primitif, Penhoat recevait l'ordre d'attendre l'effet d'une attaque sur Héricourt et sur Chagey, les points les plus fortifiés et les plus imprenables de la redoute ; le 18e corps canonna Chagey sans effet appréciable ; le 20e corps recommença contre Héricourt une attaque dont la vigueur isolée et tardive ne pouvait aboutir ; le 15e corps, criblé d'obus, évacua Montbéliard. Vers midi, Bourbaki avait parcouru les lignes et tenu un conseil de guerre ; il savait l'arrivée prochaine de Manteuffel et au lieu de contracter, dans l'extrémité du péril, ce courage désespéré qui force la victoire, il décida la retraite.

Ainsi se termina cette bataille de trois jours où Werder, avec 50,000 hommes, avait tenu tête à une armée de 140,000 hommes : même il ne comptait que 1,600 tués ou blessés contre 4,000 ; il est vrai que Werder s'était abrité comme dans un fort où l'art militaire et la nature avaient accumulé les moyens de défense ; de plus, il avait mobilisé sa réserve avec tant d'opportunité, qu'en chaque point de sa ligne étendue, nous nous étions heurtés à des troupes plus nombreuses, et dans l'ensemble plus fermes et fraîches que les nôtres, énervées de nuits sans sommeil et de combats sans cohésion. Ceci a été dit suffisamment ; nous devons ajouter que dans cette armée, acculée bientôt aux pires détresses, il y avait assez de chefs résolus, assez de soldats prêts à les suivre, assez d'énergies disponibles encore, on pourra s'en convaincre à Chaffois et à la Cluze, pour triompher, même le 17, d'ennemis qui n'avaient plus l'élan de la première campagne. Ce qui a surtout manqué, c'est une âme résolue, capable de s'égaler aux circonstances, prompte à saisir les chances fréquentes et passagères du succès. On peut supputer, sans imagination chimérique, ce qui serait advenu, si le soir du 16 janvier, Clinchant et Thornton avaient reçu l'ordre de renforcer Cremer et Penhoat : à défaut du ravitaillement de Clerval, ils auraient le lendemain partagé les vivres des défenseurs de Belfort.

SIÈGE DE BELFORT. — Tirer tout le parti possible des choses et des hommes, construire le fort de Bellevue, compléter ceux des Hautes et Basses-Perches, utiliser sans relâche Thiers et La Laurencie, inculquer aux mobiles l'esprit militaire et aux habitants eux-mêmes le désir de la résistance, obtenir le maximum d'effet des canons, des forteresses, des soldats, des capitaines, c'est ce que fit Denfert-Rochereau (1), gouverneur de Belfort ; et l'on

(1) Denfert-Rochereau (Pierre-Marie-Philippe-Aristide), né à Saint-Maixent, le 11 janvier 1823, admis après de brillantes études à l'Ecole polytechnique, puis à l'Ecole d'application de Metz, d'où il sortit le premier, dans l'arme du génie, au mois de février 1845, Il

peut remarquer une fois de plus cette ironie du destin qui enfermait dans une citadelle l'homme d'initiative et de ressources et confiait à Bourbaki la besogne ardue de le débloquer.

La tactique employée était excellente ; elle consistait dans la défensive active, entreprenante, que Chanzy avait pratiquée sur un plus vaste terrain. Cette activité consistait, pour l'assiégé, à élargir le cercle de la défense de façon à reculer le plus possible l'échéance du bombardement, à multiplier les sorties pour donner aux troupes de l'air et de l'entrain. Denfert fit occuper les villages et les bois environnants. « Il a fallu que l'ennemi, avant de nous refouler dans la place, fît l'attaque successive de ces positions. Il en est résulté que pendant un mois l'ennemi n'a pu tirer un coup de canon contre Belfort. » Après trois mois d'incessants combats, quand le siège fut arrêté par l'armistice, les prussiens venaient seulement d'occuper les points où ils auraient établi la première parallèle, dans les trois ou quatre premiers jours de l'investissement, selon l'ancienne méthode. Remarquons que sur 16,000 hommes de garnison, 12,000 étaient des mobiles, sans aucune instruction militaire à leur arrivée, ce qui montre une fois de plus que les soldats valent pour une large part ce que vaut le général. Les munitions d'infanterie étaient suffisantes ; celles de l'artillerie, médiocres ; sur 300 bouches à feu, 40 canons rayés étaient seuls vraiment efficaces. On installa une fonderie qui donna peu de résultats. La garnison avait pour cinq mois de vivres.

Le 3 décembre, la division Tresckow, forte de 15,000 hommes, s'établit autour de la place sur les fronts est et nord ; le 27 seulement, l'investissement fut complet. Grâce aux avant-postes fortifiés, l'armée allemande était en moyenne à 4 kilomètres des ouvrages de la place ; elle se borna pendant quelques jours à couper les voies de communication, à repousser les éclaireurs qui tenaient campagne à toute heure du jour ou de la nuit. Le 21 novembre, l'ordre vint au général de Tresckow d'entamer les

fit la campagne de Rome, puis de Crimée, et le 13 août 1863, il était nommé lieutenant-colonel. Le 19 octobre 1870, Gambetta le nommait colonel du génie et gouverneur de la place de Belfort en remplacement de Crouzat. La commission de révision des grades le maintint colonel. Représentant du Haut-Rhin à l'Assemblée nationale, il démissionna après l'annexion, fut réélu dans la Charente-Inférieure, le Doubs, l'Isère, opta pour la Charente-Inférieure. Il fut l'un des 363. Il mourut à Versailles le 11 mai 1878.

opérations du siège ; en même temps arrivaient 10,000 hommes de renfort et 50 pièces de gros calibre. Après avoir pris, puis perdu au nord, les villages de Vétrigne et d'Offémont, occupé à l'ouest Cravanche, Essert et Le Mont, plus au sud Bavilliers, non sans coup férir, puisque la lutte dura du 23 au 28, de Tresckow donna le 3 décembre, l'ordre du bombardement. La redoute de Bellevue, le château pris d'écharpe subirent des dégâts importants, mais la riposte fut telle, bien qu'on ne pût rendre qu'un coup sur trois, que cette première tentative donna peu de résultats. Une pièce de 24 rayée, remarquablement juste et rapide, célèbre dans toute la garnison sous le nom de Catherine, causa de grandes pertes aux assiégeants.

Tous les jours les allemands canonnaient la place, avec une sureté accrue ; la garnison répondait avec vigueur, poussait des pointes en dehors et le poste important de Danjoutin, au sud, défendu par 800 mobiles, résistait à toutes les attaques. On était au 30 décembre, le siège durait depuis 7 semaines ; le bombardement depuis un mois, les progrès de l'assiégeant étaient faibles. De Tresckow comprit qu'il fallait resserrer les lignes d'investissement, et prendre Danjoutin sans retard, d'autant plus que l'armée de l'Est atteignait alors Chalon sur Saône et Chagny. Les 6, 7 janvier, le feu redoubla contre Danjoutin ; le 8, l'attaque directe s'exécuta ; les mobiles s'étaient fortifiés au sud du village ; ils furent attaqués au nord, et pendant la nuit ; malgré une résistance qui dura jusqu'au jour, ils furent obligés de se rendre, sans que les renforts envoyés de la place par Denfert aient pu les dégager ; une tentative pour reprendre le village échoua. Danjoutin conquis, l'attaque se resserra sur les forts des Hautes et des Basses-Perches, mais elle dut bientôt se ralentir par la nécessité où se trouva Tresckow d'envoyer à Werder les 3/4 de son effectif pour le soutenir sur la Lisaine. On a reproché à Denfert de n'avoir pas cherché à percer le mince rideau de troupes qui restait devant lui ; mais il a répondu justement, à notre avis, qu'une sortie générale pouvait compromettre sans retour ses effectifs ; qu'il n'avait d'ailleurs aucun renseignements sur les mouvements du général Bourbaki. Quelques colonnes lancées contre Essert, Bavilliers, Chevremont furent d'ailleurs repoussées, le 16, c'est-à-dire le jour même où l'aile gauche de l'armée française était à Chenebier, à 5 kilomètres à vol d'oiseau du fort des Barres. Le 17, aucune sortie n'eut lieu ;

le 18, l'armée de l'Est ébauchait sa retraite ; les défenseurs de Belfort ne pouvaient plus compter que sur eux-mêmes. De même qu'au Mans, le 11 janvier, à neuf heures du soir, l'incident de la Tuilerie avait transformé la victoire en déroute, le 16, entre Chenebier et Belfort, une autre sorte de fatalité avait empêché Bourbaki et Denfert de se donner la main.

Le 20 janvier, de Tresckow, remis en possession de toutes ses troupes, fit canonner violemment Pérouse sur le soir ; puis, à minuit, les allemands, renouvelant avec le même succès le subterfuge de Danjoutin, prenaient Pérouse aux mobiles surpris. Les travaux d'approche commencèrent ; la première parallèle contre les Perches fut ouverte dans la nuit du 21 au 22 : le 26, à sept heures du soir, une colonne d'assaut s'élança contre les redoutes, mais l'éveil avait été donné, la colonne fut repoussée, et dut s'enfuir avec de grosses pertes ; la compagnie de front, descendue dans le fossé, isolée de tout secours, se rendit à la première sommation. Cette attaque manquée coutait à l'assiégeant 10 officiers et 427 hommes dont 300 prisonniers.

La guerre touchait à sa fin ; l'état-major allemand souhaitait de brusquer les choses pour s'assurer la possession définitive d'une ville forte, qu'une série d'ouvrages habilement conçus développait en camp retranché. Le bombardement prit une violence atroce ; une pluie de fer cribla la ville et le château ; les sommations étaient journalières, et Denfert répondait : « La garnison et la population connaissent l'étendue de leurs devoirs envers la France et envers la République ; elles sont décidées à les remplir. » Le 16 février, sur autorisation spéciale du Ministre de la guerre, le colonel Denfert signait une convention et rendait la place.

Cette défense mémorable avait duré 105 jours ; la garnison avait perdu 4,713 tués, morts, blessés ou disparus, plus du quart de l'effectif ; la population civile comptait 336 victimes du bombardement. Les batteries ennemies avaient lancé 400,000 projectiles, et les nôtres 80,000 seulement. « La brillante défense de Belfort fut sans nul doute, le motif principal de la clause du traité de Francfort qui conserva cette ville à la France. Le pays doit donc au colonel Denfert, à la courageuse garnison et à la presque totalité de la population de la ville qui les soutint par son attitude, plus que de l'admiration : de la reconnaissance. — Général THOUMAS. »

ANNEXES DU CHAPITRE VI

1re ARMÉE
—
20e CORPS

ORDRE

» Soldats du 20e corps,

» La journée d'hier a été pour vous un glorieux succès. Vous avez enlevé Villersexel à la baïonnette et vous avez vu votre ennemi fuir devant vous, laissant entre vos mains 500 fusils et de nombreux prisonniers.

» Déjà la France le sait et applaudit à vos efforts. Continuez à supporter énergiquement les fatigues. Serrez-vous autour du drapeau pour être forts au moment du combat : quand il recommencera, abordez vigoureusement ces barbares ennemis qui insultent nos familles et nos populations désarmées, et nous ne tarderons pas à voir tomber en face de vos baïonnettes, leur insolent orgueil.

» Quartier général à Villargent le 11 janvier 1871.

» Signé : *Le général de division commandant le 20e corps,*

» CLINCHANT. »

*
* *

« Le mouvement du 25e corps, de Vierzon à Clerval, demanda 12 jours au lieu de 36 heures, délai primitivement prévu par l'autorité militaire.

» Commandant ROMAGNY. »

*
* *

Werder à de Moltke (14 janvier)

« Je prie instamment d'examiner s'il y a lieu de continuer à tenir devant Belfort. Je crois pouvoir protéger l'Alsace, mais non en même temps Belfort, à moins de risquer l'existence même du corps. L'obligation de tenir devant Belfort m'enlève toute liberté de mouvement. »

*
* *

PONTARLIER - Les Forts de Joux et du Larmont

De Moltke à Werder (25 janvier)

« Attendez l'attaque dans la forte position qui couvre Belfort et acceptez la bataille .. »

*
* *

Déposition du général Borel

« Le général Billot avait reçu l'ordre de déboucher sur la droite des troupes allemandes et de tâcher de les déborder. Il avait avec lui, outre le 18e corps, la division Cremer, ce qui faisait un total d'environ 40,000 hommes et 120 pièces de canon. On comprend facilement l'effet qu'aurait pu produire l'arrivée de forces aussi considérables si, comme nous l'avions espéré, elles parvenaient à déboucher, vers les deux ou trois heures, sur le champ de bataille. Malheureusement, le chemin qu'elles avaient à parcourir était couvert de neige et le général Billot, on ne peut pas lui en faire un reproche, n'a pu arriver qu'à la nuit en contact avec l'ennemi... »

*
* *

Relation de Von der Goltz

« Le moment décisif de la bataille pour les allemands était arrivé. Si l'attaque heureuse des divisions Cremer et Penhoat avait entraîné le reste de l'aile gauche française, l'aile droite allemande pouvait être écrasée rien que par le déploiement de l'artillerie supérieure de l'ennemi, et le chemin de Belfort était libre. Le général de Werder se décida aussitôt à engager sa faible réserve... »

*
* *

Relation allemande (résumée par le capitaine Bonnet)

« Cette journée, qui devait être décisive, (16 janvier) n'avait été bien conduite que par le général Cremer. Lui seul avait atteint au moins partiellement le but fixé. Ses attaques avaient été sérieuses. Le 3e régiment badois, qui occupait Chênebier, avait perdu 250 hommes. Il n'en était pas de même partout ailleurs. Ainsi les 30e et 34e d'infanterie, qui occupaient Lure et Chagey en face du 18e corps et qui se croyaient voués à une destruction totale, ne comptaient le soir que 4 morts et 9 blessés... »

*
* *

Bourbaki au Ministre

« 17 janvier au soir.

» Si l'ennemi se décidait à nous suivre, j'en serais enchanté. Peut-être nous offrirait-il ainsi l'occasion de jouer la partie dans des conditions plus favorables... »

*
* *

Relation allemande

« Une armée telle que la sienne n'était pas apte, après un mouvement rétrograde, à entreprendre des opérations rapides et audacieuses ; et cependant il ne restait pas autre chose à tenter, si l'on voulait obtenir un résultat quelconque, car il fallait s'attendre sous peu de jours à avoir sur les bras deux corps prussiens de troupes fraîches. »

*
* *

L'Empire allemand à Versailles

« Le 18 janvier, le lendemain d'Héricourt, la veille de Buzenval et de Saint-Quentin, à Versailles, dans la galerie des Glaces, Guillaume, roi de Prusse, fut proclamé Empereur d'Allemagne. Devant les princes confédérés, Bade, Bavière, Wurtemberg, Oldenbourg, Saxe-Weimar, etc. etc., le comte de Bismarck donna lecture de la proclamation au peuple allemand ; le duc de Bade, au nom de tous, dans le bruit des hurrahs et des fanfares, reconnut Guillaume comme Empereur. La vieille Allemagne, fédérative et légendaire, affirmait et saluait, non sans un obscur regret peut-être, son unité conquise enfin. » — L.

CHAPITRE VII

LA RETRAITE SUR BESANÇON ET PONTARLIER

Après les trois jours de bataille sur la Lisaine, l'armée de l'Est, profitant de la molle poursuite de Werder, aurait pu se porter à la rencontre de Manteuffel qui accourait à toutes brides par Langres et par Dôle pour immobiliser et détruire la dernière armée qui inquiétât de Moltke. En supposant une nouvelle défaite, en rase campagne, les 100,000 hommes de Bourbaki n'auraient pas été pris comme dans un filet, les vaincus auraient pu rejoindre et renforcer la petite armée de Dijon. Mais le commandant en chef, surtout soucieux de retarder le contact avec l'ennemi, décida la retraite sur Besançon.

Le 18, l'armée de l'Est s'ébranla, et le 21 elle s'établissait sur les lignes Marchaux-Baume-les-Dames, n'ayant en quatre jours parcouru qu'une cinquantaine de kilomètres. A cette date du 21 janvier, qui vaut qu'on s'y arrête, la situation de l'armée de l'Est est ou paraît désespérée. Manteuffel, forçant les vitesses, se montre autour de Besançon, menace Quingey, la meilleure route sur Lyon. Werder, pressé d'agir, jette deux divisions sur Baume. C'est l'étau qui se dessine, et va nous étreindre jusqu'à la Suisse. La situation générale parait plus désastreuse encore : Chanzy est rejeté sur Laval, Faidherbe sur Cambrai, tandis que l'héroïque Paris, qui veut sortir et respirer, brise son dernier effort aux murs de Buzenval.

Cependant que de lueurs d'espoir dans cette détresse, que d'énergies malheureusement éparses ou tardives ou provoquées à contre-temps ! Cremer barre à Rougemont la route à toute une division badoise ; l'armée de Garibaldi, brave mais inconsistante, qui n'a pas su empêcher la marche de Manteuffel, se couvre de gloire à Pouilly et conquiert un drapeau poméranien ; Faidherbe recule il est vrai de Saint-Quentin à Cambrai, mais avec une si fière allure que Goeben n'ose le poursuivre ; Chanzy, jamais lassé, se reconstitue à Laval ; à Buzenval enfin, c'est une émulation de toutes les troupes, ligne, mobiles, gardes nationaux, un élan formidable de tout Paris qui se raidit et qui proteste contre un bombardement sauvage. A Buzenval succombent l'explorateur Lambert, le colonel de Rochebrune, le peintre Henri Regnault, le marquis de Coriolis et tant d'autres; mais si Paris n'a plus guère de ressources en vivres, il en a suffisamment en hommes et en courage pour tenter un effort convulsif qui sauvera tout. Malheureusement les chefs sont las, et Trochu démissionne ; le gouvernement s'use à réprimer l'émeute au lieu d'en tourner les énergies contre l'assiégeant.

Le 21 janvier, l'armée de l'Est se précipitait en désordre vers Besançon ; toutefois les francs-tireurs de Bombonnel (1) se maintenaient vigoureusement à Dôle jusqu'à 4 heures du soir ; des mobilisés détachés de la garnison de Besançon luttaient avec courage à Marnay, Etuz et Le Pin. Le 22, aucun combat d'importance ; le 23, l'armée de Manteuffel occupait, presque sans coup férir, Quingey sur nos derrières, au sud de Besancon, nous coupant ainsi la route de Lons-le-Saulnier et l'espoir d'aboutir à Lyon.

Manteuffel avait, le 22 janvier, reçu l'ordre à Versailles de rejoindre le plus tôt possible Werder pour couvrir le siège de Belfort et les communications allemandes menacées. Mais l'exécution comportait une grande latitude ; le général allemand prit d'abord Dijon pour objectif, puis Vesoul. « Une opération contre Dijon était conforme à tous les principes militaires et devait assurer un succès certain, si l'on considérait plutôt les intérêts immédiats que la situation auprès de Belfort. Mais d'autres raisons se présentèrent bientôt qui portèrent le général de Manteuffel à opter, malgré des avantages aussi évidents, pour la marche contre Vesoul. C'est que l'objectif capital n'était ni Dijon, ni le corps de Garibaldi ou des francs-tireurs, mais la grande armée ennemie ; celle-ci vaincue ou impuissante, tout le reste allait de soi. — Colonel de Wartensleben. »

Manteuffel partit le 14 ; le 17, le IIe corps était à Is-sur-Tille, le VIIe corps à Selongey et Chalindrey ; le 18, Manteuffel reçut une dépêche de Werder lui annonçant son succès sur la Lisaine et par conséquent les communications allemandes maintenues.

(1) Le colonel Bombonnel était le célèbre chasseur de panthères. A Pesmes, depuis le 15, il signalait l'approche de l'ennemi et demandait vainement des secours à l'armée de Garibaldi.

Sans perdre de temps, par une inspiration qui devait nous coûter si cher, Manteuffel au lieu de renforcer Werder et de nous rejeter sur nos lignes de retraite, résolut de porter ses deux corps d'armée au sud de Besançon, de façon à couper nos communications avec Lyon et le midi de la France. Le 19, il prescrivait à la brigade Kettler de s'emparer de Dijon. Kettler lutta trois jours sans succès pour son compte (1) ; au moins assurait-il à Manteuffel la liberté de ses mouvements ; le 20, le IIe corps avait son avant-garde à Pesmes, le VIIe corps à Etuz et Marnay ; le 21, l'avant-garde du IIe corps prenait Dôle, celle du VIIe corps s'installait entre le Doubs et l'Ognon ; le 22, les avant-gardes s'assurèrent que tous les ponts de la Loue, de la Clauge et de l'Orain étaient intacts ; le 23, le VIIe corps se portait à Quingey, le IIe corps à Mont-sous-Vaudrey ; l'audacieuse tentative du général en chef de l'armée du Sud, dans laquelle la diversité des moyens se pliait aux exigences d'un même but, avait pleinement réussi. En opposition avec cette entreprise si bien conduite à travers les aléas, il nous faut mettre les maladresses impardonnables de l'état-major de l'armée de l'Est, plus meurtrières pour le soldat que le froid et l'ennemi.

Le 24e corps, général Bressolles, avait reçu la mission de couvrir notre flanc droit et d'occuper les hauteurs de Blamont ; déjà le choix montrait peu de mémoire et d'habileté ; le 23, dans l'après-midi, le général Bressolles reçut l'ordre de rentrer à Besançon ; le 24, la retraite commença ; dans l'après-midi deux dépêches ordonnèrent de réoccuper les défilés du Lomont, « qui sont et doivent demeurer infranchissables à l'ennemi ». Dans cette confusion, la plupart des troupes du général Bressolles se replièrent de leur propre mouvement sur Pontarlier. Ce même jour, Bourbaki, apprenant que Besançon ne contenait que quelques jours de vivres, ce qui était faux, réunissait à Château-Farine un Conseil de guerre auquel furent proposées les solutions suivantes : Devait-on maintenir l'armée sous Besançon et y attendre l'attaque de l'ennemi ? — Cette solution fut écartée à cause de l'insuffisance présumée des vivres. Devait-on prendre l'offensive et percer dans la direction d'Auxonne et de Dijon ? —

(1) Ce sont les combats de Talant et de Pouilly (21, 23 janvier). Dans ce dernier combat, la brigade Ricciotti Garibaldi s'empara du drapeau du 61e régiment d'infanterie.

C'était l'avis de M. de Freycinet et du général Billot auquel Bourbaki offrit sa place, qu'il refusa. Devait-on mettre l'armée en retraite dans la direction de Pontarlier pour gagner la vallée du Rhône par les routes de la frontière ?

Cette dernière solution prévalut, malgré les objections du général Seré de Rivière, et les télégrammes de M. de Freycinet. Ce dernier, se rendant parfaitement compte des dangers d'une marche à travers les plateaux du Jura couverts de neige, multipliait les dépêches pour provoquer le général en chef à s'orienter sur Nevers ou Dijon. Bourbaki objectait l'état des troupes et des chemins ; aux prises avec des difficultés qui débordaient les ressources de son intelligence et de son initiative, il renonçait à lutter, flottait déjà comme une épave : « Votre dépêche, répondait-il à M. de Freycinet, me prouve que vous croyez avoir une armée bien constituée ; il me semble que je vous ai dit souvent le contraire. Du reste j'avoue que le labeur que vous m'infligez est au-dessus de mes forces et que vous feriez bien de me remplacer par Billot ou Clinchant. » — « La marche que vous me prescrivez est impossible ; j'ai sur ma droite une armée qui est évaluée à 90,000 hommes... Dans mes trois corps d'armée, je n'ai pas 30,000 combattants. » Ce total, inférieur à la réalité, n'était pas négligeable ; trente mille combattants résolus, exaspérés, peuvent accomplir d'héroïques besognes, et on verra qu'à Chaffois nous nous sommes vertement défendus dans la proportion d'un contre cinq. M. de Freycinet répondait au général, le 25, dans l'après-midi : « Je suis tombé des nues à la lecture de vos dépêches. Il y a huit jours à peine, devant Héricourt, vous me parliez de votre ardeur à poursuivre le programme commencé, et aujourd'hui, sans avoir eu à livrer un seul combat, après avoir fait des mouvements à peine sensibles sur la carte, vous m'annoncez que votre armée est hors d'état de marcher et de combattre, qu'elle ne compte pas 30.000 hommes, que la marche que je vous conseille vers l'ouest ou le sud est impossible, et que vous n'avez d'autre solution que de vous diriger sur Pontarlier ! Enfin, vous concluez pour me demander mes instructions. Quelles instructions voulez-vous que je donne à un général en chef qui me déclare qu'il n'a pas d'autre parti à prendre ?... » Une autre dépêche disait : « Plus je réfléchis à votre projet de marcher sur Pontarlier et moins je le comprends. Je viens d'en parler avec les généraux du ministère et leur étonnement égale le mien. N'y a-t-il point erreur de nom ? Est-ce bien Pontarlier que vous avez voulu dire ? Pontarlier près de la Suisse ? Si c'est là, en effet, votre objectif, en avez-vous envisagé les conséquences ? Avec quoi vivrez-vous ? Vous mourrez de faim certainement. Vous serez obligé de capituler ou d'aller en Suisse ; car, pour vous en échapper, je n'aperçois aucun moyen. Partout vous trouverez l'ennemi devant vous et avant vous. Le salut, j'en suis sûr, n'est que dans une des directions que j'ai indiquées, dussiez-vous laisser vos impedimenta derrière vous, et n'emmener que vos troupes valides. A tout prix, il faut faire une trouée, hors de là, vous vous perdez. »

Au lieu de se plier à ces conseils dont l'événement devait prouver la sagesse, le général en chef maintenait l'ordre de réoccuper le Lomont au nord de Besançon ; le général Bressolles, qui avait déjà fait ses preuves de mollesse, n'était pas homme à communiquer aux troupes épuisées l'entrain qui leur manquait ; elle-même l'énergique division Busserolles s'essaimait en désordre dans les villages au lieu de se concentrer ; quant au 18e corps, chargé d'appuyer vers Baume-les-Dames le mouvement offensif du 24e corps, il perdit douze heures à remonter au nord, retraverser Besançon, attendre les traînards. D'ailleurs ces mouvements contradictoires et pénibles épuisaient les dernières énergies ; on avait trop marché, sans savoir et sans comprendre, pour avoir du cœur à combattre.

Le 26, le général Bourbaki, doublement désespéré par la dépêche de M. de Freycinet et par l'insuccès de son effort vers le Lomont, devant le refus du général Billot de prendre le commandement en chef, s'étendit dans la soirée sur son lit, et se tira un coup de revolver à la tempe.

Le projectile ayant dévié, le général ne se fit qu'une blessure légère. Vers la même heure, un télégramme envoyé par Gambetta remettait à Clinchant le commandement. Le successeur de Bourbaki ne crut pas devoir modifier le plan de retraite, la concentration sur Pontarlier. Il se rendit lui-même dans cette ville pour assurer les vivres, faire déblayer les routes, étudier les moyens de défense. On peut regretter que le nouveau commandant n'ait pas fait preuve de plus d'initiative et lancé dans la direction de Champagnole, vers l'ouest, où une route se trouvait encore libre, les troupes de Cremer fort capables encore de tenir tête à l'ennemi, le cas échéant.

L'ardent Cremer, le vainqueur de Nuits (18 décembre) (1) et de Chenebier (16 janvier) soutenait l'arrière-garde depuis Besançon, lançait des détachements aux cols de Bonnevaux et des Granges, gagnait Pontarlier pour préparer la défense, poussait de là jusqu'à Saint-Laurent une pointe hardie de cinquante kilomètres, disposant des détachements sur tous les points défendables. Cette mobilité courageuse, qui inquiétait Fransecky, et l'avait un moment écarté de Salins, attestait que les chemins n'étaient pas impraticables pour tous, et que la résistance demeurait possible à qui voulait sincèrement résister.

C'est ce que montrent suffisamment les dernières péripéties d'une campagne où les contrastes abondent, dans l'absence d'une direction homogène, dont la fonction capitale consiste à coordonner même les retraites et à combler les lacunes du courage impulsif ordinairement inégal. La division d'Astugue avait eu son heure glorieuse devant Montbéliard ; mais le 28, elle marchait à l'aventure, d'un pas lourd, de Sombacourt à Pontarlier, peu pressée de gagner le défilé des Planches qu'occupait alors en flèche un détachement commandé par de Wedell. Au village de Sombacourt, l'avant-garde du VIIe corps se heurta aux derniers régiments ; après une heure seulement de lutte molle et traînante, l'ennemi capturait la division presque tout entière : les généraux d'Astugue et Minot, 2,700 hommes, 10 canons, 7 mitrailleuses, 48 voitures, 319 chevaux et 3,500 fusils.

A quelques kilomètres de là, au village de Chaffois, la 1re brigade de la division Thornton, fidèle à elle-même depuis Beaune-la-Rolande, luttait pendant deux heures contre les troupes du colonel de Cosel, sans lâcher prise, quand un parlementaire arrêta le feu.

Un officier du 34e nous retrace le récit émouvant de cette affaire.

Chaffois (29 janvier)

Le 28 janvier, au petit jour, nous quittions Evillers où nous avions passé une nuit glaciale, car il fallait gagner de vitesse

(1) Cremer, qui fut l'âme de la résistance autour de Dijon, avait déjà, le 30 novembre, battu à Nuits une reconnaissance, envoyée par Werder ; le 18 décembre il tint toute une journée en échec la division badoise de Glümer. Les mobiles de la Gironde montrèrent une ténacité de vieilles troupes.

l'armée allemande lancée à nos trousses et tâcher de joindre la route de Pontarlier à Mouthe qui nous aurait ouvert le passage sur Lyon. L'étape fut longue et la neige, amoncelée sur le versant du Jura, rendait la marche de plus en plus pénible. L'artillerie ne parvenait à gravir les pentes ardues de la montagne qu'en doublant les attelages pour transporter chaque pièce l'une après l'autre jusqu'au sommet et recommencer ensuite l'ascension de celles dont on avait emprunté les chevaux. Ces difficultés inouïes occasionnaient des à-coups continuels pendant lesquels nos pauvres troupiers, déjà exténués de fatigue et transis de froid, piétinaient sur place. Après dix heures de cette marche démoralisante, nous fûmes cantonnés à Chaffois, petite commune de 500 habitants du canton de Pontarlier. Le régiment des Deux-Sèvres et le 25e bataillon de chasseurs à pied occupèrent à la hâte les cantonnements qui leur étaient assignés. Les grand' gardes avaient pris position au nord du village.

Les chasseurs à cheval que le général Thornton avait envoyés en reconnaissance, étaient rentrés sans avoir rencontré l'ennemi. Les hommes avaient allumé des feux et se disposaient à faire la soupe. Cependant une agitation étrange régnait dans la maison où j'étais logé avec quelques-uns de mes camarades... « Les prussiens ne sont pas aussi loin que vous le pensez », me dit notre hôte, grand montagnard jurassien, aux traits énergiques qui semblaient exprimer une anxiété très vive. « Comment pou» vez-vous être mieux renseignés que nous, puisque les chas» seurs viennent de rentrer et qu'ils n'ont rien vu ? ». — « C'est » possible, me répondit le villageois, mais mon voisin qui est » allé ce matin à Levier m'a rapporté qu'ils y arrivaient et nous » n'en sommes qu'à cinq petites lieues. » — « Bien, lui répon» dis-je, mais les lieues de pays sont longues. »

Ce colloque venait de prendre fin, lorsque plusieurs fusées volantes vinrent tomber en pluie d'étoiles sur le village. Il n'y avait pas à s'y méprendre : les prussiens remplaçaient les clartés de la lune absente par un feu d'artifice. En même temps, l'ordre était transmis aux commandants de compagnie de faire mettre sac au dos et de faire prendre les armes, car l'ennemi après une marche forcée de cinq lieues menaçait Chaffois. Mais les hommes sont à peine sur les rangs dans la plaine, qu'une fusillade se fait entendre : c'est la grand'garde qui, attaquée, pressée de près, ne résiste pas et se replie. Il ne nous restait plus qu'une ressource, celle de nous retrancher au plus vite dans le village et d'y attendre l'ennemi de pied ferme derrière les murs et les obstacles de toute nature.

A peine avions-nous pris nos dispositions de combat dans notre petit camp retranché, qu'à l'extrémité de la plaine recouverte de son linceul de neige, éclairée par une pâle clarté qui tombait des étoiles, un long cordon noir se dessina. Puis une fraction se détacha du gros et se dirigea, au pas gymnastique, en ligne de bataille, droit sur le village. Vorwaerts ! commandaient les officiers ; Vorwaerts ! Ils n'étaient plus qu'à cent mètres de nos tirailleurs. Feu ! commanda-t-on. Aussitôt cinquante coups de fusil partirent et firent une large trouée dans la bande noire qui vint en désordre se blottir derrière le mur que nous défendions. Nos hommes se replièrent de quelques mètres et la fusillade continua ainsi, dans l'obscurité.

Tout à coup, deux officiers ennemis escaladent le mur et s'avancent en prononçant des paroles inintelligibles pour nous. Que demandaient-ils ? Que voulaient-ils ? Une semblable audace ne s'expliquait pas ? Une méprise, sans doute, qu'ils payèrent de leur vie. A peine avaient-ils-ils fait quelques pas que dix fusils firent feu et les malheureux, blessés mortellement, vinrent s'abattre et se tordre à nos pieds en proie aux cruelles souffrances d'une terrible agonie.

Nous en étions là, depuis une grande heure, n'ayant pas reculé d'une semelle, pris dans un cercle de fer et de feu qu'il ne fallait pas songer à franchir. La situation ne laissait pas que d'être des plus critiques et quelle en serait l'issue ?

Nous étions tous dans cette perplexité, nos hommes continuant à tirailler sur les casques à pointe qui émergeaient à vingt pas de l'autre côté du mur, lorsqu'un appel de clairon se fit entendre : « Cessez le feu, commandent les officiers supérieurs : un parlementaire ! » Le feu cesse, mais les allemands profitant de l'accalmie, nous entourent de toutes parts et désarment nos hommes.

Cependant le parlementaire, précédé du drapeau blanc, s'était avancé sur la place du village. Il fut aussitôt entouré par les officiers, et le général Thornton, annonça au colonel prussien, de Cosel, qu'une dépêche lui signalait la conclusion d'un armistice de 21 jours. Le colonel de Cosel répondit qu'il n'en était point informé par l'état-major allemand et que, dans ces conditions, il considérait notre régiment comme prisonnier de guerre et exigeait que nos troupes rendissent leurs armes (1), sauf à les leur restituer si l'armistice concernait l'armée de l'Est, toutefois il autorisait les officiers, sur la demande du colonel Rouget, à conserver leur sabre et leur révolver. Mais, comme l'ordre n'avait pas encore été transmis, il nous fallut, un instant, résister aux entreprises brutales des sous-officiers allemands qui voulaient nous enlever nos armes ; grâce au capitaine de La Porte, qui connaissait la langue allemande, l'autorisation fut enfin respectée. Le colonel de Cosel fut d'ailleurs très courtois, il nous offrit même des cigares et nous dit que nous nous étions vaillamment défendus.

Notre régiment et le bataillon de chasseurs, comptant ensemble 1,800 hommes, furent enfermés ou plutôt entassés dans la petite église de Chaffois. Les malheureux étaient tellement serrés, qu'ils furent obligés de briser les vitraux afin de rendre l'air respirable. Quant aux officiers, on les renferma au nombre de 25 ou 30 dans la boutique d'un tisserand.

Cependant, au lieu de suivre nos camarades, nous nous étions réfugiés, mon sous-lieutenant et moi, un capitaine du 34e et le capitaine d'artillerie de la 2e brigade, dans une maison voisine. Les hôtes nous avaient accueillis avec bonté et nous avions pris place autour du foyer, échangeant nos tristes pensées, déplorant notre sort douloureux dont nous n'étions pas responsables et que les hésitations du commandement devant Besançon nons obligeaient à subir. Le capitaine d'artillerie, les yeux remplis de larmes, se lamentait sur la perte de sa batterie qu'il avait eu tant de peine à conduire jusqu'ici et qu'il avait espéré sauver. Mais, au dehors, un vacarme se fait entendre autour de la maison, puis aussitôt les portes cèdent et nous voici entourés par une compagnie prussienne suivie de son capitaine. A la vue de cet officier, nous nous levons pour lui céder la place, mais d'un geste il nous fait signe de rester. Sur ces entrefaites entre un bas-officier qui s'adressant brusquement aux villageois : « De la viande, du pain, du vin ? » demande-t-il. Nos pauvres gens, tout tremblants, répondent qu'ils n'ont plus rien. « Kein

(1) Sur la réclamation du général Clinchant, le général Manteuffel reconnut ultérieurement l'erreur : il renvoya les hommes et rendit les fusils après notre entrée en Suisse.

brod, kein wein, kein fleisch ! Nichts, rien du tout. » s'écria le bas-officier, et se tournant vers ses hommes il fit un geste qui signifiait, sans doute, prenez tout, car immédiatement les prussiens, voraces et affamés, se mirent en devoir d'ouvrir les armoires, les coffres et poussaient des cris de joie à chaque découverte que leur procurait cette brutale perquisition, brandissant qui un jambon, qui un pain extraits d'une cachette et les jetant triomphalement sur la table.

A ce moment, le capitaine prussien visiblement gêné par notre présence, appela un homme de garde et nous invita à le suivre. Nous nous retirâmes sans trop savoir où l'on nous conduisait, puis on nous renferma, à notre tour, dans la maison du tisserand où nous retrouvâmes nos camarades couchés sur le sol.

Le lendemain matin, comme nous embarrassions nos ennemis, sans doute, on nous fit savoir que nous pouvions prendre nos emplacements à la distance règlementaire de dix kilomètres, en attendant la décision de l'état-major allemand.

Nous partîmes le cœur serré, navrés de voir notre régiment qui avait lutté jusqu'à la fin avec tant d'énergie, prendre la route de Bannans sans avoir la consolation d'emporter ses armes. Mais que faire ? Nous étions 1,800 ayant tenu en échec pendant quatre heures une division allemande (environ 10,000 hommes), nous lui avions fait payer cher la satisfaction de coucher à Chaffois et une victoire bien peu glorieuse pour elle.

Arrivés à Bannans, nous y fûmes cantonnés, avec l'espoir d'y passer une nuit moins terrible, lorsque vers dix heures du soir, l'on vint nous annoncer que l'armistice ne comprenait pas l'armée de l'Est et qu'il fallait déguerpir au plus vite, car les hostilités allaient recommencer dès le lendemain matin.

Nous fûmes abasourdis par cette sinistre nouvelle. Il ne fallut rien moins que l'impétueuse énergie de l'adjudant-major Paul Barrelle, pour ramener les officiers du bataillon, assoupis par un sommeil réparateur et pourtant bien gagné, au triste sentiment de la réalité. Ce ne fut pas une mince besogne en effet, que de courir aux granges, réveiller et menacer les hommes qui, incrédules et épuisés de fatigue, refusaient de se lever.

A minuit, sur la route obscure et neigeuse de Bannans, la colonne reprenait péniblement sa marche jusqu'à Pontarlier où elle arrivait à 3 heures du matin, dans le plus grand désordre, ayant laissé derrière elle une foule de trainards engourdis par le froid et la privation de sommeil, affaiblis par le manque de nourriture, incapables de supporter un effort qui avait excédé, pour beaucoup, les limites des forces humaines.

Cependant, peu à peu les trainards rallièrent le régiment cantonné provisoirement dans les baraquements construits sous les forts de Larmont et de Joux. Mais, comme cette troupe sans armes était plutôt un impedimenta, on l'envoya cantonner dans la montagne aux villages de Chaudron et de Montperreux. Puis, le lendemain, à l'aube, elle reprit sa marche dans la direction de Mouthe qu'elle abandonna pour prendre à droite la route des Fourgs où elle parvint à 2 heures de l'après-midi. Le canon tonnait derrière nous, l'ennemi nous poursuivait avec acharnement.

Nous touchions à la frontière Suisse. Le colonel Rouget réunit les officiers et leur annonça, qu'à partir de ce moment, le régiment était dissous et que chacun de nous pouvait reprendre sa liberté d'action, que la route de la Suisse nous restait ouverte ; quant à lui, il était décidé, avec les braves qui voudraient le suivre, à faire une trouée pour franchir les lignes ennemies. Nous exposâmes à notre colonel l'inutilité du sacrifice et nous lui représentâmes que c'était courir au-devant d'une mort certaine ; nous ne pûmes réussir à ébranler sa résolution. Il nous quitta en nous serrant affectueusement les mains. C'est alors que les officiers, sous l'empire d'une poignante émotion, tentèrent un dernier effort pour dissuader le colonel Rouget d'une entreprise qu'ils jugeaient non seulement téméraire, mais encore absolument vaine et insensée, rédigèrent séance tenante la lettre suivante adressée au général Thornton :

« Mon Général,

» Durant toute cette campagne, vous nous avez vus à l'œuvre et vous avez pu nous juger. Nous étions soldats ; à cette heure, nous sommes impuissants à défendre notre pays. Désormais, nous sommes en face de cette terrible perspective : devenir prisonniers prussiens ou suisses. Nous préférons nous remettre entre les mains de ceux auxquels nous n'avons pas à reprocher l'indigne mauvaise foi dont nous subissons les effets. Nous allons donc franchir la frontière suisse. Mais nous allons la franchir, le cœur bien attristé. Notre colonel persiste à vouloir demeurer, n'écoutant que son courage et fier de partager votre héroïque dévoûment. Nous comprenons, mon

Général, que votre noble exemple ait inspiré la pensée de ce sacrifice. Mais ce sacrifice n'est-il pas complètement stérile de la part du Colonel ? N'est-il pas excessif de la part du père de famille ? Le régiment est contraint de fuir ; vous-même l'avez déclaré. Notre colonel, qui en est l'expression, ne doit-il pas subir avec lui les fatales circonstances qui nous accablent ; ne le peut-il pas sans aucun scrupule ? Là est précisément l'obstacle. Pour dissiper ces hésitations et éclairer ce sentiment exagéré du devoir, nous avons recours à vous, mon Général. Nous vous faisons le confident de notre désir unanime, en vous priant d'en assurer la réalisation sans faire connaître notre démarche au Colonel.

» Nous nous réunissons tous, mon Général, pour vous témoigner notre profonde et recpectueuse admiration.

» *Les Officiers de la mobile des Deux-Sèvres.* »

(Suivent les signatures.)

Notre démarche toucha le colonel Rouget, le ramena au sentiment exact de la réalité et il se décida à passer la frontière avec l'état-major du général Thornton.

Les Fourgs sont une petite commune de 500 habitants, sur la route de Pontarlier à Sainte-Croix (Suisse). Le village disparaissait sous la neige. Il était environ 4 heures, le jour commençait à baisser. Le sauve-qui-peut précipitait hommes et chevaux dans une cohue indescriptible. Cavaliers et fantassins de toutes armes et de toutes couleurs, au visage émacié, aux yeux caves, tristes et résignés, se confondaient dans un pêle-mêle indéfinissable avec les pièces, les caissons d'artillerie, les voitures de l'intendance, les ambulances et les charrettes de réquisition. Un grand nombre de chevaux tombaient fourbus, entravaient la marche de ce troupeau humain et ajoutaient encore à l'encombrement d'un chemin étroit, à peine frayé dans la neige, et dans lequel les véhicules enfonçaient jusqu'au moyeu. Pendant que les têtes de colonne se hâtaient vers la frontière, l'arrière-garde protégeait avec la rage au cœur doublée de l'énergie du désespoir, à Pontarlier et à la Cluse, cette retraite lamentable, sans exemple dans notre histoire, de l'Armée de l'Est agonisante dans les montagnes du Jura.

Le 1er février, pendant que l'armée française achevait de passer la frontière, les têtes de colonne du IIe corps occupaient Pontarlier, puis se portaient vers les gorges de la Cluze où le général Pallu de la Barrière, chargé de protéger la retraite, avait massé sur les hauteurs le 29e de marche et l'infanterie de marine ; le 58e était en réserve au village. Tous les assauts furent obstinément repoussés jusqu'à la nuit tombante ; le lendemain seulement, 2 février, ces braves gens passèrent en Suisse, laissant un millier des leurs tués ou blessés. « Le combat du 1er février a été exclusivement un combat d'infanterie, très violent, très meurtrier, acharné surtout dans trois moments de la journée. Le champ était restreint et les combattants ont dû piétiner sur place pendant près de 7 heures dans le sang et la neige, enjambant les cadavres pour avancer de quelques pas.... L'attitude des simples soldats a été admirable. Près de la cabane du chemin de fer où l'on se fusillait à petite distance, plusieurs d'entre eux m'ont demandé, avec une familiarité respectueuse et l'accent de l'exaltation héroïque : — « Etes-vous content, mon » général ? » — (Enquête parlementaire, déposition du général Pallu de la Barrière.)

Devant ce courage indomptable, cette fraternité d'armes, survivant à tant de misères, toute âme bien née s'incline, et se sent réconfortée. C'est le génie même de la France, brave et délicat, qui réapparait, perce d'un rayon d'espoir les nuages et les détresses du Jura.

Maintenant que nous sommes face à face avec un désastre pire que toutes les prévisions, analysons rapidement les causes. L'idée d'inquiéter, surprendre, couper les communications de l'ennemi, est d'une logique si pressante qu'on peut s'étonner qu'elle ait été réalisée si tard. Besançon, dès octobre, devenait un centre de résistance dont les combats d'Auxon-Châtillon, permettaient d'apprécier la valeur. Le général Michel, par ses dépêches désespérées qui attestaient une ignorance complète de la situation, contribua à faire rappeler sur la Loire les troupes qui avaient combattu à la Bourgonce et à Châtillon ; l'abandon de la défense dans l'Est, en novembre, lui incombe pour une large part.

L'idée fut reprise en décembre, avec des moyens supérieurs d'exécution ; mais la saison était beaucoup moins favorable, et la direction sur Belfort manifestement trop excentrique. On imaginera facilement, nous tenons à le redire, les conséquences d'une marche sur Dijon-Langres, d'une occupation puissante et méthodique de cette région abandonnée jusque-là au courage intermittent des troupes garibaldiennes. Gêner l'ennemi, encourager Paris, se relier au centre de la France, ne pas craindre la famine, c'étaient là des avantages qui auraient dû faire pencher la balance en faveur du plan de Gambetta. Mais, par une malechance insigne, M. de Freycinet et Bourbaki, pour des raisons différentes, se trouvèrent par exception d'accord.

Nous avons suffisamment signalé les erreurs du commandant en chef, particulièrement l'absence de foi, de vigueur morale qui, plus que la faim et le verglas, déterminèrent le désastre. Le « raid » de Cremer,les combats de Chaffois et de la Cluse, les 15,000 hommes qui gagnèrent Gex à tous risques, attestent les ressources d'énergie qui se cachaient sous la pâleur des visages et le désordre des costumes.

Le siège et la reddition de Paris

Ce qui a manqué également à Trochu, c'est la foi, la foi morale, la confiance dans les troupes, la croyance au succès qui l'appelle, le prépare. Pendant que l'armée de l'Est entre en Suisse, Paris, qu'elle devait délivrer, succombe, capitule, victime de la faim, et plus encore de la méfiance réciproque du gouvernement et des troupes, des chefs et des soldats. Qu'un seul jour une même sympathie ait fondu tous les dévouements dans un même effort, et le cercle était brisé, Paris retrouvait de lui-même sa liberté. Mais le mal intérieur de la méfiance stérilise toutes les ressources : la ligne et les mobiles, les mobiles et les gardes nationales, Ducrot et Vinoy, le gouvernement et les maires, le peuple et Trochu n'ont pas fait âme commune ; il manque à Paris le souffle puissant et conciliateur de Gambetta.

Les sorties ont toutes quelque chose de décousu, d'inadapté, de stérile malgré l'héroïsme ; le lien de la défense, le sens intérieur des efforts n'apparaît pas ; le plan de Trochu, après avoir concentré un instant toutes les espérances, devient un thème à chansons ; chaque échec, répercuté puissamment dans le milieu clos de la capitale, s'il laisse les remparts intacts, fait une large brèche dans l'enthousiasme des premiers jours.

D'ailleurs Trochu, moins avisé que Denfert-Rochereau, n'a pas suffisamment élargi le cercle de la défense : il possédait assez d'hommes armés (500,000 contre 230,000) pour livrer vingt batailles, exiger vingt victoires avant de se résigner à l'investissement étroit et au bombardement. La sortie de Châtillon, mal soutenue, aboutit à l'abandon du plateau ; les sorties de Villejuif, de Bagneux, de la Malmaison furent plus heureuses et montrèrent ce qu'un général en chef moins défiant aurait pu tirer des mobiles ; la première sortie du Bourget illustra les francs-tireurs de la Presse, le 12e et 14e bataillon des mobiles de la Seine, et le 28e de marche, mais aucun secours n'aidant ces braves, ils furent tous tués, blessés ou prisonniers, et le Bourget était perdu. Cette perte jointe à la capitulation de Metz et à l'arrivée de Thiers qui proposait un armistice (31 octobre) exaspéra la population qui tenta, sans succès, de remplacer un gouvernement trop faible par des chefs plus résolus. La grande trouée du siège, la sortie de Champigny dans laquelle les Parisiens mirent tout leur espoir (1) fut une bataille acharnée de quatre jours, qui tourna contre nous par le retard du début, la lenteur de la division d'Exéa (30 novembre), la surprise de Bry (2 décembre). Les actes individuels ou collectifs de courage sont innombrables, mais on sent partout le manque de cohésion et de méthode. La seconde sortie du Bourget n'aboutit pas davantage ; comme toujours les retards dans la préparation donnent l'éveil aux assiégeants qui accumulent leurs moyens de défense. Le cercle de l'investissement se resserre ; le bombardement commence (5 janvier). Il faut tenter un dernier effort ; l'opinion réclame une « sortie torrentielle » ; les chefs du gouvernement et de l'armée la préparent sans confiance, la soutiennent sans que le cœur soit à l'ouvrage ; aussi malgré l'émulation d'héroïsme de la ligne, de la mobile, et des mobilisés si injustement suspects, c'est encore la défaite de Montretout-Buzenval.

La résistance serait encore possible ; Paris n'est pas à bout de combattants et de courage ; le bombardement paraît impuissant à forcer la ville ; mais les vivres vont manquer, et si le peuple garde du ressort et le frisson de la fièvre obsidionale, les généraux et le gouvernement sont harassés ; le secours qui ne vient pas, qui ne peut venir du dehors, ne surgira pas d'un sursaut où Paris aurait mis toute son âme, toute sa volonté convulsive

(1) « Je ne rentrerai que mort ou victorieux ; vous pouvez me voir tomber, vous ne me verrez pas reculer ; alors ne vous arrêtez pas, mais vengez-moi. — DUCROT. »

de respirer enfin, si Trochu avait donné l'ordre de percer quand même.

Le 23 janvier, le ministère Jules Favre demande une entrevue à Bismarck ; le 28 janvier est signé un armistice général de vingt et un jours, ayant pour objet de permettre l'élection et la réunion d'une Assemblée nationale qui décidera de la paix ou de la guerre. L'armée est prisonnière, sera désarmée, consignée dans la ville jusqu'à la paix ou la reprise des hostilités ; les forts et le matériel de guerre sont livrés aux Allemands ; Paris subira une contribution de guerre de 200 millions.

Malheureusement, avec une légèreté qui nous reporte douloureusement de la fin de la guerre à la déclaration, Jules Favre consent à ce que le Doubs, le Jura, la Côte-d'Or et Belfort soient exceptés de l'armistice ; il oublie de mentionner cette clause dans la communication officielle adressée au nom du gouvernement à la Délégation de Bordeaux.

En recevant cette notification qui excluait l'armée de l'Est des avantages de l'armistice, Gambetta, ne pouvant croire à un oubli aussi désastreux, eut un mouvement de légitime révolte, et se fit confirmer la désolante nouvelle. Il ne pensait d'ailleurs pas que la capitulation de Paris dût être la fin de la guerre, et il savait autour de lui assez d'énergies prêtes et de ressources disponibles pour ne pas se résigner facilement à l'abdication de la France.

Il prévoyait aussi l'avenir, et son robuste bon sens n'aurait jamais pu accepter le sophisme, dont nous sommes rassasiés, que la guerre ruine à égalité les vaincus et les vainqueurs. Il était justement persuadé qu'en sacrifiant quelques milliards (qu'il fallut d'ailleurs payer) nous sauvions la fortune économique de la France et la nécessaire propriété de nos marques de fabrique ; et aussi, qu'en sacrifiant quelques milliers de citoyens, nous ajoutions à la nécessaire dignité des générations futures. Malheureusement, nous avions plus de fusils que de volontés disposées à les tenir. Une suite inouïe de désastres, accumulée et ramassée dans le court espace de sept mois, expliquait suffisamment, sans le justifier, le désir du repos chez le plus grand nombre.

Ce qu'il importe de remarquer, à l'heure actuelle, c'est que la vie n'a pas son but en elle-même, auquel cas la vie animale pourrait suffire ; elle ne vaut la peine d'être vécue qu'à la condition expresse de servir les fins indissolubles qui passionneront toujours les sympathies de l'humanité normale : Dignité, Patrie, Justice.

ANNEXES DU CHAPITRE VII

« Le général Clinchant avait rapproché de Pontarlier les corps d'armée. Mais on dut bien vite constater qu'on ne pouvait les y faire séjourner quelque temps, parce qu'il était impossible de se procurer les vivres nécessaires. Dans la nuit même, le général Cremer reçut l'ordre de se porter immédiatement en avant sur Les Planches et Saint-Laurent avec trois régiments de cavalerie postés déjà sur la route de Mouthe. Cette troupe fit une marche extraordinaire par les chemins de montagne obstrués par les neiges si bien que, dans l'après-midi déjà, elle atteignit les localités qui lui étaient indiquées. »

(*Mémoires* du Maréchal DE MOLTKE).

*
* *

« Je n'ai jamais su le plan de campagne du général Bourbaki ; je n'ai jamais été convoqué aux Conseils de guerre ; je n'ai été convoqué que le jour de mon départ pour Pontarlier.

» FRIANT, Intendant général. »

*
* *

« La situation était sans issue ; les hommes étaient épuisés ; l'armistice avait porté au moral des troupes le coup le plus funeste ; je ne pouvais plus les nourrir : il me fallait prendre un parti sans plus attendre, sous peine de voir périr l'armée.

» CLINCHANT. »

*
* *

« Environ 15,000 hommes, appartenant surtout aux divisions Cremer, Longuerue et d'Ariès avaient réussi à s'échapper soit par Mouthe avant l'enveloppement final, soit au dernier moment par les montagnes du Risoux. Cremer et quelques autres généraux les ralliaient à Gex.

» Commandant ROMAGNY. »

*
* *

Convention de Verrières

« Entre M. le général Hans Herzog, général en chef de l'armée de la Confédération helvétique, et M. le général Clinchant, général en chef de l'armée française, il a été fait les conventions suivantes :

» 1° L'armée française demandant à passer sur le territoire suisse déposera ses armes, équipements et munitions, en y pénétrant ;

» 2° Les armes, équipements et munitions seront restitués à la France après la paix et après le règlement définitif des dépenses occasionnées à la Suisse par le séjour des troupes françaises ;

» 3° Il en sera de même pour le matériel d'artillerie et ses munitions ;

» 4° Les chevaux, armes et effets des officiers seront laissés à leur disposition ;

» 5° Des dispositions ultérieures seront prises à l'égard des chevaux de troupe ;

» 6° Les voitures de vivres et bagages, après avoir déposé leur contenu, retourneront immédiatement en France avec leurs conducteurs et leurs chevaux ;

» 7° Les voitures du Trésor et des Postes seront remises avec tout leur contenu à la Confédération helvétique, qui en tiendra compte lors du règlement des dépenses ;

» 8° L'exécution de ces dispositions aura lieu en présence d'officiers français et suisses désignés à cet effet ;

» 9° La Confédération se réserve la désignation des lieux d'internement pour les officiers et pour la troupe ;

» 10° Il appartient au Conseil fédéral d'indiquer les prescriptions de détail destinées à compléter la présente convention.

» Verrières, le 1er février 1871.

» CLINCHANT, Général HANS HERZOG. »

*
* *

« Il entra en Suisse 87,487 hommes, dont 33,500 par Les Verrières, 54,000 par la frontière vaudoise et par la vallée de Joux...

» Ce fut un spectacle navrant que celui de l'entrée de l'armée en Suisse. Dès qu'ils ne furent plus soutenus par la crainte du danger et la poursuite de l'ennemi, ni excités par leurs officiers, dit le major Davall, dès qu'ils se sentirent sur un sol hospitalier où des mains secourables se tendaient vers eux de toutes parts, les soldats s'affaissèrent complètement et perdirent le peu d'énergie qui leur restait encore. Un très grand nombre marchait les pieds nus, enveloppés de misérables chiffons. Les chaussures, faites d'un cuir spongieux, mal tanné et la plupart trop étroites, n'avaient pas pu supporter les marches dans la neige et dans la boue; les semelles étaient absentes ou dans un pitoyable état. Beaucoup de ces malheureux avaient les pieds ensanglantés ou gelés. Les uniformes étaient en lambeaux. Les hommes s'étaient approprié tous les vêtements qu'ils avaient trouvés sur leur route ; l'aspect général des troupes présentait d'invraisemblables bigarrures. Plusieurs avaient encore le pantalon de toile reçu à l'entrée de la campagne et grelottaient à faire pitié. Une toux stridente et continuelle se faisait entendre de la tête à la queue des colonnes ; tous à peu près en étaient affectés. Fantassins de toute catégorie, zouaves, turcos, soldats de ligne, chasseurs à pied, gardes mobiles, cavaliers démontés, cuirassiers, dragons, artilleurs, tous étaient confondus dans cette cohue...

» Colonel fédéral, SECRÉTAN. »

*
* *

« Les populations de la Suisse furent admirables avec nos soldats. Nous ne pouvons rappeler qu'en courant les secours qu'ils trouvèrent partout, les bains qu'on leur faisait prendre, les linges, les vêtements, les chaussures qu'ils recevaient de toutes mains, leurs repas de chaque jour, la douceur, la patience des officiers fédéraux qui commandaient nos soldats, le zèle des médecins suisses qui ont traité nos malades. Dès la première heure, la foule bordait les routes, les mains pleines de cigares, de vivres, de liqueurs ; au Val de Travers, où il n'y avait pas de locaux disponibles pour tant de gens, la population ouvrit ses portes, les granges, les écuries, les maisons furent remplies de français... à Lausanne, des groupes d'hommes et de femmes stationnaient sur les quais du chemin de fer, avertis d'avance du nombre de soldats valides, malades ou blessés, qui devaient traverser la gare. Pendant les cinq minutes d'arrêt, les portières étaient littéralement assaillies par de braves gens qui offraient en courant du pain, du vin, des tasses de soupe, des cigares, des bibles, des mouchoirs de poche. Tout le monde s'en mêlait avec une humanité charmante.

» Marc MONNIER. »

*
* *

« Malgré tous ses efforts auprès de M. de Bismarck, le gouvernement fédéral ne pût obtenir que le rapatriement de nos 90,000 hommes fût effectué avant la conclusion définitive de la paix. Le chancelier avait répondu aux ouvertures de la Suisse « que le gouvernement n'était nullement en état de donner des garanties suffisantes que des militaires de l'armée du général Bourbaki, tant officiers que soldats, ne se laisseraient pas entraîner à participer aux hostilités, s'ils étaient rendus à la France, et que, plus le nombre de soldats à la charge du fisc français serait considérable à l'étranger, plus aussi la France pourrait se voir forcée d'accélérer la conclusion de la paix. » Il avait même ajouté, avec cette arrogance qu'il se croyait permise depuis qu'il était tout-puissant : « Toutes ces choses ont leur bon côté. Les suisses auront l'occasion de faire connaissance plus intime avec les français. Nous, nous avons pu la faire depuis longtemps. » La raillerie était malséante, et elle fut vigoureusement relevée. « Le séjour en Suisse de l'armée française, dit en 1873 à l'Assemblée fédérale le président Cérésole, a créé entre la France et nous des sentiments plus étroits de sympathie et de reconnaissance. A ces divers points de vue, nous n'avons qu'à nous féliciter de l'épreuve que noue avons subie. »

» Commandant ROUSSET. »

CONCLUSION

Nous allons mettre le point final à la tâche que nous avons entreprise. Une question nous préoccupe, cependant, et nous croyons devoir y répondre par avance.

On trouvera, sans doute, que le rôle des quatre bataillons de la Mobile des Deux-Sèvres qui ont pris part à la lutte s'y trouve effacé par l'ensemble des faits généraux, mais l'on comprendra, sans peine, que ce rôle étant intimement lié à celui des corps d'armée auxquels ces bataillons ont appartenu, retracer l'histoire de la première armée de l'Est, des 20e et 21e corps, c'est écrire en même temps l'historique des Mobiles des Deux-Sèvres. Il est évident que les faits particuliers se rapportant à nos Mobiles ne peuvent recevoir de sens historique que si on les rattache à l'action générale des armées dont ils ont suivi la destinée pénible, il est vrai, mais féconde en enseignements. Et, maintenant, il faut conclure : or, la conclusion n'est que la résultante des faits exposés ; elle s'en dégage, pour ainsi dire, naturellement, et notre appréciation serait indifférente, s'il n'y avait un avantage moral considérable pour les lecteurs auxquels s'adressent ces lignes, à se recueillir afin d'analyser, une fois dégagées des ombres du tableau que la distance efface, les circonstances complexes qui furent les causes de nos revers.

En ce qui concerne la première période de la guerre, nous estimons que tout a été dit et nous ne saurions rien ajouter aux remarquables critiques des nombreux auteurs qui ont à jamais attaché les noms de Le Bœuf, de Bazaine et de leurs complices au pilori de l'histoire.

Toutefois, s'il nous est permis d'émettre une opinion

personnelle, nous n'hésitons pas à penser que si l'armée de Metz n'avait pas été condamnée par les menées louches de son chef à se démoraliser dans une stagnation décevante, l'entrée en lutte, après Sedan, de ces troupes, d'une valeur incontestable, aurait considérablement modifié la marche des évènements. Mais, notre armée de première ligne était anéantie et Bazaine, avec son indifférence voulue et traîtresse, laissa passer le flot de l'invasion sans chercher à y opposer la digue du salut, peut-être, qui aurait permis à l'armée de seconde ligne de s'organiser, à la Défense Nationale de se ressaisir.

Si l'on considère maintenant, avec impartialité, la seconde période de la guerre, les conditions particulièrement difficiles, laborieuses, souvent inextricables dans lesquelles elle s'est déroulée, sont, la plupart du temps, inexactement établies et de là des points de vue erronés, des appréciations passionnées et injustes.

Malheureusement, nous autres Français, nous sommes enclins à nous payer de mots et la Défense Nationale, elle-même, semble n'avoir pas toujours échappé à ce mirage qui fait prendre l'illusion pour la réalité.

Or, la Défense Nationale avait bien mis sur pied, grâce à des prodiges d'activité, d'énergie, de patriotisme, un million de conscrits, mais non un million de soldats. Aussi bien, la partie était inégale contre des troupes admirablement disciplinées, magistralement commandées. Quoi qu'il en soit, ainsi que le publiait en décembre 1870, un journal anglais, le *Daily Telegraph* : «... Il se sera trouvé » en France un homme que des efforts d'intelligence au- » ront élevé bien au-dessus de la plupart des Français, et » auquel ils auront donné des droits à une place impéris- » sable dans l'histoire de son pays, en le mettant à côté » de celui qui prépara la victoire pour la première Répu- » blique... On se souviendra de lui comme d'un homme » qui a su communiquer une direction si énergique à la » nation française, qu'elle a déployé les grandes qualités » des peuples historiques et qu'elle a lutté, dans le désas-

» tre, avec un héroïsme qui a arraché des paroles d'admi-
» ration même à son ennemi. »

« L'improvisation des armées de province est un des plus étonnants tours de force dont l'histoire fasse mention et qui laisse loin derrière lui, quoi qu'on en ait dit, l'effort national de 1793. » (1)

La Défense nationale et surtout Gambetta qui en fut l'âme et la personnification, dans un prodigieux effort de volonté, mirent sur pied en moins de trois mois, douze corps d'armée qui opposèrent à l'invasion une résistance sur laquelle la nation stupéfiée semblait ne pas compter. Mais, grâce au souffle du grand citoyen qui les ranime, les qualités de la race, quelque peu entamées par vingt années d'apathie et d'égoïsme, conséquences fatales et funestes du régime impérial, se révélèrent et s'affirmèrent bientôt en toutes circonstances. Nous en trouvons les témoignages dans l'élan des Mobiles de la Dordogne à Coulmiers, de la Sarthe et des Côtes-du-Nord à Loigny, du Lot à Montoire ; dans la vigueur d'attaque des Mobiles des Deux-Sèvres à la Bourgonce, à la Fourche, à Beaune-la-Rolande où les mobiles du Haut-Rhin et de la Savoie rivalisent de courage ; dans la reprise du plateau d'Auvours par les mobiles des Côtes-du-Nord et du Gers.

A l'Armée de l'Est, nous trouvons les mêmes exemples de courage et d'énergie chez les mobiles de la Gironde à Chènebier, les mobiles de la Nièvre et de la Charente à Montbéliard. Ce n'est donc ni la bravoure, ni l'abnégation dans les épreuves physiques et morales d'une campagne, au cours de laquelle toutes les mauvaises chances s'attachèrent à nos pas, qui ont fait défaut à ces jeunes conscrits, c'est surtout l'instruction militaire.

Sans cette préparation qui développe non seulement la connaissance du métier des armes, mais aussi les qualités morales du soldat, le sentiment intime et précis de ses devoirs, les moyens d'action sont incomplets et insuffi-

(1) *Les armées de province*, par le commandant Rousset.

sants. Ajoutez à cela les hésitations d'un commandement recruté à la hâte, souvent dans les cadres inférieurs, ne possédant par conséquent que des connaissances théoriques et vagues de la stratégie, doutant de lui-même, manquant de confiance dans les troupes placées sous ses ordres, ne sachant ni les comprendre, ni en tirer parti et par conséquent s'abstenant, le plus souvent, de toute initiative afin de laisser la responsabilité des évènements peser tout entière sur la tête de la Défense Nationale, et vous aurez l'explication partielle du flottement dans la marche en avant, des hésitations dans l'attaque, en un mot, du manque de cohésion qui caractérise les causes de la suite presque ininterrompue de nos revers.

Cependant, honneur à ceux qui, avec Gambetta, dans cette deuxième période de la guerre, n'ont pas désespéré de la Patrie ! Honneur aux généraux dont le patriotisme, l'intelligence et le discernement se sont trouvés à la hauteur des circonstances et de la grandeur des sacrifices que la Patrie mutilée réclamait de tous ses enfants : tels furent Chanzy, Faidherbe, Cremer, Jaurès, Gougeard, Jauréguiberry, Denfert-Rochereau, Crouzat, Cambriels et d'autres qui eurent la foi et s'efforcèrent de réagir contre les défaillances et le pessimisme voulu et concerté des uns et l'impéritie des autres.

En résumé, un peuple qui n'a pas appris à se défendre lui-même, qui s'en remet aux armées de métier pour défendre le sol sacré de la Patrie, est à la merci des convoitises d'un voisin aussi puissant, mieux préparé que lui et chez lequel on a développé, dès la plus tendre enfance, le sentiment national.

Après Iéna, c'est dans les Universités allemandes que l'œuvre de relèvement a commencé. Elle fut si bien continuée et propagée, qu'au lendemain de nos désastres de 1870, on disait couramment en France : « C'est le maître d'école allemand qui nous a vaincus », et l'on disait vrai. Certes la guerre est le plus grand des fléaux, et nous sommes des premiers à former des vœux pour la fraternité des peuples, mais actuellement nous ferions un véritable métier de dupe en désarmant, non seulement matériellement, mais aussi moralement, ainsi que nous y invitent les adeptes d'un internationalisme au moins prématuré.

S'ils arrivaient à détruire l'idée de patrie, on aurait beau distribuer, au jour du péril, les fusils par millions, c'est bien en vain que l'on s'efforcerait de galvaniser les énergies et de faire jaillir l'étincelle presque éteinte du patriotisme.

Il faut que la Patrie soit toujours présente à tous les cœurs ; il est indispensable que tous ses enfants soient prêts non seulement à se lever, ce qui est peu, mais prêts à la défendre, ce qui est tout. En 1870, il n'y avait plus, chez beaucoup, que l'image d'un faux patriotisme qui se manifestait par les clameurs vaincs et les sentiments incohérents de ceux qu'avaient abatardis les jouissances dissolvantes et l'égoïsme de l'Empire. A tous ceux-là, prompts à déblatérer contre la lâcheté de nos jeunes armées qu'ils n'avaient songé, en temps opportun, pas plus à instruire qu'à armer et encore moins à vêtir, malgré les avertissements symptomatiques de Sadowa, rapportant tout à eux-mêmes, à leurs intérêts, à leur monde, jouissant aveuglément du présent sans souci de l'avenir, qu'on leur montre les ossuaires de Saint-Rémy, de Beaune-la-Rolande, de Villersexel et de la Cluse en leur disant : Voilà le résultat de votre politique imprévoyante ; au moins ces enfants, qui ont engagé la lutte suprême contre tout espoir, sacrifié pour chasser l'ennemi ce qui leur restait de forces et de sang ont-ils sauvé l'honneur de la France.

Gloire à eux !

APPENDICE

Ministère de la Guerre à M. le Commissaire de la défense nationale, Niort.

« Tours, le 22 octobre 1870.

» Vous n'avez pas qualité pour donner ordre aux arsenaux de délivrer des armes ou du matériel. Faites réintégrer immédiatement à l'arsenal de La Rochelle les 3000 fusils chassepot que le Directeur a eu le plus grand tort de vous expédier, ainsi que les 514 envoyés à Rochefort pour l'artillerie de la garde mobile.

» L'artillerie est faite pour tirer le canon et non le chassepot. »

—

Note de Gambetta

« Il est cependant nécessaire, puisque les 14 ou 1500 mobiles, qu'on vient d'armer de chassepots sont disponibles, de les armer et de les familiariser avec leurs armes, pour éviter les inconvénients qui se sont déjà produits dans plusieurs engagements ; j'autorise le maintien entre les mains de ce bataillon des chassepots distribués, on réintégrera le surplus.

» Léon GAMBETTA. »

—

Lettre de M. A. Ricard au Ministre de la Guerre.

« Niort, le 28 octobre 1870.

» Monsieur le Ministre,

» Il ne m'est plus possible de conserver ces fonctions de commissaire que malgré de vives contrariétés personnelles j'avais continué de remplir dans le seul espoir d'être encore utile à mon pays. En dehors de vous, vos bureaux entravent et paralysent tout essor indépendant qui veut faire marcher la défense ; consultés, leur réponse parvient dans les départements 4 ou 5 jours après la demande et souvent incomplète ; si l'on agit, sans prendre leur avis, celui qui a cette audace est blâmé, et, même après vos décisions, ils renouvellent et propagent le blâme immérité en répétant que la révocation frappe tout agent de l'autorité militaire qui obéit aux ordres de l'autorité civile.

» Ainsi tout est changé, et cette bureaucratie militaire, la cause principale de nos désastres, est plus puissante que jamais ; eh bien, j'affirme, monsieur le Ministre, qu'il y a là un véritable danger : pour gagner du temps et se trouver prêts dans 15 jours, il fallait agir, soumissionner, habiller, équiper en abandonnant la vieille ornière de l'intendance militaire, de l'autorité militaire, de la bureaucratie militaire ; mais s'il faut suivre les vieux errements, rien ne sera prêt pour la garde nationale mobilisée, ni l'habillement, ni l'équipement, ni les armes, ni les cartouches, et si l'on parvient à trouver des armes, où prendre des cartouches ? J'avais proposé, il y a 8 jours, d'établir un atelier de fabrication ici, on a répondu en votre nom que je pouvais m'adresser aux travaux publics, mais qu'on ne croyait pas à un besoin pressant, et il y aura, dans les Deux-Sèvres seulement, 9,000 hommes à pourvoir et pas de réserve de munitions !

» Dans nos départements nous voyons, nous sentons l'impuissance absolue de cette vieille administration ; vous, monsieur le Ministre, qui êtes à sa tête, vous l'ignorez, et j'ai cru de mon devoir de vous le dire. Je désire ardemment me tromper, mais je n'en ai nul espoir, et ne pouvant rien faire des pouvoirs discrédités, restreints, annihilés, que vous m'aviez conférés, quelque grand que soit mon chagrin de laisser ma tâche inachevée, j'ai l'honneur de vous adresser ma démission de commissaire dans les départements des Deux-Sèvres, Vendée et Charente-Inférieure.

» Veuillez agréer, monsieur le Ministre, l'assurance de mes sentiments respectueux.

» A. Ricard. »

—

On lit, à ce sujet, dans le *Mémorial des Deux-Sèvres* du 4 novembre 1870 :

« Satisfaction ayant été donnée aux justes réclamations de M. Ricard, il a retiré la démission qu'il avait donnée de Commissaire du Gouvernement de la Défense nationale dans les départements des Deux-Sèvres, de la Charente-Inférieure et de la Vendée. Sa santé, qui depuis quinze jours avait été sérieusement altérée est à peu près rétablie, et sous peu nous espérons le voir reprendre, avec sa même activité, l'œuvre de défense nationale que le gouvernement lui avait confiée. »

*
* *

« Les mobiles des Deux-Sèvres ont, dans le peu de jours qu'ils ont passés dans les Vosges, donné en toute occasion l'exemple de la discipline et de la bravoure ; au combat de La Bourgonce, notamment, ils se sont distingués entre tous par leur fermeté et leur courage.

» Aussi leur souvenir est-il resté honoré dans notre département et je suis certain que le témoignage que je leur rends ici sera ratifié par tous nos compatriotes.

» George,

» Ancien préfet des Vosges. »

(Extrait de la brochure *A la mémoire des mobiles et des francs-tireurs des Deux-Sèvres*, 1881.)

*
* *

Guerre à général Crouzat, Gien

« Tours, 17 novembre 1870.

» Vous recevrez lettre relative à la réorganisation de vos troupes
» qui cesseront de s'appeller armée de l'Est et deviendront le 20e
» corps. »

« Le 20e corps livre, quelques jours plus tard, aux troupes aguerries qui venaient de faire capituler Bazaine, le combat honorable de Beaune-la-Rolande. Il est rejeté ensuite au sud de la Loire lorsque l'offensive de Frédéric-Charles sur Orléans coupe notre armée principale en deux tronçons. En janvier 1871, il reviendra dans l'est par Chagny et prendra une part glorieuse à la victoire de Villersexel, il sera enfin englobé dans le désastre de l'armée de Bourbaki, terminant ainsi la campagne non loin des Vosges, où ses combattants de la première heure l'avait commencée.

» On peut dire que la navette du 20e corps, de la Saône à la Loire et réciproquement, n'eut aucune influence sur la marche générale des évènements ; elle ne fit qu'allonger le chemin de la croix que parcoururent ses malheureux soldats qui, pendant la campagne, eurent cependant la consolation de voir deux fois le dos des allemands : à Auxon et à Villersexel (1).

(*La première armée de l'Est*, par le commandant Euvrard.)

*
* *

(1) Auxon-Châtillon le 22 octobre 1870.
Villersexel le 9 janvier 1871.

13

21e CORPS
—
ETAT-MAJOR GÉNÉRAL

ORDRE

« Officiers, sous-officiers et soldats,

» Un décret du pouvoir exécutif dissout le 21e corps.

» Avant de me séparer des troupes du 21e corps, je dois lui exprimer toute ma satisfaction pour le dévouement, la discipline et la solidité dont il a constamment fait preuve.

» Organisé en quelque jours, vous avez dès votre sortie du Mans, marché comme de vieilles troupes, et à nos premiers combats de Saint-Laurent-du-Bois, de Poisly, de Lorge, vous vous êtes montrés inébranlables au feu.

» Depuis lors, à Fréteval, à Morée, à Montfort, à Savigné-Lévêque, vous avez toujours repoussé vigoureusement l'ennemi, et jamais le 21e corps n'a quitté ses positions que par ordre et pour suivre un mouvement général.

» A Sillé-le-Guillaume, après une marche de 50 kilomètres dans la neige, vous vous retourniez pour faire face à l'ennemi, et vous le rejetiez jusqu'au delà de Croissé, en lui infligeant des pertes considérables.

» Si vos efforts n'ont pas, malheureusement, suffi pour assurer le salut de notre chère patrie, du moins dans le désastre que nous subissons, ce ne sera pas sans fierté que chacun de nous pourra dire : j'étais du 21e corps et j'ai fait mon devoir.

» Un jour, s'il plait à Dieu, la France, aujourd'hui épuisée recouvrera sa force et sa puissance et il nous sera donné de venger le passé !

» Puissé-je, ce jour, me trouver au milieu de vous !

» Vive la France !

» *Le général commandant en chef le 21e corps,*

» JAURÈS. »

*
* *

21e CORPS
—
1re DIVISION

ORDRE

« Au moment de quitter la division, le général est heureux d'avoir à lui communiquer l'ordre du général en chef, car il est l'éloge des travaux accomplis par la division.

» Non seulement, elle a vaillamment combattu à Morée, à Montfort, à Sillé-le-Guillaume, mais elle a infligé des pertes sensibles à l'ennemi à Courtalin, à La Fourche, et grâce à sa fermeté, elle a soutenu à Connerré, contre le corps d'armée du grand duc de Mecklembourg, son plus rude combat sans se laisser entamer.

» Aussi, c'est avec un vif sentiment d'orgueil que le général rappelle à la division ses jours d'épreuve qu'elle a si vaillamment supportés et avant de la quitter, il adresse à tous, officiers, sous-officiers et soldats, ses remerciments pour le concours énergique et dévoué qu'ils lui ont prêté, concours qui ne lui faillirait pas au jour de la revanche.

» A la Tour de Naintré, le 9 mars 1871.

» *Le général commandant la 1re division,*

» ROUSSEAU. »

*
* *

Nous avons été heureux de rappeler l'éloge que le général Crouzat avait fait du 34e régiment provisoire, nous ne le sommes pas moins de pouvoir citer un passage d'une lettre que le général Rousseau, commandant de la 1re division du 21e corps, écrivait le 16 mars 1871 :

« Je me fais un devoir et un plaisir de témoigner à M. le commandant Chirac, du 4e bataillon des Deux-Sèvres, toute ma satisfaction pour la manière dont il a conduit son bataillon.

» Je n'ai eu qu'à me louer de la tenue de ses hommes et de leur discipline.

» M. Chirac est un de ces hommes rares qui, lorsqu'ils entendent le canon, savent marcher au feu sans attendre des ordres, ainsi qu'il l'a fait deux fois à La Fourche.

» J'ai proposé cet officier pour la croix de la Légion d'Honneur ; ce sera une croix bien méritée.

» Naintré, 16 mars 1871.

» *Le général commandant la 1re division du 21e corps,*

» Signé : ROUSSEAU. »

(Extrait de la brochure *A la mémoire des mobiles et francs-tireurs des Deux-Sèvres*, 1881.)

*
* *

Bataillon de l'Isère

Par suite du voisinage des arsenaux de La Rochelle et de Rochefort, des bataillons de mobiles de plusieurs départements furent successivement dirigés sur Niort pour y recevoir leur armement.

C'est dans ces conditions qu'arriva à Niort, le 21 novembre, un bataillon de mobiles de l'Isère qui devait avec un bataillon de l'Ardèche et le 4e bataillon des Deux-Sèvres former un régiment de marche sous les ordres du colonel Walter ; mais les circonstances empêchèrent la formation de ce régiment, et c'est isolément que chacun de ces bataillons fut envoyé au feu.

....

Parti de Niort le 24 novembre, le bataillon de l'Isère entra en ligne à Patay le 2 décembre 1870, et, dans cette première journée, il fut cruellement éprouvé. Le 7, il prit part à la bataille de Beaugency, puis aux combats de Vendôme et du Mans ; à cette dernière affaire, le colonel Walter qui le commandait, fut blessé et mourut quelques jours après des suites de ses blessures.

Le passage des mobiles de l'Isère dans les Deux-Sèvres a laissé à Niort un durable souvenir qu'ils sont, de leur côté, heureux de conserver.

En apprenant qu'une souscription était ouverte dans les Deux-Sèvres pour honorer la mémoire de nos mobiles, des officiers du bataillon de l'Isère ont tenu à rappeler cette camaraderie des mauvais jours, et plusieurs ont voulu participer à cette souscription par de généreuses offrandes.

(Extrait de la brochure *A la mémoire des mobiles et francs-tireurs des Deux-Sèvres*. 1881.)

*
* *

TRAITÉ DE PAIX ENTRE LA FRANCE ET L'ALLEMAGNE

L'Assemblée nationale qui allait mettre fin aux hostilités élue le 8 février 1871, s'était réunie le 12 à Bordeaux. L'illustre citoyen qui avait parcouru, en vain, toutes les capitales de l'Europe pour éveiller quelques sympathies en faveur de la France envahie et mutilée, M. Thiers, l'élu à la fois de 26 départements, fut spontanément désigné pour aller à Versailles discuter avec M. de Bismarck les conditions de la paix.

Le 26 février, les préliminaires de paix étaient arrêtés, mais le traité définitif ne fut conclu entre MM. Jules Favre, Pouyer-Quertier et de Goulard représentant la France et MM. de Bismarck et le comte d'Arnim représentant l'empereur d'Allemagne, que le 10 mai à Francfort-sur-le-Mein et ratifié le 20 mai 1871.

La France renonçait en faveur de l'empire allemand à tous ses droits et titres sur les territoires situés à l'est de la frontière, ci-après désignés :

La ligne de démarcation commençait à la frontière nord-ouest du canton de Cattenom près du grand duché de Luxembourg, suivait vers le sud les frontières occidentales des cantons de Thionville et de Briey, embrassait les arrondissements de Metz et de Château-Salins jusqu'à la commune de Pettoncourt, longeait la crête des montagnes entre la Seille et le Moncel pour atteindre dans le département des Vosges les cantons de Schirmeck et de Saales qu'elle englobait et se reliait aux frontières des départements du Bas-Rhin et du Haut-Rhin dont la France était dépossédée à l'exception de Belfort et d'un rayon à déterminer autour de la ville.

En résumé, la France perdait l'Alsace (moins Belfort) la plus grande partie de la Lorraine, deux cantons des Vosges, deux places fortes de premier ordre (Metz et Thionville) et une population de 1,600,000 habitants.

Elle devait payer en outre à l'empire allemand 5 milliards de francs à titre d'indemnité de guerre, et l'occupation militaire d'une partie du territoire restait subordonnée à l'entier acquittement de cette dette.

En ce qui concerne les relations commerciales, les traités de commerce avec les différents états de l'Allemagne ayant été annulés par la guerre, le Gouvernement français et le Gouvernement allemand prenaient pour bases de leurs relations le régime du traitement réciproque sur le pied de la nation la plus favorisée.

Toutefois, étaient exceptées de la règle susdite les faveurs qu'une des parties contractantes, par des traités de commerce, avait accordées ou accorderait à des états autres que ceux qui suivent : l'Angleterre, la Belgique, les Pays-Bas, la Suisse, l'Autriche, la Russie.

Par convention additionnelle du 12 octobre 1871, des conditions exceptionnelles, mais temporaires, furent établies pour les échanges entre la France et l'Alsace-Lorraine.

« En écrasant ainsi la France, en exigeant d'elle cette somme de » 5 mlliards, l'Allemagne croyait évidemment ruiner à tout jamais la » nation qu'elle avait vaincue par les armes, empêcher cette revan- » che dont elle se sentait déjà menacée.

» Mais elle avait mal calculé : deux années suffirent pour acquitter » notre dette, pour rendre la nation à elle-même, pour lui restituer » avec une partie de sa force, son crédit tout entier. Le 16 septembre » 1873, à neuf heures et demie du matin, sur la route de Gravelotte » à Metz, près la ferme de Bagneux, le dernier soldat prussien fran- » chissait la frontière.

» La France était libre ! » — (Amédée Le Faure.)

*
* *

5e CORPS
—
15e DIVISION
—
3e BRIGADE

34e RÉGIMENT PROVISOIRE DE MARCHE

Formé des trois premiers bataillons de la Mobile des Deux-Sèvres sous le commandement de M. ROUGET, Lieutenant-Colonel

Cadres des Officiers de la garde mobile des Deux-Sèvres au 20 septembre 1870, à la suite des élections

Nos des Comp.	Capitaines	Lieutenants	Sous-Lieutenants
	1er Bataillon : M. POUPARD, Chef de Bataillon		
1e	Papot.	Reverdy.	Dézanneau.
2e	Dumain.	Barion.	Régelsperger.
3e	Guitton.	Dutiers, adj. maj.	Legrand.
4e	Bertrand.	Cornuault.	Bourdin.
5e	De Mocet.	Guérin.	Gélusseau.
6e	De Gaulier.	Gauffreteau.	Martin.
7e	Vernhes.	Jouffrault.	Guérin, Emile.
8e	D'Auzay.	Baudry.	Seguy, Emile.
	2e Bataillon : M. DE PINCEUOIR, Chef de Bataillon		
1e	Barbier.	Belot.	Lévrier, Léonce.
2e	Lamberthon.	Raboteau.	Lévrier, Antonin.
3e	Rayan.	Pouvreau.	Gentil.
4e	Proust.	Herbault.	Rouillé.
5e	Michel.	Roux.	Du Authier.
6e	Moreau.	Geffré.	Marbœuf.
7e	De Saint-Quentin.	Chabauty, adj. maj.	Barrelle, Jules.
8e	Lacroix.	Motin.	Leblanc.
	3e Bataillon : M. DE GODEFROY, Chef de Bataillon		
1e	De Chazelles.	Tonnet, Louis.	Gaignard.
2e	Pétiet.	De La Règle.	Lévesque.
3e	Rouget.	Tonnet, Alcide.	Lebedel.
4e	De Parsay.	De La Porte.	Girardeau.
5e	Chirac.	Breuillac.	Faucher.
6e	Dangiers.	Guette, adj. maj.	Brée.
7e	De la Rochebrochard.	Barrelle, Gaston.	Peau.
8e	Legros.	Barrelle, Paul.	Chebrou.

Médecins aides-majors { Le docteur Pillet, du 1er bataillon. Le docteur Héliot, du 2e bataillon. Le docteur Moreau, du 3e bataillon.

NOTA. — La 8e compagnie du 1er bataillon, la 8e du 2e et la 5e du 3e bataillon formèrent le dépôt qui fut commandé par le capitaine Chirac et composèrent le 4e bataillon quelque temps après le départ du 34e.

2e DIVISION
—
1re BRIGADE

1re ARMÉE DE L'EST

34e RÉGIMENT PROVISOIRE

Cadres des Officiers au 31 octobre 1870

(Les Monts-Boucons, sous Besançon)

M. L. ROUGET, Lieutenant-Colonel

Nos des Comp.	Capitaines	Lieutenants	Sous-Lieutenants
	1er Bataillon : M. POUPARD, Chef de Bataillon		
1e	Papot.	Dézanneau.	Meunier.
2e	Dumain.	Rogelsperger.	Barillet.
3e	Guitton.	Gélusseau.	Legrand.
4e	Bertrand.	Cornuault.	Bourdin.
5e	De Mocet.	Guérin, Georges.	Girard.
6e	De Gauller.	Gauffreteau.	Martin.
7e	Vernhes.	Jouffrault.	Guérin, Emile.
8e	Dépôt.		
	2e Bataillon : M. PROTH, Chef de Bataillon		
1e	Herbault.	Lévrier, Léonce.	Alzon.
2e	Lamberthon.	Rabotteau.	Guiochon.
3e	Ravan.	Du Authier.	Dechaine.
4e	Proust.	Lévrier, Antonin.	Bodin.
5e	Michel.	Roux.	Drouhet.
6e	Pouvreau.	Geffré.	Marbœuf.
7e	De Saint-Quentin.	Rouillé, Léon.	Barrelle, Jules.
8e	Dépôt.		
	3e Bataillon : M. DE GODEFROY, Chef de Bataillon		
1e	De Chazelles.	Tonnet, Louis.	Gaignard.
2e	Pétiet.	De La Règle.	Michaud.
3e	Guette.	Tonnet, Alcide.	Crampon.
4e	De Parsay.	De La Porte.	Marcard.
5e	Restée au dépôt à Niort.		
6e	Dangiers.	Girardeau.	Rousseau.
7e	De la Rochebrochard.	Barrelle, Gaston.	Hubert.
8e		Barrelle, Paul, adjudant major.	Chebrou.

Officier payeur : Lieutenant Rouillé.
Médecin aide-major : Le docteur Héliot, du 2e bataillon.

20e CORPS
—
2e DIVISION
—
1re BRIGADE

1re ARMÉE DE LA LOIRE

34e RÉGIMENT PROVISOIRE

Cadres des Officiers au 20 novembre 1870
Gien (Loiret)

M. L. ROUGET, Lieutenant-Colonel

Nos des Comp.	Capitaines	Lieutenants	Sous-Lieutenants
	1er Bataillon : M. POUPARD, Chef de Bataillon Capitaine adjudant-major : BERTRAND		
1e	Papot.	Dézanneau.	Giraud.
2e	Dumain.	Régelsperger.	Barillet.
3e	Guitton.	Gelusseau.	Legrand.
4e	Guérin, Georges.	Meunier.	Berthon.
5e	De Mocet.	Bourdin.	Girard, Paul.
6e	De Gaulier.	Gauffreteau.	Pilot.
7e	Vernhes.	Bodin.	Guérin, Auguste.
8e	Dépôt.		
	2e Bataillon : M. PROTH, Chef de Bataillon Capitaine adjudant-major : DE SAINT-QUENTIN		
1e	Lévrier, Léonce.	Crampon.	Alzon.
2e	Lamberthon.	Rabotteau.	Guiochon.
3e	Ravan.	Dechaine.	Brottier.
4e	Proust.	Lévrier, Antonin.	Grandin.
5e	Michel.	Drouhet.	Chanfraux.
6e	Pouvreau.	Geffré.	Marbœuf.
7e	Du Authier.	Rouillé, officier-payeur.	Biraud.
	3e bataillon : M. DE GODEFROY, Chef de Bataillon Capitaine adjudant-major : PETIET		
1e	De Chazelles.	Gaignard,	Lévrier, Paul.
2e	De La Porte.	Marcard.	Poindessous.
3e	Guette.	Tonnet, Alcide.	Bougouin.
4e	De Parsay.	Barrelle, Jules.	Marteau.
6e	Dangiers.	Girardeau.	Rousseau.
7e	De la Rochebrochard.	Barrelle, Gaston.	Poplineaux.
8e	Tonnet, Louis.	Hubert.	Chebrou.

Médecins aides-majors { Le docteur Héliot, du 2e bataillon. Le docteur Autun, médecin auxiliaire de la Société des secours aux blessés militaires.

1re ARMÉE DE L'EST

34e RÉGIMENT PROVISOIRE

Au moment du passage en Suisse, les documents concernant le 34e régiment provisoire ayant été perdus dans la débacle de l'armée de l'Est, nous ne retrouvons que des notes incomplètes qui nous ont permis cependant d'établir que :

Le 14 décembre 1870 à Allogny près Bourges

Sont nommés chefs de bataillon : le capitaine Bertrand, en remplacement du commandant Poupart, blessé à Beaune ; le capitaine de La Rochebrochard, en remplacement du commandant de Godefroy, rentré à l'hôpital.

Le 22 décembre à Saincaize

Sont nommés au grade de capitaine : les lieutenants Gauffreteau, en remplacement du capitaine de Gaulier, tué à Beaune ; Geffré, en remplacement du capitaine Pouvreau, en congé de convalescence ; Gaignard, en remplacement du capitaine de Parsay, blessé à Beaune.

Est nommé au grade de lieutenant : le sous lieutenant Brottier, en remplacement du lieutenant Geffré, passé capitaine.

Sont nommés au grade de sous-lieutenants : l'adjudant Bonnet, en remplacement du sous-lieutenant Chebrou, blessé à Beaune ; le sergent-major Archambault, en remplacement du sous-lieutenant Brottier, nommé lieutenant ; le sergent Capelier, en remplacement du sous-lieutenant Lévrier (Paul), disparu à Beaune.

Le 12 janvier 1871, à Crevans (Haute-Saône)

Sont nommés : au grade de lieutenant, le sous-lieutenant Brée et à celui de lieutenant adjudant-major, le lieutenant Paul Barrelle.

A la même époque, rejoignent le régiment un groupe d'officiers en congé de convalescence et les sous-lieutenants Bourolleau (Pierre), Bouffard et Pollart, ex-lieutenants de mobilisés, qui avaient accepté de passer au 34e pour compléter les cadres, en faisant le sacrifice très méritoire de leur galon de lieutenant.

*
* *

21e CORPS
—
1re DIVISION

ARMÉE DE LA LOIRE

Cadres des Officiers des Mobiles des Deux-Sèvres

Nos des comp.	4e Bataillon : M. CHIRAC, Chef de Bataillon		
	Capitaines	Lieutenants	Sous-Lieutenants
1e	Sapin, cap.-major.	Delage	Amirault.
2e	Briant.	Beaudet, of. d'hab.	Richard.
3e	D'Auzay.	Baudry.	Seguy, Emile.
4e	Mottin.	Baudinot.	X...
5e	Breuillac.	Seguy Paul, of. pay.	Fruchet.
6e	Leblanc.	Baumont, adj. maj.	Tachet.
7e	Faucher.	Marsault.	Bonnin.

Festy, médecin-major. — L'abbé Briant, aumônier.

Adjudant : Alzon, Maurice, lequel fut, en décembre, promu sous-lieutenant et affecté à la 4e compagnie.

LIGNE DE DÉFENSE DE CARENTAN

Cantonnement de Ranville-la-Place

Cadres des Officiers des Mobiles des Deux-Sèvres

Nos des comp.	5e Bataillon : M. SABIRON, Chef de Bataillon		
	Capitaines	Lieutenants	Sous-Lieutenants
1e	Loquet, Georges.	Barrion, Henry.	Masson, Amand.
2e	Tallonneau, Camil.	Reverdy, Antony.	Meiniel, Alfred.
3e	Quantin, Henry.	Baugier, Antoine.	Bastard, Félix.
4e	Jarry, Nelzir.	Lyon. Ernest.	Barbault, Jean.
5e	Oster, Alexandre.	Lecompte, Diego.	Bourolleau, Eug.
6e	Lax, Paul.	D'Angely, Charles.	Chauvet, Georges.
7e	Ardouin, Théoph.	Levesque, Louis.	Sarrault, Léon.

Médecin aide-major : Charier, Adrien.

34e RÉGIMENT PROVISOIRE

(1er, 2e, 3e bataillons des mobiles des Deux-Sèvres)

JOURNAL DE MARCHE

Le 25 septembre, Vierzon ; — le 4 octobre, Epinal ; — le 5, Bruyères ; — le 6, BATAILLE DE LA BOURGONCE ; — le 7, Laval ; les 8, 9, Baumesnil, Prée ; — le 11, Docelles ; — le 12, Remiremont ; — le 13, Melisey, Lure ; — le 14, Villersexel, Rougemont ; — le 16, Besançon ; — le 17, Saint-Claude ; — le 22, COMBAT DE CHATILLON-LE-DUC ; — Le 24, les Monts-Boucons.

Le 7 novembre, Pessans ; — le 9, Villers-Farlay ; — le 10, Deschaux ; — le 11, Pierre (Saône-et-Loire) ; — le 12, Verdun ; — le 13, Chauseuil ; — le 14, 15 et 16 Chaudenay ; — le 17, Chagny ; — le 19, 20, 21, Gien ; — le 22, Ouzouër ; — le 23, Châtenay ; — le 24, Bellegarde, Quiers et Fréville ; — le 27, Saint-Loup et Boiscommun ; — le 28, BATAILLE DE BEAUNE-LA-ROLANDE.

Le 29, Quiers et Fréville ; — le 30, Nibelle ; — les 1er et 2 décembre, Nesploy ; — le 3, forêt d'Orléans ; — le 4, Saint-Denis et Jargeau ; — le 5, Viglain ; — le 6, Argent ; — le 8, Aubigny ; — le 9 et 10, Bourges , — les 11, 12, 13, 14, 15, forêt d'Allogny ; — le 16, Savigny-en-Septaine ; — le 18, Soye ; — le 20, la Chapelle-Hugon ; — le 21, 22, 23, Saincaize ; — le 24, Imphy ; — le 25, 26, 27, Saint-Léger-les-Vignes ; — le 28, Decize (gare) ; — le 29, 30, 31 décembre et 1er janvier, Dôle ; — le 2, Pagney ; — le 3, Bussières ; — le 4, Hyet ; — le 5, Courbans ; — le 6, Fontenoy-lès-Montbozon ; le 7 et 8, Chassey ; — le 9, COMBAT DE VILLERSEXEL ; — le 10, Villers-la-Ville ; — le 11, Vellechevreux ; le 12 et 13, Cravans, Saulnot ; — le 14, Champey ; — les 15, 16, 17, 18, bois d'Héricourt ; — le 19, retraite, Trémoins ; — Le 20, Bavans ; — le 21, Villers-Grelot ; — le 22, Marchaux ; — le 23, Ecole ; — le 24, Châtillon ; — le 25, Pirey ; — le 26, sous-Besançon ; — le 27, Ornans ; — le 28, Evillers ; — le 29, CHAFFOIS ; — le 30, Bannans ; — le 31, Pontarlier, fort de Joux, Chaudron, Montperreux ; — le 1er février, Les Fourgs ; — Rentrée en Suisse.

*
* *

4e BATAILLON DES MOBILES DES DEUX-SÈVRES

JOURNAL DE MARCHE

31 octobre, arrivée au Mans ; — 1er novembre, camp de Ponlieue ; — le 3, Nogent-le-Rotrou ; — le 4, La Bazoge-Gouet ; — le 5, Courta-

lin ; — le 7, Châteaudun ; — le 13, Flacey près Bonneval ; — du 13 au 24, séjour au camp à Flacey ; — le 25, Brou ; — le 26, retraite par Châteaudun, Saint-Laurent-des-Bois, Marchenoir ; — le 29, Fréteval ; — 1er décembre, La Gaudinière ; — le 4, Fontaine-Raoul ; le 6, retour à Fréteval ; — le 13, Busloup ; — le 14, Vendôme ; — le 15, COMBAT DE FRÉTEVAL ; — le 16, retraite par Saint-Calais sur Berfaye ; — 18, départ pour Savigné-Lévêque par Semur, Dollon, Fâtines ; — le 19, arrivée à Savigné-Lévêque ; — le 21, Champagné ; — le 3 janvier, départ pour Nogent-le-Rotrou ; — le 5, escarmourche du côté de La Fourche ; — le 6, COMBAT DE LA FOURCHE ; — le 7e retraite sur Monfort par Nogent, le Theil, la Ferté-Bernard ; — le 8, arrivée à Connerré, Pont-de-Gennes ; — le 9, départ pour Montfort ; — le 10, RENCONTRE DE MONFORT ET PONT-DE-GENNES ; — le 12, retraite du Mans par Sargé, La Guerche, Sillé-le-Guillaume, Saint-Rémy-de-Sillé ; — le 15 janvier, Sillé-le-Guillaume ; — le 16, retraite sur Mayenne par Izé ; — le 17, arrivée à Mayenne ; — le 21, armistice ; — le 12 février, départ de Mayenne pour Niort par étapes ; — arrivée à Niort le 24 mars.

*
* *

ORDRE DE BATAILLE DU 20e CORPS

Commandants successifs : Général CROUZAT (jusqu'au 16 décembre) ;
Général CLINCHANT.
Chef d'état-major : Colonel VARAIGNE.

1re DIVISION D'INFANTERIE

Commandant : Général DE POLIGNAC.

1re BRIGADE

Commandants successifs : Colonel Boisson (jusqu'au 28 novembre) ;
Colonel Logerot.

Mobiles de la Loire : 2 bataillons.
85e de marche : 2 bataillons.
Mobiles du Jura : 2 bataillons.

2e BRIGADE

Commandant : Colonel Brissac.

Mobiles de la Haute-Loire : 3 bataillons.
Mobiles de la Haute-Garonne : 2 bataillons.
Mobiles de Saône-et-Loire : 1 bataillon.
Compagnie des francs-tireurs du Haut-Rhin.
Cavalerie : 2e régiment de marche de lanciers. — Artillerie : 2 batteries de 4. — Génie : 1 compagnie.

2e DIVISION D'INFANTERIE

Commandant : Général THORNTON
Chef d'état-major : chef d'escadrons d'état-major DE VERDIÈRES.

1re BRIGADE

Commandants successifs : Capitaine de vaisseau Aube (jusqu'au 9 décembre) ; Colonel de Bernard de Seigneurens.

34e mobiles des Deux-Sèvres : 3 bataillons (lieutenant-colonel Rouget).
Mobiles de la Savoie : 1 bataillon (commandant Dubois).
25e bataillon de chasseurs à pied (commandant Bailly).

2e BRIGADE

Commandant : Colonel Vivenot.

68e mobiles du Haut-Rhin : 2 bataillons (lieutenant-colonel Dumas).
3e zouaves de marche : 3 bataillons (lieutenant-colonel de Brême).
Cavalerie : 7e régiment de chasseurs (colonel de Ricaumont). — Artillerie : 2 batteries dont une de 12 : capitaines Boussard et Colson. - Génie : 1 compagnie (mobiles de la Loire). — Francs-tireurs de Bordeaux, capitaine Franke.

3e DIVISION D'INFANTERIE

Commandant : Général SEGARD.

1re BRIGADE

Commandant : Colonel Durochat.

47e d'infanterie de marche.
Mobiles de la Corse : 2 bataillons.

2e BRIGADE

Commandants successifs : Colonel Girard ; Colonel Simonin.

78e de ligne : 1 bataillon.
Mobiles des Pyrénées Orentales : 2 bataillons.
Mobiles des Vosges : 2 bataillons.
Mobiles de la Meurthe : 1 bataillon.
Cavalerie : 6e régiment de cuirassiers de marche. — Artillerie : 2 batteries. — Génie : 1 compagnie. — Francs-tireurs du Doubs. — Francs-tireurs de Nice. — Réserve d'artillerie : 1 batterie de mitrailleuses. — 2 batteries d'obusiers. — 1 compagnie du génie. — 1 compagnie du 1er régiment du train.

*
* *

ORDRE DE BATAILLE DU 21e CORPS

Commandant : Général JAURÈS, capitaine de vaisseau.
Chef d'état-major : Général de brigade LOYSEL
puis lieutenant-colonel MAGNON.
Commandant l'artillerie : Colonel Suter.
Commandant le génie : Général ROUSSEAU.

1re DIVISION D'INFANTERIE

Général ROUSSEAU.

1re BRIGADE

Lieutenant-colonel ROUX.

13e bataillon de chasseurs de marche.
58e bataillon de marche.
3e bataillon des mobiles de l'Aude.
4e bataillon des mobiles des Deux-Sèvres.
2e bataillon des mobiles de la Loire-Inférieure.
5e bataillon des mobilisés de la Sarthe.

2e BRIGADE

Lieutenant-colonel de Tillet de Villars.

3 compagnies de marche du 26e régiment d'infanterie.
3 compagnies de dépôt du 94e.
2 compagnies du 49e de marche.
2 bataillons du 90e mobiles (Sarthe, Corrèze).
1 bataillon de mobiles de la Corrèze.
3 batteries de 4. — Une section de 12. — Une section de mitrailleuses. — 3 escadrons de cavalerie. — Francs-tireurs.

2e DIVISION D'INFANTERIE

Général de division COLIN.

1re BRIGADE

Lieutenant-colonel de la Marlière.

56e de marche.
1 bataillon de marche d'infanterie de marine.
1 bataillon de mobiles d'Indre-et-Loire.

1 bataillon des mobiles d'Ille-et-Vilaine.
1 bataillon des mobilisés de la Sarthe

2e Brigade

Lieutenant-colonel des Moutis.

58e de marche.
1 bataillon de marche d'infanterie de marine.
49e mobiles (Orne).
1 bataillon des mobilisés de la Sarthe.
3 batteries de 4. — Une section du génie. — Un escadron de hussards. — Francs-tireurs.

3e DIVISION D'INFANTERIE

Général de Villeneuve.

1re Brigade

Lieutenant-colonel Stéphani.

6e bataillon de fusiliers marins.
15e mobiles (Calvados).
78e mobiles (Vendée, Lot-et-Garonne et Gironde).

2e Brigade

Général du Temple, capitaine de frégate.

3e bataillon de fusilliers marins.
30e mobiles (Manche).
92e mobiles (Manche et Calvados).
1 bataillon des mobilisés de la Sarthe.
2 batteries de 4. — Une batterie de mitrailleuses. — Une section de 8 (marine). — Une section du génie.

4e DIVISION D'INFANTERIE

Général Gougeard, capitaine de frégate.

1re Brigade

Colonel Bel.

3 bataillons de mobilisés (Loire-Inférieure).
2 compagnies d'infanterie de marche.

1 bataillon (4 compagnies) du 62e de marche.
1 bataillon du 97e.
1 bataillon de mobilisés d'Ille-et-Vilaine.

2e Brigade

Colonel de Pineau.

1 bataillon du 19e de ligne.
2 bataillons de mobiles de Bretagne.
1 compagnie (légion étrangère).
1 bataillon de mobilisés du Morbihan.
1 bataillon de mobilisés de Loire-Inférieure.
1 bataillon de volontaires de l'Ouest.

Une batterie de 12. — 14 pièces de 4 et 7 mitrailleuses (marine). — Une compagnie du génie. — Un escadron de lanciers. — 2 pelotons d'éclaireurs bretons.

DIVISION DE CAVALERIE

Général de brigade Guillon.

1re Brigade

Général de Tucé.

1er hussards de marche.
3e régiment de cavalerie mixte.

2e Brigade

N...

8e cuirassiers de marche.
6e dragons de marche.
8e régiment de cavalerie mixte.

2 batteries à cheval. — Réserve d'artillerie : 5 batteries de 4, 12 et 8. — 2 batteries de mitrailleuses.

RÉSERVE

Commandant : Zédé, capitaine de frégate.

4e bataillon de fusiliers marins.
5e bataillon de fusiliers marins.
1er bataillon des mobiles du Gard.

6e bataillon des mobiles des Côtes-du-Nord.
1er bataillon des volontaires de l'Ouest.
3e bataillon des volontaires de l'Ouest.
Cavalerie : 1 escadron du 5e hussards de marche. — Génie : 2 compagnies.

INDEX

HISTOIRES GÉNÉRALES

Commandant ROUSSET : *Histoire de la guerre franco-allemande.*
Commandant ROMAGNY : *Guerre franco-allemande.*
Général CHANZY : *La deuxième armée de la Loire.*
Charles DE FREYCINET : *La guerre en province.*
Amédée LE FAURE : *Histoire de la guerre franco-allemande.*
Commandant Xavier EUVRARD : *La première armée de l'Est.*
DE MOLTKE : *La guerre de 1870* (mémoires).

MONOGRAPHIES

GRENEST : *L'armée de la Loire et l'armée de l'Est.*
Général CROUZAT : *Le 20e corps à l'armée de la Loire.*
Lieutenant DIEZ : *Le combat de Nompatelize.*
P*** : *Villersexel.*

HISTOIRES LOCALES

Louis LEVESQUE : *Récits d'un lieutenant de mobiles.*
Ludovic GUETTE : *Relation d'un officier du 34e régiment de mobiles.*
X : *Impressions et souvenirs d'un officier du régiment des Deux-Sèvres.*
DE LA RÈGLE : *Campagnes du 34e régiment des mobiles.*
Georges BREUILLAC : *Campagnes de la Loire et de la Sarthe pendant la guerre franco-allemande.*
Dictionnaire BEAUCHET-FILLEAU et DE CHERGÉ : *Notes historiques sur la famille Rouget.*
*** : *A la mémoire des mobiles et des francs-tireurs des Deux-Sèvres.* Imprimerie Favre, 1881.

JOURNAUX DE MARCHE

G. DE CHAZELLES (Capitaine au 3e bataillon).
A. LAMBERTHON (Capitaine au 2e bataillon).

Paul Seguy (Lieutenant au 4e bataillon).
F. Auger (Sergent-major au 4e bataillon).
Commandant Poinsignon (Francs-tireurs des Deux-Sèvres).

RENSEIGNEMENTS DIVERS

Dossier du colonel Rouget : correspondances, notes officielles, cadres et états de service.

Correspondances, notes et renseignements officiels recueillis au Ministère de la Guerre (section historique) par M. Gentil, député des Deux-Sèvres.

Documents officiels recueillis par M. Jules Pellevoisin, secrétaire du Comité de la Défense nationale dans les Deux-Sèvres.

Renseignements officiels puisés aux Archives départementales.

PRESSE LOCALE

La *Revue de l'Ouest*. — Le *Mémorial des Deux-Sèvres*.

ERRATA

Page 39, ligne 35 : Ajouter M. de La Règle au nombre des délégués.

Page 51, ligne 9 : Lire *colonne de gauche* au lieu de *colonne de droite*.

Page 52, ligne 15 : Lire *maniement du chassepot* au lieu de *mouvement*.

Page 61, ligne 31 : Lire des *zouaves et de nos tirailleurs des 3e et 4e compagnies*.

Page 119, dernière ligne : Lire *Saint-Mars-la-Bruyère*.

TABLE DES MATIÈRES

CHAPITRE V

CHAPITRE VI

CHAPITRE VII

CARTES

www.ingramcontent.com/pod-product-compliance
Ingram Content Group UK Ltd.
Pitfield, Milton Keynes, MK11 3LW, UK
UKHW022015170726
13837UKWH00001B/191

9 782019 932534